Elogios para 7 Regras do Poder

"Em uma palavra: incrível! Dr. Pfeffer escreveu o livro definitivo sobre poder que foge das armadilhas das teorias convencionais sobre liderança, em vez disso, mergulha de cabeça nas técnicas que realmente mudam sua vida e sua carreira. Com uma escrita magnífica e cheio de histórias e exemplos relevantes, *7 Regras do Poder* é minha recomendação para quem quer mudar radicalmente sua vida para sempre."

— **Marshall Goldsmith, coach executivo n.º 1 do *Thinkers 50*, autor best-seller do *New York Times* de *Mojo*, *Como Mulheres Chegam ao Topo* e *Vida Merecida***

"Uma vigorosa realidade jogada na cara, o fantástico livro de Pfeffer sobre poder identifica sete regras, baseadas em pesquisa e reveladoras para o sucesso hierárquico. Quem deseja subir de cargo precisa obter poder e, portanto, precisa ler esse livro brilhante."

— **Robert Cialdini, autor best-seller do *New York Times* e de *Persuasão & Influência***

"*7 Regras do Poder* entrega dicas práticas e fáceis de digerir sobre como ser mais poderoso na sua vida. Usando exemplos reais de indivíduos que mudaram suas vidas seguindo as regras, Pfeffer passa sua mensagem com humor e humanidade. Ele nos mostra como frequentemente abdicamos de todo nosso poder e como podemos conquistá-lo de volta. Fiquei tão inspirado pelo texto de Pfeffer e por sua aula que escrevi um livro, *Take Back Your Power*, para mulheres em ambientes de trabalho que não foram pensados para elas. É um tributo a tudo que aprendi com o professor Pfeffer como mentor e coach ao longo da última década."

— **Deborah Liu, autora de *Take Back Your Power*; diretora, Ancestry.com; diretora, Intuit; ex-vice-presidente, Facebook; e fundadora, Women in Product**

"A última obra-prima de Jeff Pfeffer sobre liderança é perspicaz, bem como pragmática e honesta, de modo revigorante, baseada em conhecimento de ponta. Pfeffer é o atual Leonard Bernstein dos estudos de liderança. Simplesmente não há competição para a abordagem agradável, inteligente e diversificada de *7 Regras do Poder*."

— **Jeffrey Sonnenfeld, fundador e diretor do Chief Executive Leadership Institute; professor Lester Crown e reitor sênior associado para estudos de liderança, Escola de Administração de Yale**

"*7 Regras do Poder*, do Dr. Pfeffer, é leitura obrigatória e muito útil para todos, em qualquer estágio da carreira. O livro fornece uma visão balanceada e ponderada sobre um tópico frequentemente desconfortável, em especial para mulheres. Pfeffer é claro e direto, com passos práticos e baseados em pesquisas para conquistar o poder do seu jeito. Vai mexer com suas ideias e realmente mudar sua perspectiva."

— **Stacy Brown-Philpot, ex-diretora, TaskRabbit; diretora, HP, Inc., e Nordstrom; lista da *40 Under 40* da *Forbes*; ex-diretora de vendas online e operações do Google na Índia**

"Jeff Pfeffer é o professor mais honesto que já tive. Não tem medo de dizer a verdade — uma qualidade rara, já que as pessoas mantêm as gentilezas à custa da verdade. As lições de *7 Regras do Poder* levam uma vida inteira para serem completamente implementadas. O livro fornece as lentes pelas quais vejo as decisões e os comportamentos dos que me cercam. Mais importante, Pfeffer me ensinou que, para vencer o jogo, mudar as regras supera o esforço puro."

— **Vivas Kumar, diretor e cofundador, Mitra Chem, turma de 2021 da escola de negócios de Stanford**

"Quando comecei a ler *7 Regras do Poder*, tinha uma lista longa de suposições sobre liderança e influência. A cada capítulo, mais peças do quebra-cabeça ficaram evidentes. Implementando as estratégias do livro, fundei uma empresa de consultoria na qual aproveitei meus mais de vinte anos de experiência profissional para oferecer consultoria em pesquisa, inovação e estratégia. Estou criando minha marca como uma coach executiva e eficaz. Persistentemente aumentando minha rede de contatos, descobri aliados poderosos para quebrar as regras e lutar por um doutorado relacionado ao poder. Meus mantras são 'Por que não eu?', 'Por que não agora?' e, mais importante, 'Como saber se algo vai funcionar se não tentar?'"

— **Monika Stezewska-Kruk, diretora, Corvus Innovation; coach executiva e facilitadora; formada no programa LEAD de Stanford**

"*7 Regras do Poder* irá impulsioná-lo. Esse livro mudou minha vida. Sou nigeriana e trabalho como geocientista em uma multinacional italiana de energia. Meu desempenho abriu o caminho, mas foi o poder que me manteve à frente. Usei os princípios do livro para gerar influência fora da empresa. Aumentei minha rede e me tornei central. Recebi prêmios internacionais e convites para falar nos principais eventos de liderança. Fui nomeada uma das pessoas mais influentes de ascendência africana. Criei uma marca para mim e agora represento uma organização estrangeira. Geralmente sendo a única mulher negra na sala, *7 Regras do Poder* me deu um diferencial."

— **Tosin Joel, LEAD de Stanford; Sloan Fellow do MIT; diretora, Hack for Inclusion; fundadora, GTBOOL; líder de projeto, Eni**

"As ideias de *7 Regras do Poder* me ajudaram a criar e viver minha carreira dos sonhos como especialista de saúde digital. Um livro obrigatório para minorias e para quem busca gerar um impacto social, porque no geral tendemos a nos esquivar do conceito de poder. Ele o reformula e fornece ferramentas táticas e práticas para de fato mudar o mundo!"

— **Marta Milkowska, turma de 2020 da escola de negócios de Stanford; consultora do Boston Consulting Group; diretora interina, Reveri Health; fundadora, Dtx Future; primeira plataforma de Stanford de terapias digitais**

"O problema com o poder é que ele sempre vai existir. Depois de uma vida sendo colaborativo, trabalhando em equipe e sendo 'legal', *7 Regras do Poder* de Pfeffer me ensinou que o poder não tem a ver com controle ou ganância — e sim com eficácia. Conquistá-lo e usá-lo nos permite fazer as mudanças que queremos para construir uma carreira, organização ou mundo alinhados com nossos valores. As lições transformaram minha carreira em *venture capital* e continuam a guiar meu caminho pessoal e profissional."

— **Laura Chau, turma de 2018 da escola de negócios de Stanford; sócia, Canaan Partners; *30 Under 30* da *Forbes*, diretora, Ollie Pets e Clutch**

7 REGRAS DO PODER

Outros livros de Jeffrey Pfeffer

Morrendo por um Salário

Leadership BS

Poder: por que alguns têm

What Were They Thinking?

Unconventional Wisdom About Management

Hard Facts, Dangerous Half-Truths, and Total Nonsense: Profitin from Evidence-Based Management (with Robert I. Sutton)

A verdade dos fatos (com Robert I. Sutton)

The Knowing-Doing Gap (com Robert I. Sutton)

Hidden Value: Achieving Extraordinary Results with Ordinary People (com Charles A. O'Reilly)

The Human Equation: Building Profits by Putting People First

Vantagem competitiva através de pessoas

New Directions for Organization Theory

Organizations and Organization Theory

Managing with Power

Power in Organizations

The External Control of Organizations: A Resource Dependence Perspective (com Gerald R. Salancik)

Organizational Design

7 REGRAS DO PODER

Conselhos Surpreendentes e Genuínos para Crescer Profissionalmente

JEFFREY PFEFFER
Autor de *Morrendo por um Salário*
e integrante do Hall da Fama do *Thinkers 50*

ALTA BOOKS
GRUPO EDITORIAL
Rio de Janeiro, 2023

7 Regras do Poder

Copyright © 2023 da Starlin Alta Editora e Consultoria Eireli.
ISBN: 978-85-508-2193-1

Translated from original 7 Rules of Power. Copyright © 2022 by Jeffrey Pfeffer. ISBN 9781637741221. This translation is published and sold by BenBella Books, the owner of all rights to publish and sell the same. PORTUGUESE language edition published by Starlin Alta Editora e Consultoria Eireli, Copyright © 2023 by Starlin Alta Editora e Consultoria Eireli.

Impresso no Brasil — 1ª Edição, 2023 — Edição revisada conforme o Acordo Ortográfico da Língua Portuguesa de 2009.

```
Dados Internacionais de Catalogação na Publicação (CIP) de acordo com ISBD

P524s    Pfeffer, Jeffrey
            7 Regras do Poder: conselhos surpreendentes e genuínos para
         crescer profissionalmente / Jeffrey Pfeffer ; traduzido por Mariana
         Naime. - Rio de Janeiro : Alta Books, 2023.
            220 p.; 15,7cm x 23cm.

            Tradução de: 7 Rules of Power
            ISBN: 978-85-5082-193-1

            1. Autoajuda. 2. Desenvolvimento Profissional. 3. Carreira. I.
         Naime, Mariana. II. Título.

                                                              CDD 158.1
2023-1648                                                     CDU 159.947

         Elaborado por Odilio Hilario Moreira Junior - CRB-8/9949

                      Índice para catálogo sistemático:
                      1.  Autoajuda 158.1
                      2.  Autoajuda 159.947
```

Todos os direitos estão reservados e protegidos por Lei. Nenhuma parte deste livro, sem autorização prévia por escrito da editora, poderá ser reproduzida ou transmitida. A violação dos Direitos Autorais é crime estabelecido na Lei nº 9.610/98 e com punição de acordo com o artigo 184 do Código Penal.

A editora não se responsabiliza pelo conteúdo da obra, formulada exclusivamente pelo(s) autor(es).

Marcas Registradas: Todos os termos mencionados e reconhecidos como Marca Registrada e/ou Comercial são de responsabilidade de seus proprietários. A editora informa não estar associada a nenhum produto e/ou fornecedor apresentado no livro.

Erratas e arquivos de apoio: No site da editora relatamos, com a devida correção, qualquer erro encontrado em nossos livros, bem como disponibilizamos arquivos de apoio se aplicáveis à obra em questão.

Acesse o site **www.altabooks.com.br** e procure pelo título do livro desejado para ter acesso às erratas, aos arquivos de apoio e/ou a outros conteúdos aplicáveis à obra.

Suporte Técnico: A obra é comercializada na forma em que está, sem direito a suporte técnico ou orientação pessoal/exclusiva ao leitor.

A editora não se responsabiliza pela manutenção, atualização e idioma dos sites referidos pelos autores nesta obra.

Produção Editorial
Grupo Editorial Alta Books

Diretor Editorial
Anderson Vieira
anderson.vieira@altabooks.com.br

Editor
José Ruggeri
j.ruggeri@altabooks.com.br

Gerência Comercial
Claudio Lima
claudio@altabooks.com.br

Gerência Marketing
Andréa Guatiello
andrea@altabooks.com.br

Coordenação Comercial
Thiago Biaggi

Coordenação de Eventos
Viviane Paiva
comercial@altabooks.com.br

Coordenação ADM/Finc.
Solange Souza

Coordenação Logística
Waldir Rodrigues

Gestão de Pessoas
Jairo Araújo

Direitos Autorais
Raquel Porto
rights@altabooks.com.br

Assistente da Obra
Matheus Mello

Produtores Editoriais
Illysabelle Trajano
Maria de Lourdes Borges
Paulo Gomes
Thales Silva
Thiê Alves

Equipe Comercial
Adenir Gomes
Ana Claudia Lima
Andrea Riccelli
Daiana Costa
Everson Sete
Kaique Luiz
Luana Santos
Maira Conceição
Nathasha Sales
Pablo Frazão

Equipe Editorial
Ana Clara Tambasco
Andreza Moraes
Beatriz de Assis
Beatriz Frohe
Betânia Santos
Brenda Rodrigues

Caroline David
Erick Brandão
Elton Manhães
Gabriela Paiva
Gabriela Nataly
Henrique Waldez
Isabella Gibara
Karolayne Alves
Kelry Oliveira
Lorrahn Candido
Luana Maura
Marcelli Ferreira
Mariana Portugal
Marlon Souza
Milena Soares
Patricia Silvestre
Viviane Corrêa
Yasmin Sayonara

Marketing Editorial
Amanda Mucci
Ana Paula Ferreira
Beatriz Martins
Ellen Nascimento
Livia Carvalho
Guilherme Nunes
Thiago Brito

Atuaram na edição desta obra:

Tradução
Mariana Naime

Copidesque
Ellen Andrade

Revisão Gramatical
Paulo Henrique Aragão
Denise Himpel

Diagramação
Alice Sampaio

Editora afiliada à:

ASSOCIADO
Câmara Brasileira do Livro

ALTA BOOKS
GRUPO EDITORIAL

Rua Viúva Cláudio, 291 — Bairro Industrial do Jacaré
CEP: 20.970-031 — Rio de Janeiro (RJ)
Tels.: (21) 3278-8069 / 3278-8419
www.altabooks.com.br — altabooks@altabooks.com.br
Ouvidoria: ouvidoria@altabooks.com.br

Para a incrível Kathleen, o amor da minha vida, cuja morte deixou um buraco no meu coração e na minha alma.

SUMÁRIO

NO COMEÇO: *O Desafio do Poder* 1
INTRODUÇÃO: *Poder, Fazer Acontecer e Sucesso Profissional* 11

> **REGRA N.º 1**
> Saia da Sua Zona de Conforto 27
>
> **REGRA N.º 2**
> Quebre as Regras 51
>
> **REGRA N.º 3**
> Demonstre Ser Poderoso 69
>
> **REGRA N.º 4**
> Construa uma Marca Poderosa 87
>
> **REGRA N.º 5**
> Faça Networking Sem Parar 107
>
> **REGRA N.º 6**
> Use Seu Poder 125
>
> **REGRA N.º 7**
> Sucesso Justifica (Quase) Tudo 141

CONCLUSÕES: *Permanecendo no Caminho para o Poder* 169
AGRADECIMENTOS 177
NOTAS FINAIS 181
SOBRE O AUTOR 203
ÍNDICE 205

NO COMEÇO
O Desafio do Poder

Se deseja que o poder seja usado para o bem, mais pessoas boas precisam ter poder.

— Citação atribuída a mim.

Com frequência sofro de algo que pode ser chamado de disparidade intelectual. Por um lado, as pessoas — até um bom amigo e perspicaz editor — dizem que minhas ideias sobre poder não se enquadram no zeitgeist atual devido à ênfase em colaboração, na gentileza e na difusão de comportamentos politicamente corretos. Por outro lado, recebo e-mails, como o de um indivíduo matriculado em meu curso online sobre poder, no qual este disse para mim e para seus colegas que aprendeu que performance não basta. Aprendera que tinha de pedir, para as pessoas em cargos de poder na sua empresa, o que queria e precisava para alavancar sua carreira e atingir seus objetivos profissionais; que deveria elogiar os chefes; acreditar em si mesmo; agir e falar como se tivesse poder; construir uma rede de contatos e de apoio; e, ao enfrentar oposição e conflitos, deveria ser esperto e saber como e quando lutar. No final, ele acabou faltando à última aula ao vivo devido aos seus esforços para aumentar seus contatos e "ser notado", que resultaram em um assento no avião corporativo com dois diretores: faria uma visita de mercado internacional no mesmo horário do curso.

Então, no que acreditar quando o assunto é poder? Como agir? O que fazer? *7 Regras do Poder* transmite minhas considerações recentes e as pesquisas mais atuais das ciências sociais para ajudá-lo a responder essas perguntas.

POR QUE ESCREVER ESTE LIVRO AGORA?

Pensei que nunca escreveria outro livro sobre poder. Já escrevi três,[1] quatro se contar um prelúdio[2] que confronta aforismos de liderança que são, na maior parte, inexatos ou inúteis, como recomendações para ser modesto, autêntico e honesto. Meus dois últimos livros sobre poder fizeram um sucesso razoável e foram usados em cursos literalmente pelo mundo todo. Por que, então, escrever este livro? E por que agora?

Quatro coisas me fizeram mudar de ideia. Primeiro, continuo empregando esforços para disseminar materiais sobre poder e políticas organizacionais cada vez mais eficientes. Tenho o privilégio de poder fazer isso para algumas das pessoas mais talentosas do mundo, tanto virtual quanto presencialmente. Essa atividade aprofundou minha compreensão sobre como simplificar, elucidar e articular, com mais precisão, as ideias por trás das regras do poder — como e por que as pessoas tomam medidas que, de modo prático e rápido, alteram a trajetória de suas carreiras e suas vidas.

Meus estudantes me mostraram os efeitos imediatos e profundamente positivos de aprender as regras do poder e suas aplicações. Trecho de um e-mail recente e nada incomum:

> *Obrigado por todas as lições da sua aula... Elas me ajudaram a criar meu próprio departamento, conquistar um salário e um cargo que nunca considerei ser possível com minha idade, e hoje recebi elogios de dois ministros em uma cerimônia internacional de assinatura de documentos. Qual é o segredo? Eu simplesmente pedi o que queria. Também segui seu conselho de me colocar em lugares estratégicos, nos quais minhas... formações e meu conhecimento em LA foram considerados muito raros em vez de comuns. Por fim, investi em me expor, criando redes de contatos com meus colegas de trabalho e fazendo meu nome.*

Nada do que essa pessoa, um cidadão saudita que trabalha para a Aramco, descreveu é um bicho de sete cabeças, apesar de tudo o que foi feito ser consistente com evidências das ciências sociais — e implementado com pouca frequência. O fato de esse exemplo vir de um país e uma cultura diferentes sugere o mesmo que as pesquisas: as regras do poder são generalizadas e se aplicam a diversas culturas. Por causa dos efeitos positivos desse material, decidi que deveria compartilhar minha habilidade crescente de ensinar sobre poder organizacional e, mais amplamente, minhas técnicas mais recentes para ajudar as pessoas que estão a caminho do poder.

Sete, o Número Mágico

Depois de observar meus ex-alunos, bem como líderes políticos e empresariais (em particular, os bem-sucedidos), e revisar as pesquisas relevantes da área de ciências sociais, concluí que há basicamente sete regras do poder. Preparar aulas sobre poder baseadas nessas sete regras fundamentais é um modo efetivo de ensinar às pessoas o que elas precisam fazer para ter mais influência e sucesso.

Parece que sete é um bom número de regras. Em 1956, George Miller escreveu um artigo de opinião, no qual argumentava que "o observador ignorante tem severas limitações em relação à quantidade de informação que consegue receber, processar e recordar"; a capacidade da maioria das pessoas seria reter sete elementos ou ideias, variando dois para mais ou para menos.[3] Uma análise recente da premissa de Miller declarou que "o número sete ocorre em muitos aspectos da vida, desde as sete maravilhas do mundo até os sete mares e os sete pecados capitais".[4] Pesquisas mais recentes confirmam de forma consistente a validade e a solidez da visão original de Miller sobre as limitações cognitivas quando se ultrapassa muito o limite de sete itens.

Felizmente, minhas ideias sobre a construção e o uso do poder podem ser ordenadas, com eficácia, em sete regras, que constituem os capítulos deste livro. As sete regras são:

1. Saia da sua zona de conforto;
2. Quebre as regras;
3. Demonstre ser poderoso;

4. Construa uma marca poderosa;
5. Faça networking sem parar;
6. Use seu poder;
7. O sucesso justifica quase tudo que você tiver feito para conquistar poder.

Eu acredito que a sétima regra seja a mais importante, pois pode estimular as pessoas a agirem em vez de se preocuparem desnecessariamente com as consequências.

Explicando o Cenário Atual de Liderança

O segundo fator que me fez mudar de ideia foi observar a realidade dos líderes políticos e empresariais atuais, que inclui, mas não se limita, é claro, a pessoas como Donald Trump, Steve Jobs, Jeff Bezos, Bill Gates, Meg Whitman, Carly Fiorina e Elon Musk, os quais acredito que muitos não compreendam. Muitas pessoas consideram esses indivíduos e seus comportamentos anomalias; no entanto, não reconhecem que, como exemplos vivos das regras do poder, esses líderes oferecem lições importantes sobre os comportamentos da liderança contemporânea bem-sucedida — isso mesmo, *contemporânea*, não antiga.

Trump com certeza segue as sete regas do poder que apresento neste livro. Na verdade, meus planos originais incluíam escrever sobre as lições de liderança que aprendemos com ele. Decidi não fazê-lo, uma vez que ele é uma figura que causa tanta polarização e também porque as pessoas não conseguem observar objetivamente as ações dele e fazer uma avaliação fora do contexto do próprio Trump. Contudo, pensando sobre o motivo de ele ter sido tão inesperadamente bem-sucedido na política e em outras áreas, criei princípios sobre não só os fundamentos no campo das ciências sociais que ajudam a explicar seu sucesso, mas também os comportamentos e os resultados alcançados por muitos outros líderes corporativos e políticos nos Estados Unidos e outras partes do mundo.

Como muitas pessoas não entendem as realidades comportamentais do poder, continuam se surpreendendo tanto pelo que acontece quanto pela efetividade das ações que parecem violar o senso comum do que é liderança — principalmente porque muitos deles não estão interligados às pesquisas sobre psicologia social do comportamento humano. Às vezes, a surpresa é acompanhada pelos empecilhos na carreira que surgem porque as pessoas não estão preparadas para as realidades da vida social.

Minha esperança é que este livro ajude as pessoas a entenderem melhor as dinâmicas diárias e a realidade política das organizações de todos os tipos, públicas e privadas. Meu objetivo explícito, declarado na descrição geral do meu curso, Paths to Power [Caminhos para o Poder, em tradução livre], é dar às pessoas o conhecimento que, se implementado, poderá ajudá-las a nunca precisarem sair de um emprego involuntariamente. Como ainda não conquistei meu objetivo, e ainda vejo muitas pessoas sendo demitidas, meu propósito continua relevante e importante. Ensinar como praticar as sete regras do poder pode auxiliá-las a alcançar tal meta.

Poder Não É uma Arte "Sombria", É a Chave para o Sucesso

Minha terceira motivação para escrever este livro: com muita frequência me deparo com pessoas, tanto por e-mail quanto nos meus cursos, que inicialmente expressam resistência, ceticismo, desconforto, objeções e sentimentos similares em relação às ideias que ensino. Não porque duvidem da existência delas no mundo ou talvez até de sua validez, embasadas nas pesquisas das ciências sociais ou no que observam. No termo usado em um e-mail recente que recebi, a pessoa acha os princípios e os resultados da pesquisa "deprimentes" — ou, citando meu amigo e colega Bob Sutton, "sombrios". Consequentemente, as pessoas descartam oportunidades de fazer as coisas acontecerem e acelerar suas carreiras da forma mais eficaz possível.

Entendi que um modo de lutar contra essas percepções é fornecer às pessoas sete regras que, se aplicadas, irão torná-las mais poderosas. Uma vez que temos mais poder, ficamos menos deprimidos e vemos o mundo como menos sombrio, pois nosso desempenho e rumo no mundo são consideravelmente mais eficientes. Também ficamos mais saudáveis física e mentalmente — pois as pesquisas mostram que a saúde está relacionada ao controle que se tem sobre o trabalho e à posição na hierarquia social[5] — e mais felizes, uma vez que o poder está associado ao aumento da felicidade.[6]

Os Princípios — as Regras — do Poder Mudaram?

Em quarto lugar, queria abordar, sem rodeios, a narrativa frequente de que hoje tudo está diferente — fundamentalmente alterado pelos novos valores, novas gerações (e seus próprios valores), novas tecnologias, especialmente as mídias sociais — e, portanto, ideias antigas sobre poder e influência não são mais relevantes. Sendo assim, não é surpreendente que as pessoas se sintam incertas sobre o meu curso e minhas publicações, dada a atitude atual nas escolas de negócios e outros programas de liderança e administração. O poder e, talvez, ainda mais as políticas organizacionais (talvez todas as políticas), estão às avessas.

Muitos livros e estudos que versam de modo ostensivo sobre poder são fundamentalmente ambíguos quanto a aceitar as técnicas que fazem as pessoas mais poderosas. Muitos comentários sobre poder, apesar de otimistas, inspiradores e bastante populares são, em suas visões ingênuas do comportamento humano e da sociedade, extremamente desconexos da realidade empírica da vida social. Ao negligenciar e ativamente rejeitar a realidade fundamental e duradoura do poder e do comportamento humano, é quase certo que tais tentativas sinceras e bem-intencionadas de melhorar (e mudar) a situação estão fadadas ao fracasso, assim como as tentativas de construir um foguete sem seguir as regras da física e da termodinâmica teriam escassas chances de sucesso. Eis aqui alguns dos muitos exemplos de textos sobre poder que se distanciam dos dados sobre o verdadeiro poder no mundo.

Moses Naim escreveu *O Fim do Poder*,[7] a respeito de pessoas poderosas em cargos poderosos que estão vivenciando um aumento na limitação de seus poderes. Naim nota como muitas pessoas com cargos altos lhe confidenciaram sobre a disparidade percebida (ou alegada) entre o poder que outros atribuem a eles e o que são capazes de fazer, bem como a autoexpressão de suas noções de poder. Quando Mark Zuckerberg, do famoso Facebook, criou seu próprio clube de leitura, esse livro foi sua primeira escolha.[8]

Espero que você perceba a ironia. Enquanto escrevo isto, Zuckerberg recentraliza seu controle sobre o Facebook, e é claro que nesta empresa, assim como em muitas outras do Vale do Silício, existe uma estrutura de votação por maioria qualificada que assegura que Zuckerberg não seja demitido não importa o que faça,[9] assim como notado, com perspicácia, pela colunista de tecnologia do *New York Times*, Kara Swisher. Algumas pessoas podem ter que enfrentar limitações do seu poder, mas certamente não Zuckerberg; pouquíssimas pessoas têm um poder mais frágil do que declaram ter.

Nesse mesmo livro, que frequentemente vejo sendo usado para exemplificar como as teorias e as realidades do poder mudaram em sua essência, Naim questiona o que a globalização está fazendo com a concentração econômica. A suposição é que a globalização dos negócios — e, por conseguinte, da competição — dispersaria o poder econômico. Esse questionamento foi feito em 2013. Agora a resposta está clara, e não é a que muitos esperavam. Nos Estados Unidos, assim como no resto do mundo, autoridades antitruste estão se preparando para uma batalha porque a globalização *aumentou* a concentração do poder e da riqueza, especialmente em multinacionais de tecnologia, mas também em outros setores, como telecomunicações e até mesmo no varejo (talvez você já tenha ouvido falar da Amazon!). Depois da crise financeira de 2008–2009, os bancos que eram julgados como muito grandes para falir se tornaram... ainda maiores. É empírica e recorrente a questão da completa falta de autoridade da lei antitruste e do aumento de concentração do poder econômico.[10]

Há também Jeremy Heimans e Henry Timms, autores de *O novo poder*.[11] A tese deles é que o poder não está acabando, mas que o poder, suas bases e seu uso estão sendo fundamentalmente transformados pela internet, pelas redes sociais, por novas modalidades de comunicação, entre outros. O resultado dessa mudança social e tecnológica seria uma maior democratização, uma palavra muito usada por eles, conforme as ideias do novo poder o tornam menos concentrado e disponível para mais pessoas. Seu argumento básico, defendido por muitos outros, é que a capacidade de qualquer indivíduo adquirir rapidamente uma plataforma de comunicação (tais quais blogs e contas em plataformas de mídias sociais, como Twitter, Facebook e Instagram) e acessar com facilidade as informações do mundo (como o Google) levaria a uma proliferação de inovações e movimentos sociais. Assim como a Primavera Árabe, que foi tão discutida, mas por fim malsucedida, acreditava-se que seria dado mais poder ao povo, inclusive àqueles que não possuem uma posição formal de poder.

Infelizmente, a realidade interveio, e os usuários mais bem-sucedidos dos novos métodos de comunicação e das plataformas de mídia social são justamente aqueles que já tinham poder político e econômico. De acordo com um conhecedor filipino do cenário midiático, "ter poder é consolidar poder" quase em qualquer lugar do mundo; com a eliminação de novos grupos independentes, permite-se que as vozes "com o megafone mais alto" modifiquem a realidade.[12] A Unidade de Inteligência do *The Economist*, que compila um indicador de democracia desde 2006, observou que "a democracia está em retrocesso... o índice mundial de 5,44 de 10 é o menor registrado desde o início do indicador."[13] Ou talvez você prefira o Índice de Liberdade Humana, publicado pelo conservador Instituto Cato pela primeira vez em 2008. Desde então, a liberdade geral do mundo diminuiu, com o aumento da pontuação em 61 países e a diminuição em 79.[14]

Tomando como exemplo a consolidação do poder na esfera política, na China, Xi Jinping se autoproclamou governante até o fim da sua vida, assim como, para todos os efeitos, Vladimir Putin na Rússia. Governos autoritários estão em alta em muitos outros países da Europa e Ásia, inclusive na Hungria, Polônia, Turquia e Filipinas. A revogação do status especial de Hong Kong se deu principalmente devido à China, que aumentou a limitação dos direitos da região administrativa. Nos Estados Unidos, Donald Trump foi eleito presidente em 2016 sobretudo por aproveitar com eficiência as "novas modalidades de comunicação de poder" como o Facebook, para então propagar — de acordo com os verificadores de fatos do *Washington Post* — inúmeras informações falsas,[15] com o consequente apoio do partido republicano americano. Apesar de ter perdido (por pouco) as eleições de 2020, Trump recebeu o segundo maior número de votos da história das eleições presidenciais estadunidenses, superando o resultado de 2016.

Em suma, o poder não está acabando, nem são novas as suas manifestações. Para se conseguir liderar em um mundo que não mudou tanto quanto muitos acreditam ou esperam, as pessoas precisam entender os princípios básicos, as regras do poder.

USANDO ANÁLISE E OS DADOS PARA CRIAR UM VOCÊ MAIS PODEROSO

Talvez esses fatos e muitos outros semelhantes sejam "deprimentes" ou "sombrios". Retomando a citação com a qual comecei este capítulo, se o poder deve ser usado para o bem, mais pessoas boas precisam tê-lo. E se querem conseguir esse poder, precisam entender os fatos consolidados das ciências sociais, os quais vão proporcionar sucesso em um mundo no qual o poder não desapareceu, não ficou menos concentrado, nem mudou seus determinantes ou estratégias. Resumindo, as pessoas precisam aceitar as regras do poder, não correr delas. Meu intuito com este livro não é deixá-lo feliz ou contar historinhas inspiradoras. Mesmo assim, não me considero cínico, mas sim pragmatista e realista.

Desde 1979, atuo como professor na escola de pós-graduação em negócios da Universidade de Stanford. Meu curso sobre poder em empresas é uma das eletivas mais populares, não por causa do meu charme ou carisma e, com certeza, não porque o material se enquadra nos valores sociais predominantes. Faz sucesso pois, como um dos meus alunos disse, "sua aula de fato nos ajuda a entender o mundo com o qual nos deparamos com frequência", e é feita de tal forma que ajuda muitas pessoas a serem comprovadamente mais eficazes e bem-sucedidas. O lema da escola é "Mude vidas, mude organizações, mude o mundo". Mudança requer poder. Se as mudanças ocorressem sem poder e influência, já teriam acontecido. O primeiro passo para fazê-las acontecer é se colocar (e a seus aliados) em posições de influência — uma palavra que vou usar muito neste livro — para que seus esforços para conquistar as coisas tenham efeitos exorbitantes. Se você está buscando um papo animador, este não é o lugar para você.

Meu material de leitura reflete essa mentalidade. Dentre os livros na minha mesa estão *Como ser um ditador: o culto à personalidade no século XX*, vencedor do prêmio Samuel Johnson;[16] *Cheaters Always Win: The Story of America* [sem publicação no Brasil];[17] e *Cheating* [sem publicação no Brasil],[18] da minha falecida colega da escola de direito de Stanford, Deborah Rhode. Todos eles valem a leitura por sua compreensão profunda das realidades da história e do comportamento humano. A mensagem deles é: a vida nem sempre é justa, apesar de as pessoas "se prenderem à ideia de que aqui se faz, aqui se paga".[19] Somos seduzidos e atraídos por narcisistas e déspotas e acabamos elegendo-os ou trabalhando para eles, frequentemente gerando más consequências. Honestidade não é automática ou inevitável, são necessárias sanções e estruturas institucionais — para nosso azar, geralmente inexistentes — que organizem a vida social e reduzam trapaças e fraudes. Você entendeu.

O sociólogo Murray Edelman escreveu vários livros sobre linguagem política. Em um deles, há uma frase em especial que admiro.[20] Parafraseando, é assim: na política, geralmente a situação é que um dos lados possui a retórica, e o outro a realidade. Apesar de toda a conversa sobre as mudanças nas dinâmicas do poder, sobre o novo poder, o fim do poder etc., assim como os ilusionistas acenam com uma mão para que as pessoas não descubram o truque, somos distraídos da compreensão fundamental que pode nos tornar mais bem-sucedidos e eficientes. Se você ler este livro e seguir os conselhos, *não* será uma dessas pessoas.

Tenho mais uma recomendação. Quando você ouvir as pessoas — líderes, estudiosos, "gurus" (um termo que detesto) — dando conselhos e contando histórias, faça uma rápida e cuidadosa avaliação. Você possui acesso, por meio de bancos de dados online e outros recursos, a uma riqueza de informações. Acesse a internet e veja quantos processos foram abertos contra essas pessoas e o que os sites dizem sobre seus estilos de liderança. Melhor ainda, localize pessoas que trabalham com ou para esses maravilhosos líderes e professores, fale com eles sobre as realidades das suas organizações e dos seus comportamentos. Ou busque reportagens sobre eles. Resumindo, investigue um pouco e pense criticamente. E você verá que, parafraseando *Hamlet,* de Shakespeare, "parece-me que a dama faz protestos demasiados", geralmente as pessoas que defendem com mais gana a autenticidade e a transparência são aquelas que menos possuem essas qualidades. Não, você não precisa acreditar em mim ou na imensidão de evidências das ciências sociais que vou fornecer sobre as regras do poder. Pode acreditar nos seus próprios olhos, contanto que se preocupe em mantê-los abertos.

INTRODUÇÃO
Poder, Fazer Acontecer e Sucesso Profissional

No dia 10 de maio de 2019, Rukaiyah Adams recebeu o Prêmio Tapestry da Escola de Pós-graduação em Negócios de Stanford. O prêmio honra ex-alunos afro-americanos "que teceram lideranças inspiradoras, que possuem excelência intelectual e que serviram aos outros em suas vidas profissionais e pessoais".[1] Hoje, Rukaiyah é diretora de investimentos da Meyer Memorial Trust, uma fundação privada avaliada em US$750 milhões, cuja sede é em Portland, Oregon. Anteriormente, presidia o conselho que supervisiona US$100 bilhões do Fundo de Pensão Público e outros ativos do estado do Oregon. Rukaiyah, ex-aluna minha, formada em direito e com um MBA, enfrentou um mercado de trabalho horrível quando se graduou em 2008, e teve dificuldade em conseguir uma posição adequada. Ela era uma mulher negra em um setor (gestão de ativos) que tinha poucos afro-americanos ou mulheres; um estudo recente relatou que, dos US$69,1 trilhões de ativos financeiros globais, mulheres e pessoas não brancas gerenciavam menos de 1,3% deles.[2] Rukaiyah teve que descobrir depressa como transformar o que poderia ter sido um problema — ser diferente — em seu ponto forte. "É evidente que estas empresas não compartilharão poder e oportunidades comigo, então tenho que fazer isso sozinha", ela disse. Conseguiu uma vaga em uma empresa hedge fund, onde se tornou uma pessoa de confiança. Rukaiyah comentou:

O que antes era a posição de uma forasteira, por ser mulher e negra, tornou-se uma rede de informações. As pessoas me contavam questões que queriam levantar, mas tinham muito medo de falar porque estavam focadas na necessidade de prover para suas famílias; a maioria tinha esposas que não trabalhavam... Eu era jovem, solteira, e já era vista como uma forasteira mesmo. Sentiam que podiam me contar as coisas e discutir questões. Então, a equipe executiva começou a depender de mim para conseguir informações... Eu estava em uma posição de poder. Isso levou a uma promoção para o cargo de COO e, uma vez na função, os investidores me procuravam para que eu lhes dissesse a verdade em situações completamente diferentes.

Em 2012, Rukaiyah já estava gerenciando 6 mesas de operação e US$6,5 bilhões em ativos para uma empresa de serviços financeiros de Portland.

Rukaiyah Adams dominou o conteúdo das minhas aulas. Entendia a importância de ser o centro das redes de comunicação, um tópico que vamos revisitar quando analisarmos o valor de criar network no capítulo 5. Mais importante, ela entendeu a primeira regra do poder: sair da sua zona de conforto — não esperar um mundo justo e, com certeza, não seguir as regras que a deixariam em desvantagem, mas fazer suas próprias, criando o próprio jogo.

Eu adoraria dizer que o sucesso de Adams foi por causa das minhas aulas — que ela mencionou em seu discurso de premiação —, mas Rukaiyah se formou como uma das melhores da sua turma de MBA e tem duas graduações. O poder raramente é a fonte mais importante de sucesso, mas o que é capaz de fazer, como foi no caso dela, é ajudar a potencializar sua performance e seu talento. Desempenho profissional é importante; no entanto, se ninguém o nota, não serve de nada. Poder e performance juntos vão levá-lo muito mais longe do que qualquer um dos dois separadamente. Rukaiyah aceitou os princípios do poder e também entendeu como poderia usá-los para chegar a posições de influência, nas quais poderia atingir tanto seus objetivos pessoais quanto o de fomentar uma série de causas sociais. Ela observou: "Acredito que utilizava o tipo de poder que todas as mulheres negras têm, o de improvisar e sobreviver."

Nem todos aceitam as regras do poder como Rukaiyah. Entendo muito bem as barreiras psicológicas que algumas pessoas enfrentam para aceitar um conteúdo sobre poder e, mais importante, colocá-lo em prática. As pessoas costumam passar por vários estágios de resistência quando fazem o curso — o mesmo ocorre quando leem meus livros sobre o assunto. O propósito deste capítulo introdutório é ajudá-lo a enfrentar o ceticismo e a resistência mais rápido, para que você possa começar a aprender e, acima de tudo, colocar em prática e melhorar as suas circunstâncias, tanto e tão rápido quanto possível.

PODER É UMA FERRAMENTA USADA DE DIVERSOS MODOS

Em essência, o poder é uma ferramenta. Como muitas ferramentas, ou talvez a maioria delas, uma vez que se domina o poder é possível realizar muitos feitos grandiosos, ou coisas terrivelmente ruins, ou um meio termo entre os dois. O ponto é: não confunda nem misture suas reações ao "poder" com suas reações a como, ou para qual finalidade, ele foi utilizado — especialmente se tiver sido usado contra você. Não fique ressentido com a inevitável onipresença do poder na vida social; em vez disso, compreenda-o a fundo.

Eis aqui um exemplo (dentre muitos) de testemunhar poder e depois aprender sobre seu uso, sem avaliar seus resultados. Certa vez, em 1985, recebi um livro coescrito por um aluno meu; o agora falecido John Jacobs,[3] então bolsista do programa Knight de Jornalismo em Stanford e que, posteriormente, tornou-se o chefe da seção de reportagem política dos jornais da McClatchy. Dentro, havia a seguinte dedicatória: "Para Jeff Pfeffer, que sem dúvida apreciaria o poder político deste homem." O livro era *Raven: The Untold Story of the Rev. Jim Jones and His People* [sem publicação no Brasil].[4] Antes de deixar os Estados Unidos e incitar o assassinato e suicídio em massa na Guiana, Jim havia entrado, com sucesso, na hierarquia política de São Francisco usando diversas técnicas que eu ensino.

Jim tinha uma relação próxima — como determina a Regra N.º 5, ele fazia network — com o Dr. Carlton Goodlett, um dos afro-americanos mais poderosos em São Francisco, cujo jornal o cobria de maneira favorável. Jones enviava presentes para políticos e convidava pessoas para os eventos e jantares do Templo do Povo, criando assim um padrão de reciprocidade — uma conduta muito poderosa, capaz de fazer as pessoas retribuírem favores mesmo tendo ciência de que os receptores não saberão que retribuíram.[5] Jim Jones fez os membros do Templo do Povo se voluntariarem para trabalhar na campanha política do futuro prefeito George Moscone, além de apoiar uma lista de candidatos liberais nas eleições municipais de 1975 e angariar contribuições que compactuaram com a tomada liberal da política da cidade naquele ano. Jim assegurou-se que os receptores soubessem de onde vinha o dinheiro e quem estava fazendo os trabalhos voluntários, não somente contando com a reciprocidade, mas também deixando claro para os políticos que ele controlava recursos humanos e monetários valiosos, portanto, havia apenas benefícios em tê-lo ao seu lado. Depois que Moscone venceu, Jones pediu e conseguiu ser nomeado para um cargo no Ministério de Habitação de São Francisco; e conquistava, assim, uma aura de legitimidade para si e para sua organização enquanto recebia cobertura favorável da imprensa, o que o ajudou a construir uma marca positiva.[6]

Só porque Jim Jones usou muitas das técnicas consideradas eficazes para a aquisição de poder, não significa que esses comportamentos sejam ruins ou errados. Jones os usou para fins maléficos, mas eles também podem ser usados para o bem. Esclarecendo: meu objetivo com esse livro é ensinar o máximo que posso sobre as regras do poder e como usá-las. A decisão de como esse conhecimento será aplicado é sua. Essa ideia de ensinar as regras de poder com neutralidade de valores — assim como é possível fazer o mesmo ao ensinar sobre a física atômica e nuclear — é uma abordagem "diferente" da que muitos colegas meus adotam.

Muitas pessoas na área da educação de liderança decidiram que seu verdadeiro propósito é atuar como pregadores laicos — ensinam ética, valores, ideais, talvez com um pouco de ciências sociais, especialmente se estas se enquadrarem nos ideais deles. Se acreditarem que tal tema seria perturbador, podem até decidir protegê-lo de pesquisas sobre tópicos como narcisismo[7] ou a frequência da mentira e a falta de consequências ao utilizar-se dela.[8] Essa é uma postura que rejeito completamente. Não que os ideais, valores etc., não sejam importantes. Claro que são. Porém, há três problemas em unir "princípios" (no âmbito moral e ético) ao aprendizado de habilidades e táticas de liderança.

Em primeiro lugar, a evidência de que ensinar princípios éticos de fato aumenta o comportamento ético é definitivamente conflitante, não obstante os paradigmas de pesquisa projetados para encontrar evidências, como colocar pessoas em situações hipotéticas ou medir seus conhecimentos sobre o comportamento adequado a se ter, em vez de como se comportam de fato. Por exemplo, um experimento de pares correspondentes — no qual as pessoas são separadas por aspectos demográficos importantes ou outras características e, então, uma pessoa recebe o tratamento (nesse caso um treinamento em ética) e a outra, que é do grupo controle, não —, feito por universitários de uma faculdade australiana, concluiu que "a educação ética tem um impacto limitado na resposta dos estudantes durante dilemas éticos".[9] Um estudo sobre o comportamento estudantil de fazer colas comprova que a educação ou treinamento em relação a esse assunto não surtiu nenhum efeito.[10] Uma análise focada no efeito de dar aulas sobre negócios, sociedade e ética empresarial concluiu que qualquer melhoria "parece ser momentânea".[11] Outra análise, razoavelmente abrangente, da ética corporativa constatou que as evidências de eficácia foram inconclusivas. Esse artigo observou que "incorporar os princípios de gestão responsável no treinamento não leva a mudanças comportamentais automáticas entre os profissionais, porque apenas desenvolvimento cognitivo não traz a habilidade e a prontidão para agir com responsabilidade no trabalho."[12]

Em segundo lugar, está mais do que claro que ninguém além de membros da família ou líderes religiosos tem o direito — ou mesmo a obrigação — de dizer aos outros quais devem ser suas metas e objetivos na vida. Podemos conversar sobre comportamentos individuais e organizacionais com as pessoas que conhecemos e ajudá-las a racionalizar suas decisões. Mas o que visam alcançar com tal conhecimento é, na minha opinião, decisão delas.

Em terceiro lugar, há a questão fundamental da relação entre meios e fins, um tópico continuamente debatido na filosofia.[13] Se os objetivos são nobres e dignos, deveria haver restrições nas táticas — os meios — que se utiliza para atingir tais objetivos? Se sim, quais as limitações? Robert Moses, o "mestre de obras" de Nova York e uma das pessoas mais poderosas do século XX, que teve enorme influência sobre o desenvolvimento físico da cidade durante quatro décadas, disse a famosa frase "se os fins não justificam os meios, o que justifica?"[14] (Você aprenderá mais sobre Moses na minha discussão da Regra N.º 2: "Quebre as Regras".)

Um motivo pelo qual as pessoas falham em conquistar seus objetivos ou perdem ao concorrer a posições elevadas é a relutância ao fazer o necessário para se sobressair. De fato, a primeira regra do poder, discutida no próximo capítulo, é que as pessoas saiam da zona de conforto, o que inclui abandonar as muitas restrições que impõem a si mesmas e que as torna menos eficientes. A decisão sobre quais meios utilizar para alcançar os próprios objetivos é uma escolha pessoal. Porém, para fazer tal escolha, acredito que você precise entender o máximo possível o que funciona, o que não funciona, e o porquê. E também precisa entender que alguns dos seus rivais podem não ter a mesma hesitação em "dar tudo de si" e fazer todo o possível para vencer.

A HABILIDADE POLÍTICA INFLUENCIA NOS RESULTADOS PROFISSIONAIS?

Uma nigeriana que fez a versão online do meu curso sobre poder, em um programa chamado LEAD [Liderança, em tradução livre], enviou-me o seguinte e-mail:

> *Entrei no LEAD porque me senti totalmente impotente. Estava sozinha por ser uma mulher em um mundo de engenharia e geociência dominado por homens. Meu antigo chefe, vinte anos mais velho que eu, praticamente me intimidava dia sim, dia não. Foi uma época muito difícil. Depois que comecei a praticar o projeto de poder e seguir o conselho — não responder de imediato, falar com autoridade [tema do capítulo 3], fazer network e aumentar minha influência [ela criou organizações sem fins lucrativos que conectam mulheres em ascensão e outros jovens profissionais], ele e todos os outros colegas me apoiaram. Eles me respeitam, mas a melhor parte é que não preciso mais me preocupar com eles, já que estou tratando diretamente com os diretores executivos da minha empresa. Tenho uma vida sem estresse, faço minha parte, ajudo os outros e deixo minha luz brilhar pelo mundo. Nunca achei que seria possível viver assim. Ter poder é essencial. Muda toda a narrativa.*

Seguir as regras do poder mudou a vida dela em menos de oito semanas. Isso acontece porque o poder muda a forma como as pessoas se relacionam, geralmente de um modo positivo, enquanto fornece aos detentores mais autonomia e controle sobre suas vidas.

Ocorre, também, porque o poder faz com que as pessoas, como minha estudante nigeriana, sejam mais independentes e bem-sucedidas, além de muito mais felizes.

Pesquisas comprovam que o sentimento de poder está associado a altos níveis de bem-estar subjetivo. Um estudo relaciona a sensação de poder das pessoas (por exemplo: "Eu acho que tenho bastante poder") com a satisfação que sentem com a vida (isto é, "Em muitos aspectos a minha vida é quase ideal") e com a escala de afetos positivos e negativos (em outras palavras, suas percepções de humor e emoções); o estudo descobriu que, mesmo depois que gênero e outras dimensões de personalidade foram estatisticamente controladas, poder acarreta em bem-estar.[15] "Participantes com alto nível... de poder estavam 16% mais satisfeitos com suas vidas, e tinham 15% mais afetos positivos e 10% menos afetos negativos do que participantes com baixo nível... de poder."[16]

Claro, sucesso (e, aliás, felicidade e bem-estar) tem significados diferentes para cada pessoa. Não posso opinar sobre isso porque não sou um filósofo de ética, nem ofereço conselhos de vida e nem atuo como coach. Mas, enquanto cientista social, posso (e você também) acessar pesquisas e perguntar o que parece prognosticar a conquista desses resultados, em relação às medidas específicas que indicam aspectos de sucesso profissional. Para levar a sério este livro sobre as regras do poder, as primeiras e mais importantes perguntas devem ser: É mesmo importante possuir habilidades políticas ao desenvolver e exercer poder? As pessoas que se envolvem em ações relevantes para conseguir poder se saem melhor?

Gerald Ferris, professor da Universidade do Estado da Flórida, e seus colegas passaram muitos anos definindo e medindo habilidades políticas e estudando seus efeitos nas pessoas e em suas carreiras. Em um livro recente, no qual resumia seu vasto programa de pesquisa, foi definido que habilidade política é "a habilidade de entender efetivamente os colegas de trabalho e usar esse conhecimento para influenciá-los a agir de modo a aumentar os objetivos pessoais e/ou organizacionais destes."[17] Habilidade política — ou seja, o domínio das dinâmicas do poder — afeta carreiras, como comprovado por diversos estudos. Como Ferris e seus colegas concluíram: "Habilidade política é um dos mais poderosos prognosticadores de sucesso no ambiente de trabalho".[18] Eis uma pequena amostra da ampla evidência empírica que ilustra por que as pessoas deveriam assiduamente aprimorar suas *power skills* [habilidades de poder, em tradução livre].

Uma avaliação feita com 191 trabalhadores de cargos diversos conectou habilidade política a 5 desdobramentos profissionais — remuneração total, promoções, satisfação profissional, vida satisfatória e mobilidade de trabalho externa que seja perceptível — e descobriu que tal habilidade está associada a 4 dentre esses.[19] Um estudo sobre representantes eleitos pelos funcionários de empresas alemãs relatou que a habilidade política estava relacionada a conquistas na carreira, conforme avaliado pelo sucesso em eleições de promoção.[20] Uma pesquisa sobre a performance de equipes de assistentes sociais de um serviço de proteção a crianças descobriu que a habilidade política dos líderes de equipe explicava uma parte significativa da variação nas pontuações de desempenho da equipe.[21] E a metanálise abrangente — uma síntese de diversos resultados de estudos — dos efeitos da habilidade política relatou que ela está indubitavelmente ligada à satisfação profissional, produtividade no trabalho, sucesso na carreira e reputação pessoal; o aspecto negativo é ligado ao desgaste fisiológico.[22] Juntos, esses estudos confirmam a declaração de Ferris e seus colegas de que a habilidade política afeta diretamente o sucesso profissional.

Outro modo em que a habilidade política afeta os resultados de carreira é tornando as pessoas mais eficientes ao usar outras ferramentas de influência com mais destreza. Por exemplo, a habilidade política ajuda as pessoas a desenvolver e utilizar os recursos da sua rede de contatos,[23] torna mais eficaz o uso de várias técnicas de gerenciamento de impressões,[24] as auxilia a agradar seus chefes[25] e (em empresas chinesas) melhora o *guanxi* de supervisor-subordinado (sistema de redes de socialização e relacionamentos influentes que facilitam as negociações e outros acordos) e, portanto, suas perspectivas profissionais.[26] A habilidade política também reduz os efeitos adversos dos estressores no trabalho[27] — experienciar menos estresse ajuda as pessoas a fazerem acontecer, pois lhes dá mais energia e lhes permite focar melhor. Fazer network, lisonjear/agradar, criar uma impressão positiva ao mostrar confiança — essas e muitas outras técnicas de influência necessitam de habilidades para conseguir os melhores resultados. Ter mais habilidade política também torna as pessoas mais competentes na hora de empregar outras técnicas de influência.

Cameron Anderson, professor da escola de negócios da Universidade da Califórnia em Berkeley, e alguns de seus colegas conduziram um estudo longitudinal (no qual os pesquisadores coletam diversas observações dos mesmos entrevistados ao longo de certo período) com 214 alunos de suas universidades. A autoavaliação de poder das pessoas e o poder que os colegas de sua empresa estimavam que elas tinham era a variável dependente — as duas medidas de poder estavam altamente relacionadas. O estudo constatou que a conquista de poder estava associada mais com comportamentos agressivos e dominantes, políticos, baseados no senso comum e competentes. Dentre as cinco formas de atitude citadas, o comportamento político teve o maior efeito no estudo de Anderson *et al.*, e o competente vinha logo atrás.[28]

Portanto, a resposta de uma grande gama de pesquisas empíricas parece ser clara: a habilidade política e a prática de comportamentos políticos importa... e muito. Pensando bem, esses efeitos na satisfação pessoal e profissional, bem como no salário e no cargo, não são surpreendentes. As pessoas terão mais afetos positivos conforme ganham mais status, poder e sucesso.

OS ESTÁGIOS DO APRENDIZADO SOBRE PODER

Apesar da vasta evidência das ciências sociais consistentes com o material que ensino e sobre o qual discuto — e as observações das pessoas sobre suas experiências, incluindo o noticiário —, percebi que elas geralmente passam por uma série de estágios ao aprender sobre poder. O primeiro é a negação. Porque muitos dos princípios sobre poder diferem — às vezes bastante — do que as pessoas leram ou ouviram em algum lugar, do que aprenderam com suas famílias, e até mesmo do que várias instituições, inclusive escolas de negócios, incutiram nelas; então, a primeira reação que têm é tentar negar o valor das ideias. A rejeição acontece apesar de (ou talvez especialmente porque) as pessoas já terem visto manifestações de poder e comportamento político em seu dia a dia — e continuarão a ver.

A negação geralmente assume a forma de encontrar um contra-argumento de uma pessoa bem-sucedida que não seguiu as sete regras do poder. Em primeiro lugar, um único exemplo adverso não prova coisa alguma. Há pessoas que espontaneamente se recuperam de cânceres capazes de matar, mas isso não significa que contar com tal acontecimento seja a melhor estratégia. Em segundo lugar, muitas das pessoas que são usadas nesses exemplos são excelentes em criar uma narrativa pessoal persuasiva e disseminá-la ampla e repetidamente. Sob inspeção mais rigorosa, alguns contraexemplos caem por terra.

A negação também assume a forma de dizer que esses princípios não são aplicáveis na vida contemporânea porque o avanço das redes sociais ou as novas gerações mudaram as regras do poder. A negação faz com que as pessoas me digam que as regras do poder não se aplicam a culturas nacionais diferentes — na Ásia, por exemplo — ou não são relevantes para pequenas empresas, para a área da alta tecnologia ou para sociedades. A negação assume diversas formas. No entanto, negar a ubiquidade do poder na vida empresarial às vezes tem consequências ruins.

Alguns anos atrás, quando estava fazendo compras perto de onde moro, em um supermercado em Burlingame, Califórnia, ouvi uma voz atrás de mim chamar pelo meu nome. Um ex-aluno do meu curso me cumprimentou e disse que minha aula tinha sido muito útil — ajudou a convencê-lo de que não estava disposto a fazer o que eu ensinara. Então, contou que formou uma sociedade de investimento com alguns colegas, na qual poder e política eram mínimos. Eu o parabenizei. Entender os caminhos do poder seguramente pode levar as pessoas a concluírem que não querem segui-lo.

Alguns anos depois, por coincidência, encontrei o mesmo aluno no mesmo supermercado. Eu o cumprimentei e o lembrei da conversa que tivemos em nosso último encontro. Perguntei como estavam as coisas na sua pequena empresa de investimentos. Com um sorriso amarelo, ele disse que não trabalhava mais lá — seus sócios o tinham mandado embora. Explicou que não conseguira escapar das realidades das políticas do poder, mesmo na pequena empresa da qual tinha sido cofundador. Para ele, a negação acabou, ainda que com um custo.

A negação costuma vir acompanhada de raiva (com frequência direcionada a mim). O que não é nada surpreendente. Há um vasto material sobre o fenômeno de "matar o mensageiro" — veja só o que acontece com a maioria dos delatores, mesmo que no fim estejam corretos.[29] As pessoas não querem ouvir o que não querem ouvir, e poucos vão agradecê-lo por dizer fatos desagradáveis. Então as pessoas questionam *como posso ensinar ideias tão terríveis e difíceis, que diferem tanto do que é adotado pela literatura convencional sobre liderança?*

A raiva normalmente passa e, com frequência, é seguida pela tristeza. Ao reconhecer que os princípios do poder são verdadeiros, que de fato conheço o material de pesquisas na área de ciências sociais e entendo um bocado sobre comportamento organizacional, as pessoas ficam tristes. Elas não gostam do que meus ensinamentos insinuam sobre o mundo no qual vivem e as implicações em seus próprios comportamentos e ações. Em quem podem confiar? Precisam estar constantemente alertas e vigilantes? É aí que ouço a palavra "deprimente".

Se sou bem-sucedido, o que, claro, nem sempre é o caso, a tristeza dá lugar à aceitação. As pessoas não só reconhecem o que precisam fazer para mudar vidas, organizações e o mundo, como também compreendem que só possuem a escolha de acatar as regras do poder e usá-las, ou pular fora e aceitar as consequências que essa decisão acarreta. Por sorte, tive o privilégio de ver, ao longo dos anos, muitos graduados e outras pessoas aceitarem as ideias do poder e depois fazerem coisas incríveis.

Torne-se Menos Crítico

Uma dica para chegar ao estágio de aceitação do poder com mais rapidez e facilidade é tornar-se menos crítico.

Implementar essa recomendação vai exigir um esforço considerável. Vivemos em um mundo no qual constantemente nos pedem para fazer críticas — avaliações — de produtos e experiências, o que nos habitua a julgar as coisas. No fim das contas, no entanto, muitos desses julgamentos são errados. Por exemplo, há apenas uma minúscula correlação entre as notas que os alunos dão aos professores e os indicadores objetivos do aprendizado do corpo discente. Além disso, qualquer associação que exista é situacional e não aplicável a todos os professores, disciplinas ou níveis de instrução. "Quanto mais o aprendizado é medido objetivamente, menores são as chances de estarem relacionados às avaliações."[30] Outro exemplo: um estudo de 1.272 produtos relatou que a avaliação média dos usuários não correspondia com as pontuações dos Consumer Reports [Relatórios do Consumidor, em tradução livre].[31] Uma razão para ser menos crítico é que nosso julgamento nem sempre é preciso ou útil.

Todavia, a vasta evidência do campo da psicologia social indica que "no dia a dia, muitas das impressões e julgamentos de outrem ocorrem de modo rápido, involuntário e intuitivo. Um mero vislumbre ou olhar fugaz pode levar a um julgamento de valor instantâneo. Uma vez feito, tais julgamentos servem de apoio para todos os subsequentes."[32] As pessoas formam opiniões sobre os outros em cerca de dez segundos, e estas permanecem surpreendentemente imutáveis. Então, tornar-se menos crítico requer bastante esforço.

Dois problemas surgem quando julgamos os outros. O primeiro é que, para as coisas acontecerem, relacionamentos críticos precisam funcionar. Esse fato ocorre, em particular, nos contextos corporativos, os quais são invariavelmente caracterizados pela interdependência — sua habilidade para executar as tarefas depende em grande parte das ações dos outros. Uma vez que alguém formou uma opinião negativa sobre outra pessoa (sobre sua competência, moralidade, merecimento do cargo que possui etc.), é difícil esconder completamente o teor desse julgamento. E quando há um julgamento negativo, é menos provável formar um relacionamento positivo com a outra pessoa para executar uma tarefa interdependente. "Nossos julgamentos interferem em muitos relacionamentos que temos."[33]

Em segundo lugar, a crítica é uma fonte de infelicidade e descontentamento porque, ao comparar o que algo é com o que pensamos que deveria ser, essas discrepâncias quase inevitáveis de se observar levam a frustrações e afetos negativos. É por isso que muitos recomendam que nos tornemos menos críticos. Madre Teresa disse a famosa frase: "Se você julgar as pessoas, não terá tempo de amá-las."[34] O poeta estadunidense Walt Whitman aconselhou: "Seja curioso, não crítico".[35]

O reality show *MasterChef Austrália* pensava que havia feito uma bela jogada quando conseguiu que Sua Santidade, o Dalai Lama, concordasse em aparecer como juiz convidado. Porém, "ele se recusou a fazer julgamentos: 'como monge budista, não é certo que eu prefira esta comida à outra', disse [...] Há um texto chinês do século VI da escola Chan (Zen) que diz: 'comparar o que você gosta com o que você não gosta é uma doença da mente'. Em outras palavras, separar as coisas em caixinhas 'gosto' e 'não gosto' atrapalha o caminho para a iluminação."[36] Do mesmo modo, no Novo Testamento, Mateus 7:1 diz: "Não julgueis para que não sejais julgados".

O julgamento atrapalha a construção de relacionamentos interpessoais úteis e leva à infelicidade; assim, abster-se de fazer julgamentos é uma recomendação frequente, uma vez que fazê-los em relação ao poder e a sua ocorrência em contextos corporativos têm as mesmas consequências, o que muitas vezes torna menos eficiente a navegação das pessoas em ambiente interpessoal e faz com que se sintam angustiadas pelas realidades da vida organizacional. É bem melhor ser menos crítico e, em vez disso, partir de um sentimento de equanimidade, de aceitação (ou, pelo menos, compreensão) do poder e das políticas corporativos enquanto prepara melhor seu psicológico para lidar com eles.

ESSAS REGRAS DO PODER SE APLICAM APENAS A HOMENS BRANCOS?

A despeito das leis de direitos civis e diversas iniciativas sociais, vasta evidência mostra que a discriminação de gênero e raça no âmbito profissional ainda persiste. Além do mais, pessoas não brancas e mulheres são submetidas às expectativas normativas de como devem se comportar, que frequentemente destoam das regras de poder concebidas neste livro. Espera-se que mulheres e minorias, em específico, sigam as regras e não que as quebrem, como aconselho no capítulo 2; pois foram, em geral, socializadas para trabalharem pelo bem coletivo em vez de participar de atividades como construção de sua marca (capítulo 4) e de sua rede de contatos (capítulo 5), que são regras vistas como mais individualistas e de autopromoção. Essas expectativas do que as pessoas *devem* fazer e como devem ser com frequência suscita a pergunta que recebo o tempo todo: Os princípios/regras do poder funcionam para mulheres e minorias também?

Tenho diversas respostas para essa pergunta importante. Primeiro, ao considerar resultados de pesquisas, é importante escolher a comparação apropriada. Muitas das regras e estratégias de poder são indubitavelmente menos eficazes para mulheres do que para homens, por exemplo. Mas a questão não é, digamos, se usar a linguagem de poder e projetar uma imagem poderosa é menos efetivo para mulheres e pessoas não brancas. A questão deveria ser: Usar tal linguagem e projetar tal imagem é melhor do que fazer o oposto? Já que as pessoas não mudarão a raça ou o gênero com o qual se identificam, a questão seria como podem ser tão eficazes quanto possível para conquistar poder e influência, sendo quem já são. Um exemplo específico de projeção de poder por meio da linguagem corporal é dado por Dana Carney, membro do corpo docente da escola de negócios de Berkeley e especialista em comportamento não verbal, que nota que não há muita evidência que sugira que os vários modos não verbais de expressar poder, status e dominância social sejam menos efetivos para mulheres do que para homens.[37]

Em segundo lugar, muitos aspectos do poder são imutáveis, como argumentei em um artigo sobre por que os princípios do poder tendem a transpor o tempo e as diferentes culturas.[38] Muitas instituições e situações sociais têm elementos hierárquicos; já que há menos posições no topo do que nas bases, a competição é quase inevitável. Os parâmetros do juízo de valor interpessoal — receptividade e competência — também transpõem culturas distintas. As pessoas preferem outras similares a si, e por motivos de autopromoção, também preferem se associar, formar alianças, com aqueles que acreditam que serão bem-sucedidos e poderosos. Essa imutabilidade social deve estruturar a forma como todos pensam em estratégias para ganhar influência.

Em terceiro lugar, muitos ex-alunos — inclusive mulheres e pessoas não brancas — me disseram que, na verdade, as regras do poder são mais importantes para eles, e que entender a dinâmica do poder as ajudou a obter sucesso. Um dos muitos exemplos é Tadia James, uma mulher negra que trabalhou para uma empresa de *venture capital* antes de abrir a sua própria. Lembre-se de que, no começo deste capítulo, mencionei que mulheres e pessoas não brancas gerenciam menos de 1,3% dos US$69,1 trilhões em ativos financeiros do mundo.[39] Conversei com Tadia sobre como e por que ela recomenda meu último livro sobre poder para todos, e depois discutimos as reações negativas em relação ao curso e ao livro, em especial quando se trata da aplicabilidade geral do material. Ela comentou:

> *Havia muita resistência da turma porque ela sentia que "essas regras não funcionam se você não é uma pessoa branca e nem quando se é mulher". Mas não foi o que experienciei, longe disso. Entender como contornar as regras, como construir um vínculo com pessoas, de forma a fazer com que queiram se envolver com você, é muito importante para construir sua carreira com profissionalismo. Acho que é mais fácil dizerem que isso não se aplica a eles do que se esforçarem para conseguir o poder de que*

precisam para fazer as coisas, o que às vezes pode ser desconfortável; as pessoas preferem se limitar a dizer que não funciona para elas em vez de colocar as lições em prática porque são complacentes consigo mesmas. Pois, se soubessem que podem usar essas táticas e que funcionam, não haveria nada do que reclamar, uma vez que já têm o conhecimento.

Inbal Demri fala sobre ressignificação; ela é uma coach de executivos que trabalha tanto com meus cursos online quanto presenciais, e que estava ativamente engajada com as mulheres de um grupo de gerenciamento de Stanford. Ela diz o seguinte: "Construir poder e influência requer qualidades e habilidades que podem ser aprendidas e desenvolvidas." A concorrência *não é igualitária* e em muitas questões as mulheres, por exemplo, saem perdendo. Mas depois ela pergunta: "Você está usando isso como desculpa ou como informação?" Seu ponto principal é a importância da ressignificação, como no campo das expectativas de gênero. Por exemplo, Inbal nota que se espera que as mulheres sejam comunais em seus esforços de criação de redes de contatos. Ela ressignifica assim: "Seja estratégica sobre os relacionamentos, garanta a reciprocidade e reconheça que as mulheres precisam de tipos diferentes de redes." Sobre o tópico da visibilidade, ser a "única" ou uma das poucas faz você se destacar. "Tudo bem" diz Inbal, "use essa visibilidade, essa diferença, a seu favor." Um terceiro exemplo: espera-se que as mulheres sejam prestativas, que defendam os outros e o bem maior. Inbal ressignifica isso: "Lembre-se de também pedir coisas para si mesma, e não se esqueça dos seus interesses e suas intenções, porque se você não defender a si mesma, outros podem, da mesma forma, não querer defender seus interesses."

A questão básica levantada por Inbal Demri, uma que já ouvi de muitas mulheres e pessoas não brancas bem-sucedidas: as pessoas podem usar o fato de que o mundo não é justo e de que há muitas coisas contra elas como uma desculpa para se acomodar e não tentar construir poder. Mas isso não leva a nada. As pessoas precisam entender os obstáculos que enfrentam por causa da sua raça, gênero, classe social etc.; mas, depois, precisam dominar as habilidades do poder e as regras para melhorar suas perspectivas. Alison Davis-Blake, a primeira reitora da escola de negócios da Universidade de Minnesota, e depois a primeira reitora da escola de negócios Ross da Universidade de Michigan, e presidente da

Universidade de Bentley, diria para minha turma: "As mulheres precisam ser duas vezes melhores para ganhar metade do crédito. Felizmente, muitas mulheres são quatro vezes melhores."

Claro, adapte a implementação das regras do poder ao seu estilo e circunstância específicos. Mas use-as, porque funcionam de fato.

REGRA N.º 1

Saia da Sua Zona de Conforto

Sentada no meu escritório está Christine, ex-aluna da minha matéria sobre poder na escola de negócios, que fez consultoria de gestão em uma dessas empresas importantes antes de voltar para a pós-graduação. Agora trabalha para uma prestigiosa empresa do Vale do Silício na função de analista de marketing e acabou de completar um projeto com impacto econômico de US$4 milhões. O problema: ela é uma dentre quatro colegas com o mesmo cargo, e um destes tinha procurado o chefe sugerindo ser responsável por Christine e seu grupo. Uma jogada inteligente, não só porque ele iria rebaixar um competidor, mas também porque levaria crédito pelo trabalho excepcional que o grupo vinha fazendo.

Christine, de origem asiática, aprendeu com a família a ser educada, respeitosa e a obter sucesso por meio do mérito — trabalho árduo e bons resultados. Ela me contou que, antes de me procurar para montar uma estratégia de resolução do problema com uma abordagem que chamava de "caminhos para o poder", tentara uma intervenção bastante diferente. Uma das matérias mais populares na escola de negócios de Stanford, dinâmica interpessoal — apelidada de "emotiva" —, é baseada no treinamento da sensibilidade que ajuda os estudantes a adquirirem habilidades de relacionamento interpessoal ao se tornarem cientes de como os outros os veem.

Pergunto qual a relevância dessa aula para sua situação. A resposta dela é: o material do curso ensina habilidades pessoais e técnicas para entender a si mesmo e aos outros, e reparar nos relacionamentos que fracassaram. E funcionou? Não muito, porque o colega/concorrente dela não estava interessado em construir um relacionamento positivo ou reparar a fricção interpessoal. Em vez disso, ele ia atrás do próprio objetivo, que era fazer o grupo de Christine responder a ele, com o intuito de crescer em sua carreira. Ela quer saber o que fazer.

Antes de bolar uma estratégia, noto que durante nossa breve conversa, ela mencionou várias vezes que era a única mulher no cargo (seus três colegas e o chefe eram homens), que era a mais jovem, e a com menos senioridade na empresa. Tenho certeza de que tudo isso é verdade, porque estamos discutindo demografias observáveis, mas digo: "Deixe-me dizer três outros adjetivos para descrevê-la. Você é a única do grupo com MBA de uma escola de negócios renomada, quem mais tem capacidade analítica e a pessoa que gerenciou o projeto de maior impacto econômico." Ela ajeita a postura e concorda. Então, digo: "Nós temos seis adjetivos para descrevê-la, três que sugerem que você não é merecedora e três que acentuam seu status. Você que escolhe quais dos três quer carregar por aí." Como as pessoas pensam em si invariavelmente influencia o que projetam aos outros e quais comportamentos irão exibir. A lição é: para se descrever, use adjetivos que transmitam poder e evite atitudes que diminuam seu status, ainda que sejam informações precisas, merecidas ou não.

Christine venceu sua luta pelo poder — o como é irrelevante — e, pouco depois, foi para outra empresa. Então, quando seu padrinho nessa nova empresa perdeu uma disputa por poder e saiu, ela mudou para um ramo no qual sua capacidade analítica era ainda mais valorizada e que tornou público no que é hoje uma imensa avaliação. Seu caminho em direção a uma maior influência tinha que começar não com uma série de táticas, apesar de serem importantes, e sim com um sentimento mais fundamental de autenticidade, que permitiu que se engajasse nas disputas políticas que geralmente fazem parte da vida corporativa; fazia isso com consciência do seu empoderamento e merecimento.

Não sei como começar a contar o quão clichê é essa história. Pessoas talentosas, com conquistas objetivamente incríveis, fazem descrições depreciativas de si e que, se e quando internalizadas, limitam suas perspectivas profissionais sem necessidade. Pessoas poderosas, talentosas e bem-sucedidas contam suas histórias de modo a minimizar suas competências e realizações. Tal comportamento é inútil.

Muitas pessoas, especialmente em meios profissionais como enfermagem e medicina, assim como no meio acadêmico, tanto como docentes ou estudantes (de doutorado) — sobretudo aqueles de grupos que sofreram discriminação, tais como mulheres e imigrantes — sofrem de algo que a literatura científica chama de síndrome do impostor. "A *síndrome do impostor* é um termo da psicologia que se refere a um padrão de comportamentos no qual as pessoas (até mesmo aqueles com bastante evidências de sucesso externas) duvidam de suas habilidades e possuem um medo persistente de serem expostas como fraudes."[1] Essa síndrome foi descrita pela primeira vez em 1978, e é recente a proliferação de pesquisas sobre o fenômeno. Evidências mostram que, em alguns ambientes, a síndrome afeta até duas em três pessoas. Mais importante, a síndrome do impostor pode levar a um ciclo de comportamento autodestrutivo. "Como parte de um círculo vicioso [...] os impostores se sentem mais suscetíveis ao fracasso, podem se tornar menos produtivos e são caracterizados pela insegurança e procrastinação."[2]

Em uma aula sobre marca pessoal, uma mulher formada em medicina, bem-sucedida o suficiente para ser admitida em Stanford, contou uma narrativa persuasiva sobre o produto e a empresa com a qual trabalhava e como isso se relacionava à sua história. Mais tarde, confidenciou a mim que se sentiu tão nervosa que seu coração estava a mil quando estava em frente à turma. Indivíduos tendem a ter respostas mais positivas à confiança do que a dúvidas, mas às vezes o nervosismo "escapa". Além do mais, com certa dose de síndrome do impostor, as pessoas estarão relutantes a vender as próprias ideias, ou a si, para começo de conversa. A síndrome do impostor é real e muito importante para determinar o sucesso das pessoas.

Um modo de superar a síndrome do impostor é focar em indivíduos em posições de destaque e nas diferenças entre vocês, se houver alguma. Muitos deles não são mais qualificados do que você; sucesso às vezes é resultado de sorte ou de ser filho dos pais certos. Outro modo de dominar essa síndrome é fazer o que essa mulher e algumas outras pessoas fizeram: forçar-se a se apresentar e a se vender, até em situações desconfortáveis. Com experiência vêm mais conforto e mais habilidade. Superar a síndrome do impostor é o primeiro passo no caminho para o poder.

Dominar a síndrome do impostor, e se descrever de modo positivo ao invés de depreciativo, é fundamental para conquistar poder e sucesso. Se não acreditar que é poderoso, competente e merecedor, é provável que você comunique essa autoavaliação para os outros de modo sutil, ou talvez nem tanto. É provável que as pessoas não pensem em você de forma mais favorável do que você mesmo. Seus colegas esperam que você, pelo menos em certo grau, se autopromova — e se não o fizer, tal comportamento fará com que as pessoas o julguem negativamente. Em um artigo que escrevi com o famoso psicólogo social, Robert Cialdini, declaramos que "há evidências que não fazer afirmações positivas sobre si mesmo ou sobre o seu trabalho pode ser tomado como um sinal negativo."[3] Então, se você não projetar poder e confiança, e se sua descrição de si for limitada por suas ambições e afirmações, seu status social e sua carreira sofrerão. (Exploro com mais detalhes a importância da linguagem corporal e voz para projetar poder no capítulo 3.)

Eis um exercício prático que você pode fazer e então repeti-lo de vez em quando como parte do seu desenvolvimento pessoal. Escreva os adjetivos que usa para se descrever, tanto para si quanto para os outros. Verifique com seus amigos se a lista está correta. Então pergunte a si mesmo de quais destas características precisa se livrar para se projetar de modo mais poderoso. Descubra quais adjetivos positivos — palavras que valorizem suas conquistas e outras qualificações — você utiliza pouco em suas interações com os outros.

Outro exercício semelhante: grave sua interação em ambientes profissionais durante um dia ou uma semana. Depois analise quantas vezes começa uma interação pedindo desculpas pela intrusão, pela interrupção, por tomar o tempo de outras pessoas e por dar suas ideias. Pergunte aos seus amigos e colegas com que frequência você tem participação ativa nas discussões e oferece suas opiniões vigorosamente; pergunte com que frequência começa as interações pedindo desculpas por compartilhá-las.

O terceiro exercício que você pode e deve fazer é: descreva-se para outras pessoas; conforme você articula uma narrativa para sua própria carreira e cria sua marca pessoal — um tópico que vamos explorar em detalhes minuciosos na Regra N.º 4 — você fala sobre o que realizou, sua qualificação e o que fez com sucesso? Ou você tenta parecer modesto e discreto, subestimando suas conquistas, os cargos que teve, as honras que recebeu e seus talentos?

Ao usar esses exercícios, descubra como mudar sua imagem e apresentação, reduzindo a frequência em que fica na sua zona de conforto por ser muito modesto e, assim, atrapalhando sua capacidade de projetar — e conquistar — poder. Mude seu comportamento, e é provável que sua atitude com relação a si mesmo e ao seu lugar no mundo mudará também. Isso acontece porque a teoria da autopercepção postula que "os indivíduos 'tomam conhecimento' de suas próprias atitudes, emoções e outros estados internos em parte ao inferi-los por meio das observações dos seus próprios comportamentos evidentes."[4] As pessoas descobrem quais são suas atitudes com as informações disponíveis quando elas próprias descrevem-nas, e quando salientam informações sobre seus comportamentos, o que influencia suas crenças e atitudes.[5] Por conseguinte, um indivíduo pode aumentar sua confiança agindo com mais confiança e pode construir uma noção dos próprios poderes ao se descrever de modo mais poderoso.

Tudo isso é importante: a preocupação frequente com os concorrentes profissionais, em prol de seu avanço, o que seus chefes pensam das pessoas e suas relativas habilidades. No entanto, é provável que a maior barreira para se ter poder seja você mesmo. Por isso a primeira regra do poder é sair da sua zona de conforto.

É possível fazê-lo. Por exemplo, em Stanford, nós consideramos na nota a participação em classe. Sempre, no começo do trimestre, algumas pessoas me procuram e dizem que não se sentem confortáveis em participar das discussões na sala de aula. Elas são tímidas. Acham que não irão acrescentar muito à discussão. Não são tão eloquentes quanto seus colegas. Inglês não é a primeira língua delas. Dentre outros motivos. Minha resposta é sempre a mesma: grande parte da vida social, e certamente grande parte da vida profissional, é composta pela conversa. Há um campo do estudo sociológico chamado análise conversacional.

Deidre Boden, finada colega de pós-doutorado que trabalhou comigo em Stanford, escreveu um livro sobre a linguagem e o diálogo nos negócios.[6] Meu ponto é o seguinte: se os alunos querem atingir seus vastos potenciais intelectuais, precisam ser capazes de se destacar nas conversas que constituem a vida profissional. Minha sala de aula é um lugar relativamente sem risco para começar a fazer isso. Muitas vezes, ao final do trimestre, as pessoas participaram muito mais, e com mais vigor e energia, do que pensavam que eram capazes. Independentemente dos resultados obtidos em apenas dez semanas, mesmo o esforço de participar, de se destacar, vale a pena.

Mude a Narrativa Sobre Si

No trimestre de inverno de 2020 tive o privilégio de conhecer Christina Troitino durante minhas aulas. Ela fez coisas fantásticas, e duas delas vou descrever no meu próximo capítulo sobre quebrar as regras. A maior parte da família dela vive na Venezuela, então Christina já presenciou algumas circunstâncias difíceis. Perguntei a ela sobre sua jornada pessoal para sair de sua zona de conforto e sobre como se tornou tão destemida quanto é, pois já fez algumas coisas realmente corajosas. Esta foi a resposta dela:

> *Sempre me vi como uma pessoa* destemida. *Fui bastante marginalizada no primeiro emprego que tive após a faculdade. Trabalhei na Amazon e notei, de imediato, que aqueles que eram mais capazes não eram necessariamente os mesmos que estavam no poder. Eu pertencia à equipe da Amazon sobre a qual foi feita uma matéria no* New York Times *por má administração. Também ficou claro para mim que, para as pessoas da minha idade, o caminho tradicional de permanecer na empresa, ir subindo de cargo e todas essas coisas não era o modo como as pessoas se tornavam poderosas. E, além disso, sou latino-americana, copresidente da Associação dos Estudantes Hispânicos de Administração. Além de ser mulher e minoria em uma empresa de tecnologia, tornou-se óbvio para mim que eu teria que jogar de acordo com minhas próprias regras para conquistar a mesma quantidade de poder do que qualquer outra pessoa em uma posição mais privilegiada.[7]*

As regras do jogo de Christina de fato eram bastante diferentes, assim como descreverei em mais detalhe no próximo capítulo. Sua história ilustra dois pontos importantes. Primeiro, a experiência lhe ensinou que o mundo nem sempre é justo e que ela precisa cuidar de si mesma. Essa é uma lição para todos, mesmo para os privilegiados, ainda mais mulheres e pessoas não brancas. Em segundo lugar, Christina demonstrou um alto grau de autoconsciência, tanto para reconhecer os obstáculos que enfrentaria, como para saber que enfrentá-los a forçaria a fazer suas próprias regras se quisesse ter sucesso — um tema que veremos novamente ao longo do livro e, em especial, no próximo capítulo sobre quebrar as regras. Todos deveriam desenvolver a autoconsciência de onde estão no ecossistema e o que precisam fazer para vencer.

ESTEJA DISPOSTO A FAZER O QUE FOR NECESSÁRIO: NÃO FUJA DO PODER

Todo mundo determina o que está disposto a fazer para adquirir poder, até mesmo se quer ou não tê-lo. Ao longo dos anos, já ouvi muitas pessoas falarem que não valeria a pena ter que fazer jogos políticos, bajular o chefe, construir relacionamentos interpessoais para propósitos estratégicos, ou ter que passar tempo promovendo suas conquistas para serem mais influentes. Afinal, como escrito em 1979 pela professora da escola de negócios de Harvard, Rosabeth Moss Kanter: "Poder é o palavrão estadunidense mais recente... as pessoas que o tem negam; as pessoas que o almejam não querem parecer sedentas por ele; e as pessoas que se envolvem em suas maquinações o fazem em segredo."[8]

As pessoas que veem o poder como ruim ou sujo podem abdicar de tê-lo e não estarem dispostas a "entrar no jogo". Uma resenha muito positiva do excelente livro da minha colega, Deborah Gruenfeld, *Agindo com Poder*,[9] resume muito bem um sentimento que muitas pessoas compartilham comigo: "Cresci na Polônia comunista, onde nossos líderes usavam do poder para promover seus próprios interesses, então poder não era algo que eu desejava ter ou usar. Para mim, era uma ferramenta que aqueles em posições superiores usavam para coagir os outros a fazer o que queriam."[10] Ter presenciado o poder sendo usado para autopromoção ou para machucar os outros faz com que as pessoas desistam de buscá-lo. Mas quem não busca poder pode pagar um preço: como comentei na Introdução, a habilidade política está relacionada às diversas medidas utilizadas para obter sucesso profissional e felicidade.

Para fazer com que as pessoas sejam ao menos um pouco mais flexíveis e estratégicas sobre seus pensamentos, passo como trabalho para minha turma um artigo sobre o futebol masculino nos EUA que faz uma pergunta interessante: O time está em desvantagem porque é ruim em fazer encenação (se recusa a fingir) e exagerar o contato para cavar uma falta? Ao descrever o comportamento para muitas outras equipes, um artigo do *New York Times* notou que "para melhor ou pior, tática e fingimento — ou dependendo da sua percepção, trapaça — fazem parte do futebol de nível profissional. Os jogadores exageram quando há toques. Amplificam o que é ordinário. Transformam reles esbarrões em algo semelhante a uma morte trágica."[11] Ao fazer isso, os jogadores são beneficiados pelas faltas, conseguem tiro livre, eliminam os oponentes nos pênaltis — o que aumenta suas chances de vencer. O artigo lista estrelas proeminentes, incluindo Cristiano Ronaldo e Luis Suárez que "caem com frequência, especialmente se sentem que vão perder a posse da bola. E por que não? Se funcionar, ganham uma cobrança de falta. Se não, iriam perder a bola de qualquer modo." No livro *Soccernomics*, Simon Kuper escreveu: "A persistente recusa dos jogadores ingleses de se jogar poderia ser uma norma cultural admirável, mas eles poderiam ter ganhado mais jogos se tivessem aprendido com os europeus continentais como comprar o pênalti ocasional."

O que se aplica ao futebol — ou ao basquete, no qual criar uma falta é mais comum e bem menos malvisto — também se aplica à vida corporativa. As pessoas estão dispostas a fazer coisas diferentes para ser bem-sucedidas. Não é porque você não fará networking, bajulação e autopromoção que todos os seus competidores serão tão cautelosos. À medida que as pessoas se negam a fazer coisas que seus colegas estão dispostos a fazer — táticas que constroem poder —, elas se colocam em desvantagem.

O ponto essencial é: todos têm escolhas, não só sobre como pensam sobre si, mas o que estão dispostos ou não a fazer na competição pelo poder. Você pode aderir ou não. Você pode se limitar, ou, como Christina Troitino, "jogar de acordo com suas próprias regras".

A Importância da Persistência e da Resiliência

Uma parte importante de estar "disposto a fazer o que for necessário" é persistir com os esforços para construção de poder e fazer acontecer quando se enfrenta oposição, críticas, obstáculos, contratempos e fracassos. Quase todo mundo, em algum momento de suas vidas e carreiras, vai se deparar com obstáculos que parecerão insuperáveis e com oponentes determinados, que podem diminuir injustamente os outros e espalhar informações errôneas sobre os rivais. Como essas dificuldades são inevitáveis, acredito que persistência e resiliência — insistir nas coisas, ao mesmo tempo que é sensato, e mudar as estratégias ou abordagens quando necessário — com frequência determinam se as pessoas obterão êxito na ascensão ao poder.

Alguns exemplos de persistência e resiliência: Willie Brown, um dos presidentes mais antigos da Assembleia Legislativa da Califórnia e que ainda é, na casa dos oitenta anos, um dos políticos mais poderosos do estado; perdeu as eleições na primeira vez em que concorreu à Assembleia de um distrito em São Francisco, e perdeu na primeira vez que concorreu à presidência legislativa. Arthur Blank e Bernard Marcus fundaram a Home Depot depois de serem demitidos da Handy Dan, uma empresa de reformas residenciais.[12] A experiência do CEO da Netflix, Reed Hastings, ao fundar e liderar uma empresa de software, Pure Software, foi definitivamente agridoce. Hastings disse que se sentia um fracasso por causa de algumas de suas decisões e pediu duas vezes ao conselho de diretores da Pure para encontrar outra pessoa para preencher seu cargo na empresa.[13] Minha carreira acadêmica começou na faculdade de comércio e administração de negócios da Universidade de Illinois em Urbana–Champaign, porque tinha sido rejeitado por opções mais prestigiosas; o chefe do departamento de administração de negócios da época e acadêmico da área de marketing, Jagdish Sheth, decidiu construir um departamento no qual contratava pessoas que diferiam do convencional. Oito anos depois, tornei-me professor titular em Stanford com base na minha pesquisa de tese, teoria da dependência de recursos,[14] que foi criticada no começo da minha carreira.

O livro de Safi Bahcall, *Lunáticos - Loonshots*, tem um subtítulo interessante: *Como cultivar ideias inovadoras capazes de mudar o mundo*. Não é de se surpreender que ideias inovadoras nem sempre funcionem no começo e possam gerar grande oposição. Uma das histórias que Bahcall relata é a de Judah Folkman que, se ainda estivesse vivo, quase certamente teria ganhado o Prêmio Nobel de Fisiologia ou Medicina. Folkman era um cirurgião pediatra que trabalhava no Hospital Infantil de Boston. Bahcall escreveu:

> *Em 1971, Folkman tinha proposto que células cancerígenas interagem com seus hospedeiros, enviando sinais que enganam os tecidos circundantes de forma que preparem o ambiente local para um tumor crescer [...] Sua ideia era desenvolver um novo tipo de remédio que bloqueasse esses sinais e destruísse essa conexão. Em outras palavras, uma medicação que matasse o tumor de fome [...] Durante três décadas, houve ciclos de aproximadamente sete anos entre mortes vergonhosas e renascimentos espetaculares da ideia de Folkman [...] Em 1º de junho de 2003 [...] 32 anos depois que Folkman propôs um novo tipo de terapia para o câncer [...] um oncologista da Universidade Duke observou novos resultados de um remédio chamado Avastin [...] que demonstrou os melhores resultados já vistos na extensão da taxa de sobrevivência de pacientes com câncer de cólon [...] Ficou imediatamente claro que o medicamento e as ideias de Folkman transformariam o tratamento do câncer [...] Mais tarde, Folkman diria, "você consegue distinguir um líder pelas cicatrizes das batalhas que enfrentou."*[15]

Se você deseja poder, precisa ser forte e tornar-se capaz de resistir perante a oposição e perseverar mesmo quando confrontado com contratempos. Persistência e resiliência parecem exigir não ficar excessivamente obcecado com o que os outros pensam e dizem e, ao mesmo tempo, possuir força de ego o suficiente para impedir que problemas e criticismo lhe desestabilizem. Como outras qualidades pessoais que ajudam a tornar as pessoas mais poderosas,[16] persistência e resiliência podem ser desenvolvidas, especialmente com prática, experiência e uma rede de apoio.

COMO POUCO PODER SE RETROALIMENTA

Diversos processos psicológicos mantêm uma pessoa em uma posição mais baixa. Como todas as coisas sobre as quais escrevo, as pessoas são capazes de superar essas barreiras.

Por volta de sete ou oito anos atrás, conheci um doutorando, Peter Belmi, com quem fiz pesquisas em dado momento. Belmi é descendente de filipinos de classes mais baixas, como ele mesmo descreve, e foi monitor da minha matéria, Caminhos para o Poder, durante dois anos. Recentemente me disse que minha aula abriu os olhos dele. Apesar de já ter feito pesquisas sobre uma variedade de assuntos, sua ênfase principal é como status e poder se reproduzem no psicológico — em contraste com como classe e poder se reproduzem estruturalmente. É óbvio que a obtenção de status pode ocorrer por meio de herança e de muitas vantagens educacionais, dentre outras, que as pessoas de classes mais altas desfrutam. Belmi queria entender o processo psicológico que deixa as pessoas imobilizadas e incapazes de conquistar ascensão social. Ele acreditava que, dependendo das classes sociais, estas tinham normas sociais e comportamentais distintas, e que algumas delas prejudicam as carreiras das pessoas de classes mais baixas.

Ao longo de sete estudos, Belmi (que atualmente leciona na Universidade da Virgínia) e Kristin Laurin, psicóloga social da Universidade da Colúmbia Britânica, testaram a ideia de que havia diferenças, com base na classe, na propensão em buscar posições de poder e nas estratégias que as pessoas estavam dispostas a usar para obter poder.[17] Belmi e Laurin identificaram duas maneiras prototípicas de conquistar poder. Uma é o comportamento pró-social, tal como trabalhar arduamente, ajudar os colegas e batalhar pelo bem coletivo de outros modos. A outra é por meio da política — basicamente o que ensino — que requer ter comportamento estratégico, bajular as pessoas em cargos de liderança, construir relacionamentos sociais úteis e promover as próprias conquistas (tema do capítulo 4: levar crédito conforme constrói uma marca pessoal forte). Eles não encontraram diferenças de classe nas crenças das pessoas sobre a *utilidade* de ambas as estratégias — todas, não importa a classe social, geralmente acreditavam que ambas as abordagens eram válidas. No entanto, descobriu-se diferenças entre as classes quando se falava na vontade das pessoas de usar, de fato, tais estratégias; aquelas cuja classe social era mais baixa tinham muito menos inclinação de utilizar-se de estratégias políticas.

Em um teste interessante de suas ideias, Belmi e Laurin apresentaram aos estudantes de MBA de Stanford, durante a primeira semana de aula (para evitar ao máximo influência social e contágio), as descrições reais de sete eletivas de comportamento organizacional do segundo ano, incluindo Caminhos para o Poder, em um questionário que avaliava seus interesses nas matérias, ao mesmo tempo que perscrutava a classe social à qual acreditavam pertencer na infância. Perceberam que não afetava a propensão dos alunos de expressar interesse em nenhuma das eletivas, exceto uma. Como previsto, não só uma grande parcela dos alunos estava interessada em Caminhos para o Poder, mas também foi o único curso no qual a classe social da infância afetava a preferência explícita.

Peter Belmi acredita que um dos motivos (mas não o único) de a classe social prever a vontade de usar comportamentos de conquista de poder político é que há um número considerável de evidências de que classes mais baixas estão associadas a uma orientação coletiva em vez de individualista. Esse contraste significa que pessoas oriundas de classes mais baixas são menos propensas a estarem confortáveis com fazer coisas que veem apenas como promovendo seus próprios interesses. Em um de seus estudos, Belmi e Laurin descobriram que não havia diferença nos interesses das pessoas ao buscar posições de poder quando poderiam fazê-lo por meios pró-sociais. Isso implica que não há diferenças entre classes no desejo de conquistar posições mais altas, apenas na disposição de usar estratégicas políticas para conquistá-las. Ainda se utilizando da percepção das divergências de pensamento sobre o individualismo, Belmi e Laurin descobriram que quando expressaram a busca pelo poder em termos de ser capaz de cumprir um propósito superior de ajudar os outros, as diferenças que as classes tinham na disposição para usar as estratégicas políticas desapareceram.

Incorporei esse princípio nas minhas aulas. Descobri que as pessoas estão muito mais dispostas a usar e aceitar estratégicas e conceitos políticos quando são apresentadas com o contexto de uma situação em que alguém se utilize desses conceitos para beneficiar outros.

Em outro estudo, Belmi e seus colegas descobriram que a classe social ajudava a prever a presunção das pessoas. Sem surpresa, as pessoas oriundas de classes sociais mais altas tinham um senso mais forte e mais positivo de si mesmas, o que fazia com que se comportassem com mais confiança — e até com pretensão. Devido às vantagens de ser percebidos por outros ao ser assim, um ponto esmiuçado quando examinamos a Regra N.º 3 (Demonstre ser Poderoso), um dos modos de perpetuar a diferença de classe é o mecanismo da ostentação. Pesquisas mostram que a confiança em excesso faz com que as pessoas pareçam mais competentes,[18] e essa percepção faz então que as pessoas pretensiosas desfrutem de vantagens aos olhos dos outros.[19]

A classe social também está associada às diferenças nas normas que regem os comportamentos relevantes ao poder. Há diversos exemplos desse fenômeno; um dos meus favoritos vem de um artigo do *Guardian* que é não só uma entrevista do autor e músico ugandense Musa Okwonga, como também uma menção ao seu livro recém-publicado *One of them: an Eton College Memoir* [sem publicação no Brasil].[20] O livro descreve a experiência de Okwonga em Eton, um lugar repleto de pessoas de classe alta que acreditam que nasceram para liderar e agem de tal modo.

> *Garotos [...] pertenciam a uma classe em que todos se referiam a eles como "os rapazes", e pareciam isentos de cumprir os códigos de conduta convencionais [...]. Disseram-me a vida toda que era importante se dar bem com as pessoas para ser bem-sucedido, mas esses colegas meus com frequência pareciam totalmente desinteressados nisso [...] Penso muito no conceito inglês de jogo limpo [...] Quanto mais velho fico, mais questiono se esse conceito não foi criado para manter o status quo de pessoas de certas classes sociais. Ao observar as pessoas mais confiantes do meu ano, compreendo que o maior dom que receberam é a ousadia. Ousadia é o superpoder de uma parcela das classes mais altas inglesas [...] Elas desfilam com calma pelas ruas e salas de reunião para reivindicar os espólios. Não aprendem a ousadia em Eton, mas é lá onde a aperfeiçoam.*[21]

Uma amiga que frequentou uma escola feminina semelhante no Reino Unido me contou que o fenômeno que Okwonga descreveu é similar, só muda o gênero. Na sua experiência, as mulheres também aprenderam e aperfeiçoaram a ousadia que permitia que se apresentassem e fizessem coisas que transmitiam e construíam poder.

Classe social não é a única dimensão que distingue os grupos e sua disposição para usar estratégias "políticas" ou seu sucesso em fazê-lo. Quando Buck Gee e Wes Hom, executivos da tecnologia aposentados e bem-sucedidos, procuraram fazer algo sobre o fato de que executivos de origem asiática eram bem representados nas posições mais baixas do Vale do Silício (e em outros lugares) mas raramente chegavam ao topo, eles começaram a quantificar as disparidades. Em um relatório inicial publicado pela Fundação Ascend, os dados mostraram que raça era 3,7 vezes mais significativa do que gênero ao afetar o limite da habilidade para subir na hierarquia. Esse relatório também constatou que "enquanto homens brancos têm 42% a mais de chance do que as mulheres brancas de se tornarem executivos... eles têm 149% a mais de chance do que homens asiáticos de se tornarem executivos e 260% a mais de chance do que mulheres asiáticas."[22]

Quando Gee e Hom organizaram um programa executivo com a escola de negócios de Stanford para ver se conseguiam acelerar a carreira de asiáticos e ásio-americanos, entre os tópicos que incluíram inicialmente estavam duas sessões do curso Caminhos para o Poder. Provavelmente foram as mais chocantes — mas também as mais úteis — da semana, já que fizeram com que executivos que acreditavam em um mundo justo e no triunfo final do mérito considerassem a possibilidade de ampliar o repertório para incluir algumas estratégias de poder também.

Sylvia Ann Hewlett conduziu um extenso estudo sobre o que barrava os profissionais asiáticos em empresas norte-americanas.[23] Suas descobertas enfatizaram algumas das mesmas coisas que tinha notado anteriormente para as mulheres: a importância da presença executiva, que inclui a ideia de autorrepresentação e estar disposto a se sobressair e projetar poder por meio da linguagem corporal e da voz, além de uma tendência de querer se adequar às expectativas sociais, o que os prejudicava. No caso das mulheres, havia uma pressão para se adaptar às expectativas do gênero que enfatizavam serem solícitas e colaborativas; já com os asiáticos, havia a pressão de se enquadrarem ao estereótipo da "minoria modelo" que conquistava o sucesso por meio de talento e trabalho árduo. A conclusão de Hewlett foi que, para que mulheres e ásio-americanos pudessem prosperar, precisavam superar as expectativas sociais que limitavam como se expunham e o que estavam dispostos a fazer.

Pesquisas mostram que as mulheres tendem a estar abaixo dos homens no quesito orientação de dominância social — uma preferência pela desigualdade entre os grupos sociais.[24] Outros dados revelaram que as mulheres são mais propensas a terem atitudes negativas com relação a possuir poder e estão menos dispostas a usar estratégias de coerção e recompensas para conseguirem o que querem.[25]

Algumas pessoas alegam que essa linha de argumento "culpa a vítima", uma vez que esses preconceitos e estereótipos não deveriam existir e as preferências das pessoas pelo poder não deveriam determinar suas trajetórias profissionais. O meu posicionamento, assim como o de Belmi e Hewlett, é que apesar de os estereótipos e preconceitos que o representam serem claramente injustos, eles existem em vários graus de disseminação em muitas ou na maioria das organizações. Além disso, o único comportamento que os indivíduos têm alguma esperança de verdadeiramente controlar é o próprio. Portanto, o melhor modo de as pessoas conquistarem posições mais elevadas onde podem ter influência para efetuar mudanças é reconhecendo as regras do jogo e entendendo o que precisam fazer para prosperar no ambiente como é atualmente, enquanto trabalham para mudá-lo. E, ainda mais importante, não permitir que as suposições que surgem por causa de seu gênero, raça ou classe social interfiram ou restrinjam suas próprias definições de quem é e quais comportamentos são permissíveis. Para obter sucesso, as pessoas precisam ser e se sentir agentes, e tentar exercer influência e controle.

Em 2016, Laura Esserman, cirurgiã de câncer de mama e líder inovadora na medicina (além de ex-aluna minha), foi nomeada na lista da revista *Time* como uma das cem pessoas mais influentes no mundo. Esserman, descrita por alguns como uma força da natureza, participa das minhas aulas todos os anos para ajudar a discutir o caso que escrevi sobre ela. Pedi para ela comentar sobre o fato de que não parece se comportar de modo estereotípico para seu gênero, ao xingar, ficar nervosa, e até usar alguns palavrões. Ela me respondeu por e-mail:

> *Eu não escolhi ser rebaixada para um papel de status mais baixo, apesar de que muitas pessoas no poder tentaram fazê-lo. Não tenho problema em desafiar as pessoas ou fazê-las repensar suas suposições [...] Não sinto como se tivesse que "ficar no meu canto" e não vou deixar as pessoas me empurrarem ou me manterem lá. O reitor que me contratou me perguntou, "Laura, você não vê os limites entre as disciplinas?" Respondi que "não, e por que deveria?"*

Você não precisa aceitar as limitações, nem se conformar com as expectativas que acompanham sua classe social, gênero, formação acadêmica ou raça. Pode adotar comportamentos que o ajudam a conquistar poder — mas, para isso, também precisa estar disposto a sair da sua zona de conforto e fazer o que é necessário para confrontar as situações.

A MALDIÇÃO DA "AUTENTICIDADE"

Um motivo pelo qual as pessoas ficam em suas zonas de conforto ao rejeitarem implementar resultados empiricamente demonstrados sobre os determinantes do poder é a aceitação da ideia de autenticidade e outras ideias de liderança cientificamente duvidosas, porém inspiradoras. Na busca pela autenticidade e pela demonstração dos seus sentimentos e opiniões verdadeiros aos outros, as pessoas me dizem que praticar atividades como criar uma rede, bajular os que possuem poder, passar algum tempo garantindo que os outros saibam das suas conquistas, pedir por recursos ou se apresentar para o mundo de modo poderoso não seria condizente com quem realmente são. Uma vez que esses comportamentos com frequência, e naturalmente, exigem agir com pensamento estratégico nas interações com os outros, conquistar poder pode requisitar que as pessoas se comportem de modo não autêntico.

A ideia de liderança autêntica é fundamental e cientificamente falsa, além de muitas vezes nociva. Conforme artigo premiado de dois acadêmicos escandinavos, que proporciona mais um desmonte da noção fajuta ou até inexistente que reforça a ideia de líderes autênticos:

> *Versões dominantes de liderança positiva são mais bem classificadas em ter boa aparência e refletir interesses em soluções fáceis e ideologicamente atraentes do que em ofertar compreensão qualificada da vida corporativa e relacionamentos entre gerentes e subordinados [...] Teorias populares como liderança transformacional e autêntica são seriamente falhas [...] Os fundamentos intelectuais nos quais eles se baseiam são muito instáveis para justificar a popularidade que inspiraram.[26]*

A crítica da ideia de autenticidade não é apenas uma questão de rigor acadêmico. Conforme argumentado pelo professor de Wharton, Adam Grant, "estamos na Era da Autenticidade".[27] Infelizmente, segundo Grant:

> *Ninguém quer ver o seu eu verdadeiro [...] Uma década atrás, o autor A. J. Jacobs passou algumas semanas tentando ser totalmente autêntico. Comunicou à sua editora que tentaria dormir com ela se fosse solteiro e informou sua babá que gostaria de sair com ela se sua esposa o largasse [...] Disse aos sogros que o papo deles era chato. Você pode imaginar como esse experimento terminou. "Mentira é o que faz o mundo girar", concluiu. "Sem mentiras, casamentos ruiriam, trabalhadores seriam demitidos, egos seriam destruídos e governos entrariam em colapso."*

Autenticidade está bastante interligada com o interesse crescente de compartilhamento. Aqui, a pesquisa também pode mostrar fundamentos importantes. Em primeiro lugar, tanto eu quanto outros cientistas sociais reconhecemos que, conforme a linha entre trabalho e vida pessoal foi se misturando, as oportunidades para divulgar informações pessoais se multiplicaram. Segundo, houve uma "mudança geracional na abertura de tal forma que os trabalhadores mais jovens veem como mais apropriado e aceitável discutir assuntos pessoais com os colegas".[28] Terceiro, divulgar as suas vulnerabilidades aumenta, sim, o sentimento de proximidade: "Décadas de pesquisa em abertura pessoal sugerem que o ato de se fazer vulnerável ao compartilhar informações pessoais sobre si mesmo costuma promover afeição e sentimento de proximidade".[29] No entanto, pesquisas também revelam desvantagens de relevar fraquezas, especialmente em casos de interações orientadas a tarefas para pessoas em cargos mais altos de liderança. Conforme resumido pelos autores, "Em três experimentos de laboratório, descobrimos que quando indivíduos de status mais alto compartilhavam uma fraqueza, isso levava a menos influência [...] maior conflito aparente [...] menos simpatia [...] e menos desejo para um futuro relacionamento [...] ao atenuar o status da pessoa".[30]

Independentemente da visão de autenticidade que se tem, é importante entender que as regras do poder não pedem que você mude sua personalidade. As habilidades e comportamentos de poder são apenas isso — habilidades e poderes que podem ser aprendidos e praticados de forma seletiva conforme a situação demandar. Fazê-lo não necessariamente dita quem você é ou a sua personalidade. Você pode aumentar suas interações sociais estratégicas sem se tornar uma pessoa extrovertida com uma ampla rede. Pode aparentar ser confiante mesmo se não se sentir assim. Fazer coisas que vão aumentar o seu poder — que são possíveis de serem aprendidas e implementadas não importando quem você é, se conseguir sair da sua zona de conforto — exatamente o que ensino e sobre o que escrevo.

Herminia Ibarra, professora da escola de negócios de Londres, escreveu um artigo na revista *Harvard Business Review* sobre o que ela nomeou paradoxo da autenticidade.[31] Enquanto Adam Grant observou que as pessoas não necessariamente querem ver o seu eu sincero, completo e sem retoques, Ibarra argumenta que a busca pela autenticidade geralmente deixa as pessoas presas e incapazes de mudar quando conquistam novos empregos ou funções que requerem que se comportem de modos distintos e usem habilidades diferentes. Seu primeiro exemplo é uma gerente-geral em uma organização de saúde que, depois de ser promovida para um cargo que aumentava o número de relatórios em dez vezes, expressou para os subordinados que estava nervosa e insegura. Ibarra relatou que a "sinceridade dela saiu pela culatra, pois perdeu a credibilidade com as pessoas que queriam e precisavam de uma líder confiante que assumisse o comando."[32] Ela comentou que "a aprendizagem, por definição, começa com comportamentos artificiais e, muitas vezes, superficiais que nos fazem sentir calculistas em vez de genuínos e espontâneos."[33] Mas aprender é essencial se as pessoas quiserem crescer e assumir responsabilidades maiores.

Quando as pessoas me dizem que precisam ser fiéis consigo, pergunto "com qual versão?" Sua versão com 6 anos, com 18 anos ou alguma outra? Estamos mudando o tempo todo, e parte, talvez uma boa parte, dessa mudança requer fazer coisas diferentes de modo distinto. Afinal, ninguém nasce sabendo andar, falar ou usar o banheiro. Felizmente, poucos de nós permanecem fiéis a nossa versão infantil. Não deixe que a noção que fazer algo novo ou diferente — especialmente se esse novo comportamento for útil no seu caminho para o poder — é inautêntico se tornar uma desculpa para pensar de modo que o atrase.

| A Mentira Não É Descoberta no Fim?

Um argumento sobre ser autêntico que às vezes ouço é que se você não o é, suas tentativas de fingimento — por exemplo, bajular os outros ou fornecer informações inexatas sobre seus motivos — serão identificadas e os outros usarão seus esforços de tentar ser qualquer coisa que não seja o seu eu autêntico contra você. Apesar de ser uma ideia bacana, há pouca lógica ou evidência para corroborá-la.

Primeiramente, as pessoas acreditam — e veem — o que querem. Esse simples princípio sustenta o estudo da cognição motivada, definida como "a tendência dominante de pensar de modo a produzir conclusões consistentes com os próprios desejos",[34] algo que ocorre em áreas variadas. Um campo no qual a cognição motivada foi amplamente estudada é o de relações interpessoais, onde "interpretações e memórias tendenciosas... auxiliam perceptores motivados a chegarem à conclusão desejada que é receptiva aos parceiros".[35] As pessoas são motivadas a acreditar que os outros pensam bem delas e defendem seus interesses e, em contrapartida, são bastante desmotivadas, exceto em circunstâncias incomuns, ao tentar descobrir falsidades. Esse é um dos motivos pelo qual mentir é eficiente com tanta frequência. E quando as pessoas acreditam que os outros estão agindo conforme seus interesses, terão ainda menos, ou até nenhuma, motivação para descobrir qualquer outra realidade.

Em segundo lugar, a evidência empírica de relevar mentiras consistentemente revela que as pessoas no geral são terríveis nessa tarefa. Conforme constatado por uma análise, "as pessoas não são muito precisas para detectar mentiras... Na vasta literatura científica, a taxa geral de discernimento entre verdade e mentira é, em média, menos que 55%, quando 50% seria esperado pelo acaso",[36] com taxas de precisão variando pouco em estudos diversos e com pessoas diferentes. Uma metanálise de numerosos estudos concluiu que "as pessoas são mais precisas ao julgar mentiras audíveis do que visíveis, que elas parecem falsas quando motivadas a serem acreditadas, e que os indivíduos consideram seus parceiros de interação honestos."[37] A mesma análise relatou que as pessoas julgam as mentiras dos outros mais duramente do que as próprias.

A combinação de cognição motivada e da baixa capacidade das pessoas de discernir mentiras significa que comportamentos não autênticos dificilmente são descobertos — e mesmo se forem, é provável que a punição seja inexistente ou mínima.

Seja Verdadeiro ao que Querem que Você Seja

Frases como "seja verdadeiro consigo mesmo" e "encontre o seu próprio norte" parecem excessivamente autorreferenciais e não é o que os líderes devem fazer para prosperar. Os líderes precisam de aliados e defensores; uma das tarefas principais de um líder é recrutar os dois. Essa tarefa é realizada mais depressa se o líder for verdadeiro — não consigo mesmo, mas com as necessidades e motivações daqueles que deseja recrutar.

A história do presidente Lyndon Johnson, como contada nas biografias de Robert Caro,[38] documenta um homem que passou a vida estudando os outros, e no processo acabou conhecendo seus desejos e necessidades. No filme *American Experience* sobre Johnson, o historiador Doris Kearns Goodwin descreve como o Senado, com apenas cem membros, era perfeito para Johnson, que conseguiu se tornar especialista em cada detalhe da personalidade dos colegas — seus desejos, necessidades, esperanças e medos. Com tal conhecimento, Johnson pôde construir relacionamentos com eles e também entender exatamente como persuadi-los para fazer o que ele queria.

Se você quer ter aliados — sempre uma coisa boa a se ter caso almeje influência — obviamente precisa proporcionar algo aos outros para conseguir apoio. Talvez seja a percepção de similaridade, por exemplo: Johnson conseguia intensificar seu sotaque do Sul dos Estados Unidos quando falava com sulistas, além de conseguir se apresentar como se tivesse opiniões consistentes com o liberal Hubert Humphrey, de Minnesota, bem como com o conservador Richard Russell, da Geórgia, conforme a ocasião exigisse. Se você quer que os outros o apoiem, precisa conseguir responder a seguinte pergunta: o que eles ganham com isso?

A biografia do antigo presidente da Assembleia da Califórnia e prefeito de São Francisco, Willie Brown[39], atesta a sua habilidade de se dar bem com democratas e republicanos. De fato, ele, um homem negro, foi colocado no poder por republicanos conservadores e, ainda assim, como Johnson, passou muito tempo arrecadando dinheiro não para suas campanhas, mas para outros democratas, desse modo tornando-se benquisto por eles também.

O que é aplicado na política também o é em empresas de todos os tipos. As pessoas com quem você trabalha têm planos, inseguranças, problemas, necessidades. Então pare de focar em tentar descobrir o que você é. Em vez disso, foque em quem são seus *aliados e possíveis aliados*. Torne-se um estudioso das pessoas de cujo apoio você precisa. O quanto antes fizer isso, mais depressa descobrirá as informações e conhecimentos necessários para construir estrategicamente as alianças de que precisa para ser bem-sucedido.

O PARADOXO DO CARISMA

Outro jeito de as pessoas atrapalharem suas próprias trilhas para o poder é se preocupando demais se os outros gostam delas. O trabalho do psicólogo social Robert Cialdini sobre influência argumenta que ser querido é uma fonte de poder.[40] Possivelmente ainda mais importante, a maioria das pessoas aprendem quando novas a se dar bem com os outros e a cultivar bons relacionamentos interpessoais. Porém, preocupar-se em ser querido, preocupar-se demais com o que os outros pensam sobre você, pode atrapalhar o processo de se tornar poderoso. Uma descrição da falecida Margaret Thatcher, primeira-ministra britânica por muitos anos, dizia o seguinte: "Roy Jenkins, político britânico cosmopolita, observou com espanto que ela era quase totalmente insensível ao quanto ofendia as outras pessoas."[41]

O problema de perseguir o objetivo de ser querido é que você poderá ser visto como menos competente. Susan Fiske, psicóloga social de Princeton, e seus colegas pesquisaram extensivamente as dimensões fundamentais da percepção interpessoal. Descobriram que, em diversas culturas, os dois aspectos fundamentais pelos quais as pessoas julgam os outros são simpatia e competência. Sua pesquisa também revelou que há uma tendência de ver simpatia e competência, apesar de conceitualmente independentes, como negativamente relacionadas. Essa relação é bem capturada pelo breve artigo, mas com título apropriado, de Amy Cuddy: "Just Because I'm Nice, Don't Assume I'm Dumb" [Só Porque Sou Legal, Não Suponha que Sou Idiota, em tradução livre],[42] e no estudo empírico de Teresa Amabile, membro do corpo docente da escola de negócios de Harvard, "Brilliant but Cruel" [Brilhante, mas Cruel, em tradução livre]. Nesse estudo, as pessoas recebiam avaliações reais, positivas e negativas, de livros. "Os autores das avaliações negativas foram tidos como mais inteligentes, competentes e hábeis do que os das positivas, mesmo quando o conteúdo da avaliação positiva foi independentemente julgado como de maior qualidade [...] os autores das avaliações negativas foram identificados como menos simpáticos do que os das positivas."[43] Ao conversar comigo, o psicólogo social Robert Cialdini me deu o conselho de primeiro demonstrar competência. Então, quando e se mostrar simpatia, as pessoas não verão como um sinal de fraqueza, mas como algo inesperado para alguém com poder.

Há um segundo problema em priorizar o carisma. Especialmente conforme as pessoas avançam para níveis mais altos da organização, são avaliadas por suas habilidades de fazer as coisas, não tanto por quão simpáticas são. Gary Loveman, antigo diretor executivo da Caesars Entertainment, uma vez disse na minha aula: "Se você quer ser querido, adote um cachorro. Ele vai amá-lo incondicionalmente." Contou que quando a indústria de jogos passou maus bocados durante a recessão de 2008–2009, teve que demitir milhares de pessoas, dentre elas mães solo, pacientes oncológicos que ficaram sem plano de saúde quando perderam o emprego, e pessoas que não tinham muita ou nenhuma reserva financeira. Disse que tinha certeza de que essas pessoas, e suas famílias, não "gostavam" dele, mas era necessário proteger a viabilidade financeira da empresa e os empregos dos funcionários restantes.

Um estudo empírico, usando tanto dados longitudinais das personalidades e carreiras das pessoas quanto um experimento, fez a seguinte pergunta provocativa: "As pessoas legais são deixadas para trás?" A dimensão da personalidade relevante é a afabilidade. Após revisar as evidências indicando que a afabilidade estava negativamente relacionada a várias medidas de sucesso profissional e também a conseguir menos nas negociações, esse estudo replicou a descoberta usando diversos métodos rigorosos.[44] Os autores descobriram que o relacionamento negativo entre afabilidade e salário era maior para os homens do que para as mulheres, apesar de ter se mantido em diversos estudos para ambos, em parte porque, no geral, espera-se que as mulheres sejam mais simpáticas do que os homens, e, portanto, recebam uma pena menor ao sê-lo.

Ao explorar quais mecanismos podem produzir tais resultados, o estudo identificou que as pessoas que estão preocupadas em parecer agradáveis talvez priorizassem manter a harmonia social do que o avanço profissional e, com isso, possivelmente sacrificavam um momento profissional positivo. Além disso, "a aspiração por relacionamentos sociais harmoniosos também pode levar as pessoas muito aprazíveis a aderir excessivamente às normas sociais."[45] No próximo capítulo examinaremos a importância de quebrar as regras para chegar ao poder. Preocupar-se em demasia com o que os outros pensam de nós obviamente atrapalharia a busca por essa estratégia.

O oposto de afabilidade é, obviamente, inafabilidade. Cameron Anderson, professor da escola de negócios de Berkeley, e seus colegas, em um estudo longitudinal inovador e bem-feito, buscava avaliar a extensão na qual ter uma personalidade desagradável (ser egoísta, combativo e manipulador) afetava a subsequente conquista do poder das pessoas. Descobriram que a antipatia *não* surtia nenhum efeito na busca pelo poder — nem ajudava nem atrapalhava. Isso é porque a antipatia levava a dois padrões de comportamento que tinham efeitos compensatórios em sua conquista. Por um lado, as pessoas desagradáveis tinham comportamentos mais dominantes e agressivos, os quais Anderson e outros pesquisadores com certa consistência constataram que *positivamente* prenunciam poder. Por outro, as pessoas antipáticas também tinham comportamentos menos generosos e benévolos, o que negativamente afetava a conquista do poder.[46] Se a inafabilidade — que no estudo foi definida de modo que descrevia de maneira clara alguém completamente indiferente ao seu impacto nos outros e disposto a ser razoavelmente maldoso —, não tinha efeito no poder, parece evidente que a maioria das pessoas gastam muito tempo preocupadas em serem queridas.

Rukaiyah Adams, a mulher negra que trabalha no setor de investimentos que conhecemos na Introdução, conversou comigo sobre como se livrar da necessidade esmagadora de ser aprovada e aceita pode ser um peso para as pessoas: "Entendo querer conquistar algo significativo e tão pessoal, compreendo como as pessoas ficam determinadas. Quando você tem uma visão e pode ver algo que as outras não veem, entendo que você meio que tem que dar um empurrãozinho."

Rukaiyah disse duas outras coisas que, na minha opinião, foram importantes para seu sucesso, ambas relacionadas à desistência da necessidade de ser aceito. Ela comentou que não se preocupava muito sobre "o que o conselho vai pensar, ou se serei convidada para a festa chique de Natal, ou se isso faria com que fosse desconvidada de um evento exclusivo." Ela percebeu que para conquistar o sucesso era preciso uma combinação de humildade, para que os outros ficassem do seu lado, e também húbris. "Para as mulheres, essa parte é bem difícil. Tive que me treinar para chegar ao húbris."

Rukaiyah também discutiu sobre parar de se preocupar com todos os relacionamentos e com o que os outros pensam. Compartilhou a experiência que teve com um homem negro que fazia parte da diretoria com ela.

> *Ele é da geração de pessoas que se integrou à grande estrutura do poder branco e é um protetor desse acesso. Existem regras sobre pessoas negras entrando para a sociedade branca, e como as mulheres negras devem usar o cabelo e agir... mas eu sou de outra era. Ele me irritava muito... então só parei de me importar se ele entendia ou não. Abrir mão disso me fez mais poderosa do que ele, como presidente do conselho. Este é outro aspecto: aceitar que as pessoas simplesmente não compreenderão suas ideias, e está tudo bem.*

Meu verso favorito de uma música de rock é de *Garden Party*, do falecido Ricky Nelson: "Ya can't please everyone, so ya got to please yourself" ["Você não consegue agradar todo mundo, então precisa agradar a si mesmo", em tradução livre]. Todo mundo tem uma identidade social e a necessidade humana óbvia de ser aceito. Afinal, uma das punições mais severas nas academias militares — ou em outros lugares — é o ostracismo social. A primeira regra do poder é reconhecer e aceitar quem você é, mas sem deixar essa identidade definir quem será para sempre. É entender a importância da conexão social, mas sem deixar a necessidade de aceitação tomar conta do que você quer que seja feito, e a necessidade de seguir seus próprios interesses e planos. É, em suma, sair da sua zona de conforto e ir em frente com a tarefa de construir uma base de poder que lhe proporcionará a vantagem para conquistar seus objetivos.

REGRA N.º 2

Quebre as Regras

Algumas vezes, quando você quer participar de um jantar chique no qual pode conhecer pessoas incríveis e aumentar a sua rede, ou criar uma reputação favorável devido à sua habilidade de coordenar os outros e fazer as coisas, precisa quebrar algumas regras.

Considere as ações de Christina Troitino, atualmente funcionária do YouTube e minha ex-aluna. Troitino descreveu como conseguiu "entrar de penetra" em um jantar exclusivo no Festival Sundance de Cinema em Utah, onde estudantes da escola de negócios de Stanford vão principalmente para passar tempo com os colegas — algo que poderiam fazer em Palo Alto. Todo ano, desafio os alunos a fazerem algo em Sundance que não conseguiriam fazer localmente, como conhecer alguém poderoso que participa desse grande evento. Troitino aceitou o desafio.

Para participar do jantar com seu namorado, Troitino quebrou uma regra ao aparecer sem confirmar a presença do seu "convidado". Antes disso, ao disputar uma vaga no jantar, já contrariou normas sociais e expectativas convencionais ao pedir um convite para um prestigioso evento fechado, em vez de esperar passivamente por anos para conseguir o status que tornaria tal convite automático. Troitino descreve como fez isso:

> *Notei um desses jantares muito exclusivos e privados que acontecem há mais de dez anos chamado [nome omitido]. Neste ano [2020], percebi que estavam fazendo uma pequena conferência dentro do festival para promover uma organização sem fins lucrativos que começariam. Pensei: este é o ano que quero participar de um desses jantares. Com um e-mail genérico, olá@[nome].com, escrevi uma mensagem curta para eles: "Olá, meu nome é Christina. Escrevo para a* Forbes. *Posso participar de um dos jantares?" Descobri que havia dois eventos incríveis, um com Alice Waters [fundadora do restaurante Chez Panisse e uma lenda da culinária] e um com Martha Stewart. Pensei que poderia ver Waters já que ela estava na região. Recebi uma resposta de alguém que trabalhava na equipe de Relações Públicas que dizia "O jantar com Alice Waters ocorrerá na sexta e o com Martha Stewart, no sábado. Você se interessa por algum deles?" Eu conscientemente esperei 48 horas para responder, para passar a ideia de que eu era tão importante que até um jantar com Martha Stewart era uma prioridade baixa na minha lista de afazeres. Por fim, respondi que estava ocupada na sexta [o que era mentira], mas que poderia participar no sábado. No sábado de manhã, já tinham me mandado o link para confirmar a presença. O formulário perguntava se eu queria levar um convidado. Não sabia o que Ben queria fazer. Então só apareci com ele. A pessoa responsável pela lista de convidados perguntou meu nome. Respondi. Então perguntou com quem eu estava. Disse que era Ben. Responderam que "na lista não tem nenhum convidado para você". Os dois funcionários se olharam e disseram, "está bem, podem entrar os dois". Definitivamente tive que usar muitas das técnicas de poder só para conseguir entrar, quebrando algumas regras e me fazendo parecer mais importante do que sou.*

Troitino não parou por aí com suas iniciativas. Quando a pandemia de Covid-19 começou, ela lançou o chamado Team Positivity Contagion [Contágio de Positividade Grupal, em tradução livre] para descobrir como fazer eventos sociais virtuais para manter os estudantes conectados enquanto todos estavam socialmente distantes. O grupo de Stanford fez um guia que foi compartilhado com outras escolas para que "pudessem implementar uma plataforma semelhante do dia para a noite". Por fim, Stanford, representada por Troitino, decidiu fazer um evento de arrecadação de fundos para unir as escolas, que foi chamado de MBA Battle Royale [Batalha Real de MBA, em tradução livre]. Troitino continuou:

> *Alguém disse meio brincando que seria legal se a gente conseguisse o MBA Mikey, que tem uma conta com milhares de seguidores no Instagram e que posta memes engraçados específicos sobre a experiência do MBA. Simplesmente mandei uma mensagem, "Ei, sou de Stanford. Estamos organizando um evento de caridade virtual entre programas de MBA. Quer participar?" Em uma hora, ele respondeu "Sim, estou dentro." E logo uns influenciadores estavam promovendo o evento, fazendo parecer mais legítimo do que pretendíamos. A décima escola a nos mandar mensagem foi Harvard. Fizeram isso porque havia uma enorme quantidade de outros programas envolvidos. Quando as pessoas me perguntavam: "Quem de Stanford aprovou isso?", eu respondia: "Ninguém." Stanford adorou por causa da propaganda positiva que recebeu. Por fim, arrecadamos US$56 mil. A organização e administração do evento, do começo ao fim, demorou cerca de um mês. E agora todas as escolas envolvidas já pediram para participar proativamente no ano que vem. Já que fui eu quem falou com todas essas universidades, recebi muito crédito. E as pessoas me procuraram com perguntas não relacionadas ao evento. Sabiam que estávamos em uma posição de liderança.*

Quebrar as regras nesse segundo exemplo fundamentalmente significou tomar a iniciativa de não esperar a permissão nem, aliás, pedir a autorização de ninguém, só criar as coisas (no caso, um evento). Ao fazer isso, Troitino se colocou em uma posição central na sua rede e construiu uma marca como alguém que faz as coisas acontecerem.

É claro que Troitino também tinha algumas vantagens além de sua disposição para quebrar as regras: era pós-graduanda em uma universidade prestigiosa. Mas o seu exemplo ilustra o que acredito ser os princípios gerais sobre quebrar as regras que se aplicam em praticamente qualquer situação.

POR QUE E COMO QUEBRAR AS REGRAS FUNCIONA PARA CRIAR PODER

Quebrar as regras e violar as normas sociais para construir poder significa assumir comportamentos, tomar iniciativas, que são "diferentes" e inesperados. Mais importante, requer ser proativo e *fazer* algo — no caso de Christina, iniciar contato com os patrocinadores de um prestigioso jantar e planejar uma atividade entre escolas de negócios.

Diversos mecanismos psicológicos sustentam a ideia de que violar normas, regras e convenções sociais pode fazer os infratores parecem mais poderosos e, consequentemente, criar poder para eles. Eis algumas explicações de por que e como isso acontece.

A Associação Heurística Entre Poder e Violação de Normas

Um estudo no jornal acadêmico *Social Psychological and Personality Science* concluiu que "quando as pessoas têm poder, agem como tal. Pessoas poderosas sorriem menos, interrompem os outros, falam mais alto [...] Os poderosos têm menos regras a seguir."[1] Ou, como expressado de modo diferente por Lord Acton e empiricamente demonstrado pelo psicólogo social David Kipnis,[2] o poder corrompe e o poder absoluto corrompe absolutamente. Essa associação heurística entre poder e violação de regras — os poderosos estão mais livres para desafiar normas e convenções sociais e se safarem, e, portanto, são mais suscetíveis a agir de modo socialmente inapropriado — levou Gerben van Kleef, cientista social da Universidade de Amsterdã, e seus colegas a questionar se quebrar as regras poderia levar os infratores a parecerem mais poderosos. Em uma série de estudos experimentais usando múltiplos métodos, inclusive um cenário, um vídeo e uma interação cara a cara, a resposta foi "sim".[3]

No primeiro estudo, os participantes deveriam imaginar que estavam em uma sala de espera lotada na prefeitura, tentando renovar o passaporte. Na condição de violação das normas, alguém levantou e pegou uma xícara de café quando o balcão de atendimento estava vazio. Na condição de controle, a pessoa se levantou, foi ao banheiro e voltou, então nos dois casos os indivíduos fizeram alguma ação. Na condição de violação de normas, a pessoa que pegou o café foi avaliada como 21% mais poderosa do que a que só foi ao banheiro.

O segundo estudo forneceu um cenário no qual um técnico em contabilidade foi informado de uma anomalia em um relatório financeiro. Na condição de violação de normas, o profissional disse que coisas do tipo acontecem o tempo todo, que os contadores externos dificilmente perceberiam e que, ocasionalmente, é preciso contornar as regras um pouquinho, se necessário. Na condição de controle, o técnico disse que era preciso levar a sério o incidente e que, apesar de que os contadores externos dificilmente perceberiam, era preciso seguir as regras. O que quebrou as regras foi classificado como mais alto em poder e também na capacidade volitiva, ou a liberdade de fazer o que quer.

No terceiro estudo, as pessoas assistiram a um vídeo de uma cafeteria ao ar livre. Na condição de violação de normas, um ator colocou o pé em outra cadeira, acendeu um cigarro e repetidamente derrubou cinzas no chão. Também foi mais grosseiro com o garçom. Nesse estudo, o infrator foi visto como 29% mais poderoso do que o ator na condição de controle, que foi mais gentil com o garçom, usou um cinzeiro e cruzou as pernas, em vez de colocar os pés em outra cadeira.

O quarto estudo foi composto por uma interação direta com o infrator de normas em vez de um vídeo ou cenário. Quando as pessoas chegaram para participar do estudo, um colaborador do pesquisador se comportou inapropriadamente de diversas maneiras ao longo da interação. Chegou tarde, jogou a mochila na mesa em frente aos sofás em que os participantes estavam sentados, colocou os pés na mesa, dentre outras coisas. Mais uma vez, o infrator foi visto como mais poderoso. Todas as diferenças nesses estudos são estatisticamente significativas.

Na abertura do artigo relatando os experimentos, van Kleef e os outros autores escreveram: "Seria esperado, talvez, que os detentores de poder que quebrassem as regras caíssem em desgraça e o perdessem [...] Ou será que é exatamente o ato de quebrar as regras que na verdade provoca as percepções de poder?"[4] Os infratores que não são penalizados ganham poder pela habilidade de violar as regras, sinalizando que são diferentes e mais poderosos do que as pessoas que seguem (e presumidamente devem seguir) as expectativas sociais. Essa passagem ajuda a explicar por que as mentiras de Donald Trump não lhe causaram mais dificuldades. Mentiras, que infringem a norma social de dizer a verdade, dificilmente são penalizadas e, uma vez que também violam as expectativas, na verdade aumentam as percepções de poder da pessoa. É claro que há limites para o efeito positivo que isso causa nas percepções de poder, mas a ideia de que violar regras e convenções sociais pode aumentar o poder de alguém é um princípio que deve ser levado a sério. Isso ajuda a explicar muitos aspectos da vida social nos ambientes de trabalho, não somente na política.

Observe que Christina Troitino assumiu uma série de pequenos, mas importantes, comportamentos inesperados para alguém em uma baixa posição de poder. Mandou um e-mail perguntando sobre os jantares sem fornecer uma biografia pessoal extensa, apenas se descrevendo como alguém que escreve para a *Forbes*. Esperou 48 horas para responder ao e-mail sobre suas opções de jantar. E apareceu com alguém que não foi convidado sem avisar os organizadores com antecedência. Assim, agiu como se tivesse o poder de quebrar as expectativas e fazer o que quisesse. Possivelmente por causa desses comportamentos, ela conseguiu participar de um jantar bastante exclusivo (com seu parceiro).

Quebrar as Regras Surpreende os Outros

Uma vez que boa parte das pessoas segue as regras na maior parte do tempo, as que não o fazem podem — e geralmente conseguem — pegar de surpresa os parceiros de interação. Esse elemento-surpresa pode trabalhar a favor do infrator, porque os outros não têm tempo de se preparar para a interação e decidir como responder.

Veja o caso de Jason Calacanis, um empresário da internet, investidor-anjo (em fase inicial), autor e podcaster. Quando Jason estava na universidade, sua família da classe média sofreu alguns reveses financeiros sérios. Calacanis queria ingressar na Universidade Fordham. O responsável pelas admissões da época era Ed Boland. Quando Calacanis estudava em Brooklyn College, fez aulas de taekwondo em Fordham, e usou isso como desculpa para visitar o responsável pelas admissões sem marcar um horário. Ele me contou:

> *Antes de ir, procurava alguém para me escrever uma carta de recomendação. Bateria na porta do Sr. Boland e a daria a ele. E ele me perguntaria: "Jason, temos um horário marcado? Você está na minha agenda?" E eu responderia: "Não, estou aqui para a aula de taekwondo. Queria lhe entregar esta carta de recomendação. E pensei que você poderia ver minhas notas do segundo trimestre" [...] O Sr. Boland me ligou e disse: "Estou indo para Yale [...] Quando estava saindo, me perguntaram se tinha algum pedido de como deveriam fazer as coisas melhor. E disse que achava que deveriam aceitar o aluno menos tradicional de 1988... você."[5]*

Ainda assim, Calacanis precisava de ajuda financeira para continuar em Fordham. Os pagamentos da mensalidade dele atrasavam com frequência, então não foi permitido que se matriculasse para o terceiro ano. Ele descreveu o que fez:

> *Certo, o que funcionaria? Procurar os cabeças [...] Outras pessoas com cargos menores não interessam. Então, entrei na sala do reitor e perguntei se ele estava. A secretária respondeu: "Ele está na sala dele." Agradeci e entrei. Então falei: "Reitor, sou Jason Calacanis. Gostei muito dos anos que passei aqui, mas vou ter que desistir do curso." E ele questionou: "Você tem um horário marcado?" Respondi que não, mas que precisava muito falar com ele.[6]*

Resumindo, no final da interação, Calacanis tinha um emprego no laboratório de computação na escola de negócios, ganhando US$8 por hora comparado aos US$3,50 que ganhava no outro emprego. Ele notou que essas interações o encorajaram a se arriscar.

Calacanis entrava no escritório das pessoas sem um horário marcado, portanto quebrando as regras de como interagir com os poderosos — e talvez as expectativas de como abordar qualquer um. Pego de surpresa pela audácia, o responsável pelas admissões ficou impressionado o bastante pela motivação de Calacanis para ajudá-lo a ingressar em Fordham. E o reitor, surpreendido e sem ter um plano para lidar com a situação financeira de Calacanis, reagiu na hora conectando-o com o laboratório de computação da escola de negócios, e mais que dobrando seu salário.

A surpresa funciona não só porque pega as pessoas desprevenidas, mas também por afetar as cognições e as emoções delas. Tania Luna, antiga instrutora de psicologia da Hunter College e atualmente uma das diretoras executivas do LifeLabs Learning, escreveu um livro sobre a neurobiologia da surpresa. Em uma entrevista de rádio com a PRI, Luna observou que a surpresa faz "os humanos travarem fisicamente por 1/25 de segundo. Então isso geralmente engatilha algo no cérebro [...] um momento que causa curiosidade extrema nos humanos em uma tentativa de descobrir o que está acontecendo [...] As surpresas também intensificam as emoções."[7] Também fazem com que as pessoas prestem mais atenção para satisfazer suas curiosidades — e, se quer ser lembrado, fazer com que as pessoas prestem mais atenção em suas interações com você é provavelmente algo bom.

É Mais Fácil — e Mais Eficiente — Pedir Desculpas do que Permissão

Apesar de os conflitos serem comuns no ambiente de trabalho, com um estudo mostrando que os empregados passam uma média de quase 3 horas por semana ocupados com conflitos, quase 60% dos funcionários nunca receberam um treinamento básico para lidar com situações conflituosas.[8] Essa falta de preparo, junto com o desejo que as pessoas têm de serem queridas e aceitas, significa que a maioria das situações difíceis são evitadas em vez de serem enfrentadas; e a maioria das pessoas são avessas a conflitos, portanto desejam evitar discussões.

Em termos práticos para o exercício do poder, isso significa que a resistência de fazer o que quer é provavelmente menor do que o esperado, porque as pessoas estarão relutantes a confrontá-lo e arriscar uma conversa interpessoal difícil. Portanto, costuma ser mais fácil, exitoso e produtivo simplesmente fazer o que você quer e se desculpar por algo que fez, ao invés de pedir permissão antes. Uma vez que você já terminou de fazer algo, torna-se um fato consumado, logo, é difícil de ser desfeito. Além do mais, os benefícios e as consequências do que você fez não são mais hipotéticos, mas reais, o que também torna os outros relutantes a desfazê-lo e assim destruir os benefícios produzidos. Uma vez que Troitino havia criado um evento bem-sucedido entre universidades, quem a criticaria por arrecadar dinheiro para caridade ao mesmo tempo em que fornecia uma experiência divertida para inúmeros estudantes — apesar de ela não ter pedido a permissão de ninguém para organizá-lo?

Robert Moses, mestre de obras de Nova York, que detinha imenso poder durante sua carreira de quarenta anos, era um gênio em usar estratégias para transformar seus planos em realidade física — mesmo antes de ter permissão para fazê-lo. Com frequência, Moses iniciava seus projetos antes de obter todas as permissões necessárias e às vezes antes mesmo de ter os fundos para completá-los. Sabia que, uma vez que um parque ou um parquinho era construído, era muito mais difícil e menos provável que os outros os desfizessem. Sua primeira "ofensiva" em desenvolvimento de parques foi transformar um latifúndio em East Islip, Long Island, em um parque, agora chamado de Heckscher State Park. Há pouca dúvida de que Moses abusou de sua autoridade legal ao confiscar uma propriedade privada e usar verba desapropriada para começar a desenvolver o projeto. Como descrito por Robert Caro na biografia de Moses, vencedora do Prêmio *Pulitzer*:

> *Moses nunca parou de desenvolver aquele latifúndio [...] Quando os tribunais superiores decidiram sobre a questão de se o latifúndio era um parque ou não, já era um parque. O que o juiz poderia fazer? Mandar o estado arrancar as estradas e destruir os prédios? Falar para as pessoas que o visitavam que não poderiam mais ir até lá?*[9]

Caro comentou sobre a lição que Moses aprendeu: "Uma vez que você faz algo fisicamente, é muito difícil até para um juiz desfazê-lo."[10] De fato, quando algo é feito, é muito difícil de ser desfeito, incluindo dar premiações, fazer eventos e cerimônias. Faça algo primeiro, e depois resolva as consequências — mesmo que isso quebre algumas regras.

As Regras Tendem a Favorecer os que Já São Fortes

Outra vantagem de quebrar as regras e normas é que, sem surpresas, elas tendem a favorecer aqueles com o poder para criá-las — geralmente, as entidades no poder. Por que seguir as regras que outros fizeram se vão deixá-lo em desvantagem?

Uma ilustração formidável desse princípio é o estudo feito pelo cientista político Ivan Arreguín-Toft chamado *How the Weak Win Wars* [sem publicação no Brasil].[11] Ele estudou guerras de verdade nas quais a diferença de poder — armamento, tamanho dos batalhões etc. — entre o mais forte e o mais fraco era de pelo menos cinco vezes. Entre 1800 e 2003, o mais forte ganhou 71,5% das vezes. Arreguín-Toft observou algo interessante quando analisou mais a fundo por período: entre 1950 e 1999, os mais fracos na verdade ganharam com mais frequência do que os fortes (51,2% das vezes). Seu livro explora o porquê, e suas descobertas são os fundamentos para o artigo merecidamente aclamado da revista *The New Yorker*, de Malcolm Gladwell, "How David Beats Goliath" [Como Davi Venceu Golias, em tradução livre].[12] Quando os desfavorecidos não seguem as regras tradicionais, quando usam estratégias incomuns, a probabilidade de vitória aumenta de 28,5% para 63,6%.

O que se aplica à guerra também se aplica ao basquete — os times que fazem pressão em todo o campo de defesa, 100% do tempo, superam seus talentos naturais e vencem desproporcionalmente com frequência. As pessoas que fazem suas próprias regras, que fazem o que é inesperado, costumam obter sucesso de modos imprevisíveis.

E o que se aplica à guerra e ao basquete também se aplica aos negócios. Muitos empreendedores, especialmente os que buscam abandonar os modelos existentes das indústrias e dos negócios, são famosos por infringir as regras. Um exemplo muito conhecido: Elon Musk, o CEO da Tesla, empresa fabricante de baterias e carros elétricos. Musk teve sucesso desobedecendo a sabedoria popular de que é importante se dar bem com os reguladores. Em vez disso, ele os enfrentou e frequentemente os insultou. Um artigo no *Wall Street Journal* afirmou:

> *Elon Musk saiu vitorioso de uma série de brigas com órgãos reguladores que o observaram enquanto se esquivava das regras ou ignorava tentativas de cumprimento delas [...] não permitindo que as normas impedissem seus objetivos de revolucionar o transporte com os carros elétricos da Tesla ou de tentar colonizar Marte usando foguetes SpaceX [...] Em vez de se envolver no toma lá dá cá com as autoridades governamentais, a resposta padrão do Sr. Musk engloba fazer comentários públicos, às vezes cruéis, no Twitter como forma de afronta.*[13]

Eis a dificuldade do conselho de ignorar as regras e expectativas sociais. Como exploro na próxima seção deste capítulo, jogar conforme as regras, seguir a sabedoria popular, é uma força condutora potente. As pessoas gostam de seguir as regras, independentemente dos resultados. De acordo com Gladwell, depois que George Washington começou a conquistar vitórias contra o exército britânico durante a guerra da independência dos Estados Unidos, ele fez com que seus homens vestissem uniformes e marchassem em formação assim como os britânicos, até que uma experiência ruim o forçou a voltar a se esconder atrás de árvores e formações rochosas e a tramar emboscadas. Os times de basquete que venceram fazendo pressão na quadra inteira o tempo todo geralmente voltaram a jogar de modo mais convencional na defesa, apesar de terem tido mais sucesso com uma estratégia menos convencional. Guerras assimétricas e estratégias inconvencionais podem trazer sucesso e poder, mas, para quebrar as regras, as pessoas precisam ser capazes de suportar a censura social resultante.

O DILEMA: ENCAIXAR-SE OU DESTACAR-SE

A maioria das pessoas, na maior parte do tempo, *não* quebram as regras, e por um motivo muito bom. O mundo está cheio de regras que os outros esperam que você siga. Todos que desempenham papéis como pai, funcionário, médico, professor — ou seja, todo mundo, já que temos diversos papéis — confrontam as expectativas sociais sobre o que devem fazer e como devem se comportar em tal posição. Para ilustrar o enorme poder psicológico de tais expectativas, meu colega, o falecido Jerry Salancik, no primeiro dia de aula na Universidade de Illinois, entrou e se sentou entre os alunos. E não disse nada. Era óbvio, por sua idade e vestimenta, que ele era o professor. Mas Salancik temporariamente violou as expectativas sobre como os professores devem se comportar, incluindo onde devem se posicionar. Contou-me como os alunos ficaram desconfortáveis, até hostis, quanto mais ele se recusava a se portar de forma consistente às expectativas da sua função. Salancik ensinou aos alunos o poder da expectativa dos papéis, e esse exemplo nos mostra quão desconfortável é quebrar as regras.

O mundo está cheio de convenções sociais, comportamentos como dizer "por favor" e "obrigado", controlar o tom de voz e se vestir de maneira apropriada. Existem, também, muitas sabedorias populares — lições sobre como subir na hierarquia da empresa, como ser um líder, como ser um bom subordinado — e que são tratadas como regras.

Espera-se que as pessoas saibam as regras e as sigam, em parte porque tais normas ajudam as interações sociais a ocorrerem bem. Desde a infância, as pessoas aprendem, primeiro pelos pais, depois por instituições como escolas e organizações religiosas, e mais tarde por empregadores, o que devem fazer. Podem ser expulsas da escola, excomungadas pela religião e demitidas do emprego por violar as regras. E ainda mais doloroso, ocasionalmente podem ser socialmente marginalizadas.

Se seguir as regras, vai se encaixar, o que é importante para as pessoas. Nós somos, é claro, seres sociais que desejam o companheirismo e a companhia dos outros. A psicologia social e a sociologia, dentre outras disciplinas, fornecem provas de que a pressão para se adequar ao que os outros pensam, e aderir ao que os outros esperam de nós, é enorme.

O dilema é que as pessoas querem se encaixar, serem aceitas e não marginalizadas por violar as normas sociais, mas também querem se destacar. Se as pessoas se adequam com muita perfeição, tornam-se imperceptíveis, indistinguíveis daqueles a sua volta competindo por promoções. As pessoas querem se sobressair e isso é, quase que por definição, ser diferente. Assim como os dois exemplos no começo do capítulo ilustram, destacar-se e quebrar as regras com frequência é um caminho para o sucesso. A famosa autora e editora de revistas Tina Brown contou no programa *60 Minutes* sobre ter sido expulsa de internatos (ênfase no plural). Steve Jobs e Bill Gates não terminaram a faculdade, desafiando o que os jovens do subúrbio e da classe média deveriam fazer.

Devido ao modo como as pessoas são socializadas e o desejo de serem aceitas pelos outros (o que acreditamos vir do comportamento de seguir as regras), muita gente, na maior parte do tempo, orienta-se pela sabedoria popular e de bom grado segue as regras que *outros* — e esse é um ponto importante, geralmente esses *outros* têm mais poder e interesses bastante distintos — disseminaram. A lição deste capítulo é que, apesar dessas numerosas forças impulsionando o respeito e conformidade com as regras, muitos caminhos para o poder requerem desapego das expectativas, abandono da sabedoria popular e violação das regras — exceto a deste capítulo, que é justamente quebrar as regras.

QUEBRE AS REGRAS PEDINDO AS COISAS

Uma norma comportamental que é bastante forte nas sociedades ocidentais é a crença na autossuficiência e a noção correspondente de que é intrusivo e inapropriado pedir assistência aos outros. Meu colega de Stanford Frank Flynn e sua coautora, Vanessa Lake, conduziram uma série de estudos que demonstrava que as pessoas relutam para pedir ajuda e que superestimam muito o número de pessoas que precisam abordar para que lhe façam um favor. Flynn e Lake escreveram que "buscar ajuda é visto como um ato desconfortável, se não vergonhoso, que necessita de um mínimo de coragem [...] Além do medo de parecer inadequado ou incompetente, a maioria das pessoas temem a possibilidade de rejeição."[14]

Os estudos mostraram, em uma variedade de cenários, que as pessoas frequentemente acreditavam que precisariam abordar duas vezes mais pessoas do que de fato necessário para conseguir, por exemplo, três pessoas para lhes emprestar o celular para uma chamada curta, para preencher um questionário curto ou andar com eles até a academia da Universidade Columbia. Flynn e Lake conjecturaram e descobriram que o motivo para essa superestimação é que os solicitantes estavam excessivamente focados no custo de cooperar com o pedido e não conseguiam se colocar no lugar das pessoas que o recebiam. Colaborar com pedidos é quase automático, já que as pessoas gostam de se ver como cooperativas e caridosas e, em muitos casos, o custo do favor solicitado é trivial.

Os estudos de Flynn e Lake revelaram mais uma coisa importante: as pessoas tendem a desistir desse tipo de pesquisa em uma taxa bastante alta, porque são particularmente avessos à tarefa quase trivial de pedir favores a desconhecidos. Por exemplo, no estudo no qual as pessoas tinham de pedir o celular emprestado ou que as acompanhassem até a academia, 27% das pessoas que inicialmente concordaram com o estudo desistiram quando descobriram o que precisavam fazer. Depois de solicitar a 52 estudantes que concordaram em participar do estudo para pedir a terceiros que preenchessem um questionário curto, 6 desistiram de imediato e outros 3 falharam em completar a tarefa. Esses dados são completamente consistentes com a ideia de que, conforme observado por Flynn e Lake, "é desconfortável pedir ajuda".

Mas as pessoas querem oferecer ajuda. Em primeiro lugar, é consistente com as expectativas sociais de cooperação. Além disso, pedir ajuda é lisonjeiro. Ao pedir conselho ou assistência de outra pessoa, o solicitante implicitamente eleva o status dela, que está em posição de conceder um favor, recebendo gratidão, e, mais importante, demonstrando a sua importância ao solicitante ao colaborar com o pedido. Como consequência, no espírito de quebrar as regras, e consistente com os resultados de Flynn e Lake, as pessoas deveriam pedir mais.

Quando Keith Ferrazzi, especialista em marketing e autor best-seller, graduou-se na escola de negócios de Harvard em 1992, estava decidindo entre aceitar um trabalho nas empresas de consultoria McKinsey ou Deloitte Consulting:

> *"Tentamos convencer Keith a se juntar a nós em vez da McKinsey", recorda-se Pat Loconto, antigo diretor da Deloitte. "Antes de aceitar, entretanto, ele insistiu em falar com 'os chefões', como os chamava." Loconto concordou em encontrar Ferrazzi em um restaurante italiano em Nova York. "Depois de bebermos um pouco [...] Keith disse que aceitaria a oferta com uma condição: que nós dois jantássemos uma vez por ano naquele mesmo restaurante [...] Então prometi jantar com ele uma vez por ano e foi assim que o recrutamos [...] Assim, ele garantiu acesso à diretoria."*[5]

Uma jogada ousada, é claro. Mas qual a desvantagem? Na maior parte das vezes, a pior coisa que pode acontecer se pedir alguma coisa, como um jantar com o CEO, é a rejeição, receber um "não". De qualquer forma, as pessoas provavelmente não conseguiriam o que queriam se não pedissem, então não há perdas. Talvez sofram a dor da rejeição. A maioria dos bons vendedores lhe dirão que se você não aguenta ser rejeitado, não vá para o setor de vendas — e todo mundo está vendendo a si e as suas ideias o tempo todo. Acostume-se a ser rejeitado, e a pedir novamente, ou a pedir coisas diferentes de outras pessoas. Pedir é quebrar as regras, mas funciona. O título do artigo de Flynn e Lake diz tudo: "Se você quer ajuda, é só pedir".

Como todas as regras delineadas neste livro, não há nenhuma razão para acreditar que o que descrevo não funciona para quase todo mundo, independentemente de raça ou gênero. Veja o caso de Reginald Lewis, o primeiro afro-americano a dirigir uma empresa de US$1 bilhão (a TLC

Beatrice International Holdings), graduado na escola de direito de Harvard, e investidor de *private equity* muito bem-sucedido. Lewis, que cresceu em Baltimore, graduou-se em ciências políticas pela Universidade Estadual da Virgínia em 1965. Naquele verão, a Rockefeller Foundation patrocinou um programa em Harvard para tentar introduzir afro-americanos à jurisprudência e selecionar os participantes bem preparados para ingressar em escolas de direito. O programa tinha duas "regras". A primeira era que os aplicantes deveriam estar no terceiro ano, para que pudessem usar os aprendizados durante o quarto ano enquanto se candidatavam à faculdade de direito. A segunda era que não deveriam pensar em se candidatar para Harvard — o programa foi pensado para ajudá-los a se interessar e a ingressar em outras universidades.

Lewis, apesar do fato de já ter se graduado, conseguiu ser admitido no programa de verão. Durante o período, esforçou-se para se destacar e ter o melhor desempenho possível. Então, encontrou-se com um orientador do programa e membro do corpo docente da faculdade e lançou a ideia de que a escola de direito de Harvard se beneficiaria com a presença dele, Reginald Lewis, em seu corpo estudantil. Como habilmente descrito no capítulo "No Application Required" [Sem Candidatura Necessária, em tradução livre] de sua autobiografia *Why Should White Guys Have All the Fun?* [sem publicação no Brasil],[16] contra todas as probabilidades, Lewis foi admitido em Harvard, contrariando a "regra" que o impedia de fazer exatamente isso. Depois da decisão de admiti-lo, a escola pediu para que cumprisse as formalidades e preenchesse sua candidatura. Isso fez com que Lewis fosse "a única pessoa na história de 148 anos de Harvard a ser aceito antes mesmo de se candidatar".[17] Lewis sabia que pedir admissão para a escola enquanto estava no programa de verão era arriscado, mas se preparou bem para a conversa na hora do almoço, reunindo e ensaiando os argumentos com antecedência e se arrumando. Mas, como percebeu, e consistente com o tema deste capítulo, o que tinha a perder? Ele não estudaria direito em Harvard no outono, então poderia muito bem arriscar e defender seu argumento, o pior que poderia acontecer era não estudar em Harvard naquele semestre. A vida de Lewis como advogado e investidor de ações privadas foi repleta de casos nos quais não aderiu às regras nem aceitou as expectativas. Essa disposição para arriscar, combinados com os talentos e habilidades de Lewis, é exatamente o que o tornou bem-sucedido.

VIOLAÇÃO DAS REGRAS E MUDANÇA

Regras e convenções sociais são feitas por aqueles no poder, sobretudo para garantir que esse poder seja perpetuado. Portanto, algumas das regras, normas e expectativas sociais podem ser sensatas, mas muitas provavelmente não são — no melhor dos casos, são arbitrárias; no pior, bastante prejudiciais àqueles com menos poder.

Quando Rosa Parks, uma mulher negra, recusou-se a sentar no fundo do ônibus, violou a norma social projetada para manter afro-americanos em um status subordinado. Quando Martin Luther King Jr. escreveu sua famosa "Carta de uma Prisão em Birmingham", ele de fato estava preso. A história dos movimentos de direitos civis dos Estados Unidos é repleta de pessoas se recusando a aceitar normas e até leis que impediam que pessoas não brancas tivessem os mesmos direitos, inclusive o de votar, direito que outros gozavam. O falecido deputado e ativista de direitos civis John Lewis, no final da sua vida, aconselhava as pessoas a entrarem em apuros, o que chamava de "apuros bons", para desafiar as leis e práticas consideradas certas que privavam e depreciavam pessoas não brancas. Nelson Mandela passou 27 anos em uma prisão na África do Sul porque ousou quebrar as regras e violar as expectativas sociais que eram os alicerces do apartheid.

Apesar dos exemplos citados serem dramáticos e vívidos, ilustram o princípio geral de que as regras são feitas pelas pessoas no poder com o principal intuito de perpetuar tal condição. Portanto, para mudar essa disposição existente de poder, as pessoas precisam quebrar as regras e violar as normas sociais para criar uma ordem social diferente.

Processos similares ocorrem em organizações de trabalho. A expectativa de gênero de que as mulheres não devem demonstrar raiva ou evidenciar ambição abertamente, além de deverem ser mais comunais ao abordar as questões, deixa a mulher em desvantagem na competição para avançar na carreira, pois disputam contra homens que mostram poder por meio da raiva sem ficarem desconfortáveis e satisfazem suas ambições — geralmente com permissão tácita, no mínimo.

Expectativas sociais de como as mulheres e pessoas não brancas devem se comportar, tanto sutil quanto abertamente, deixam em desvantagem aqueles que se adequam a tais expectativas. Algumas vezes, esse fenômeno é chamado de "duplo vínculo", pois violar as normas geralmente causa repercussões e ressentimento por parte daqueles que se beneficiam delas.

Sem negar nem por um momento o dilema que regras injustas provocam, acredito que os integrantes de organizações podem tirar uma lição importante dos movimentos sociais que buscavam justiça racial e econômica. Sim, Martin Luther King — que tem um feriado nacional nos Estados Unidos — estava sendo vigiado pelo FBI e, mais para o final da vida, nem sempre foi elogiado por aqueles que viam suas reivindicações como ameaças. Na verdade, era detestado em alguns círculos por causa da sua insistência por justiça econômica e sua oposição à guerra do Vietnã. Mas lembre-se da lição do capítulo anterior sobre não se preocupar excessivamente em ser querido. Se você quer "mudar vidas, mudar organizações e mudar o mundo", parafraseando ligeiramente o lema do meu empregador, deve esperar encontrar resistência, algumas vezes bastante intensa. Mudança invariavelmente requer realocação de recursos, e aqueles cujos recursos serão alterados não ficarão felizes com tal perspectiva. Mudanças nas trajetórias de carreira que fornecem oportunidades para grupos previamente sub-representados significa mais competição e, possivelmente, menos oportunidades para aqueles que antes aproveitavam dessa baixa competitividade.

Em suma, entendo o dilema de duplo vínculo, mas não acho que, no final, as pessoas tenham alguma escolha. Seguir as regras e aderir às expectativas sociais que as deixam em desvantagem no seu caminho para o poder é confinar-se a oportunidades e perspectivas excessivamente limitadas. Portanto, para aqueles que buscam poder, em especial os que estão em posição de desvantagem, quebrar as regras é a única opção possível e sensata. Simplificando, se você consegue prosperar seguindo as regras em vigor, vá em frente, siga-as e defenda-as. Para todos os outros com menos garantia de sucesso inevitável, quebrar as regras, a segunda regra do poder, fornece um caminho para o sucesso empiricamente validado — e praticamente o único viável.

REGRA N.º 3

Demonstre Ser Poderoso

Em abril de 2010, Lloyd Blankfein, então CEO da Goldman Sachs, empresa de serviços financeiros e banco de investimentos proeminente, compareceu ante o comitê do Senado dos Estados Unidos. A Goldman era acusada de ter feito vendas a descoberto (apostando contra) de títulos que tinha vendido para seus clientes, uma ação que algumas pessoas consideraram conflito de interesses e quebra de confiança. No dia 17 de junho do mesmo ano, Tony Hayward, então CEO da empresa petrolífera multinacional BP, compareceu ante o comitê da Câmara dos Deputados dos Estados Unidos. O comitê estava investigando a explosão de uma plataforma de perfuração da BP no Golfo do México que matou onze funcionários e causou uma enorme e contínua liberação de óleo com considerável dano ecológico. As subsequentes trajetórias das carreiras dos dois CEOs não poderiam ser mais diferentes.

No dia 17 de julho de 2010, a BP anunciou que Hayward seria substituído por Bob Dudley como CEO em 1º de outubro. Enquanto isso, Blankfein continuou na função até o final de 2018, saindo do cargo nos seus próprios termos e no momento de sua escolha.

Apesar de haver inúmeras diferenças claras entre as duas situações, o que fica óbvio ao observar o depoimento dos dois líderes é a diferença entre suas condutas, linguagens e abordagens — diferenças que, sem dúvida, se estendiam além dessas aparências específicas. Hayward é mais apologético e contido, tanto verbal quanto fisicamente, sentando-se curvado e usando menos movimentos de mãos e braços. Blankfein é mais confrontante e agressivo em sua representação de si mesmo.

Uso vídeos editados das suas declarações, com e sem som (para que os alunos foquem na linguagem corporal), para fazer o que considero uma das mais óbvias e importantes demonstrações para entender o poder. Como você "se mostra" é importante, talvez até determinante, para a sua trajetória profissional, para o quanto poder e status os outros lhe concedem, e para conseguir manter seu emprego. Independentemente do seu cargo formal, é inevitável que haja algum grau de incerteza ou ambiguidade sobre sua potência e força. Portanto, os outros irão avaliá-lo para determinar se devem levá-lo a sério, se devem se sujeitar e talvez se aliar a você. Conforme afirmado pelo falecido psicólogo Nalini Ambady, "a habilidade de formar impressões nos outros é uma habilidade humana crítica".[1]

Pesquisas mostram que as pessoas formam impressões dos outros, geralmente avaliações precisas da personalidade, muito depressa, usando "pequenas fatias" — apenas alguns segundos — de comportamento. As pessoas então tomam decisões e fazem julgamentos subsequentes sobre os outros usando esses fragmentos. As pesquisas também mostram que até mesmo essas primeiras impressões formadas depressa são surpreendentemente duráveis. Tal persistência surge, em parte, por causa da amplitude da predisposição para a confirmação, a tendência de interpretar evidências de modo consistente às expectativas e crenças existentes.[2] Portanto, se você quer conquistar e manter poder, a terceira regra é demonstrar ser poderoso, porque os outros vão tratá-lo e tomar decisões sobre você dependendo de como se expõe, e essas decisões costumam agir de modo a tornar realidade as primeiras impressões. Por exemplo, se as pessoas pensam que você não é muito inteligente ou competente, farão perguntas que o impeçam de demonstrar o quanto sabe, e irão lhe dar menos oportunidades para comprovar sua inteligência e competência. Conforme habilmente observado pelo psicólogo social Robert Cialdini, você só tem uma chance de causar uma boa primeira impressão.

Vamos comparar a declaração dos dois CEOs. Hayward lê uma declaração de abertura pré-preparada, levando por volta de 6 minutos. As pessoas falam, em média, aproximadamente 130 a 150 palavras por minuto,[3] a declaração dele tinha apenas 900 palavras — que poderia ter sido decorada. A leitura impede que seja feito contato visual frequente e contínuo com o público. Pesquisas sobre contato visual ao longo de décadas mostraram que (1) ele aumenta a credibilidade do orador e a percepção de sua honestidade;[4] (2) sua duração afeta o julgamento que os observadores fazem da potência do orador, inclusive da sua liderança;[5] e (3) ele afeta a percepção das pessoas sobre a autoestima do orador e faz com que os outros o avaliem de forma mais favorável.[6] Além disso, o fato de que Hayward leu a declaração de abertura faz com que ela pareça programada e fingida — talvez as palavras não sejam dele, e sim fornecidas pelos advogados ou pela equipe.

Comparecer sem notas, parecendo estar no comando do assunto e da situação, é importante. O falecido Jack Valenti, diretor da Motion Picture Association of America por aproximadamente 38 anos, contou-me que quando aparecia no Capitólio, nunca levava anotações escritas, porque queria passar a impressão de estar no comando dos fatos e, por não precisar olhar os materiais escritos, poderia se relacionar mais diretamente com a audiência. A primeira recomendação para demonstrar ser poderoso é não usar notas, ou qualquer tipo de apoio, especialmente algo que lhe impedirá de fazer contato visual com quem está falando.

Hayward é pesaroso, e também, em resposta a uma pergunta, argumenta que como CEO de uma empresa que faz perfuração de milhares de poços por ano em todo o mundo, ele não teve nenhum, "absolutamente nenhum", envolvimento com a perfuração daquele poço em particular. Mais importante, nunca coloca a BP e suas ações em contexto. Quanto tempo tem a empresa? Quantos funcionários têm nos Estados Unidos? Quais são suas atividades e como elas afetam a atividade econômica e os empregos, por exemplo, na região da Costa do Golfo? Por que a BP está fazendo perfurações no Golfo do México sob condições difíceis em primeiro lugar? Hayward promete uma investigação sobre a causa do desastre e compensação para remediar o dano econômico causado pelo derramamento, mas faz pouco para assegurar que a situação está sob controle e que um acidente semelhante não acontecerá de novo. Mais importante, Hayward faz pouco para defender o trabalho, a honra e o prestígio da BP e dos seus funcionários. Conforme me escreveu um ex-aluno que era, e ainda é, executivo sênior na BP, Hayward não foi vigoroso nem estava particularmente arrependido.

Blankfein, por outro lado, parece completamente confortável, sorri com frequência quando não está reagindo com curiosidade às perguntas, como se dissesse que os interrogadores não entendem do assunto. Explica — diversas vezes — o papel da Goldman como intermediário financeiro e criador de mercado. Fala da idade da empresa e do seu papel de liderança no setor de serviços financeiros, inclusive do seu prestígio e tamanho, do fato de que a confiança do cliente é essencial, e da experiência dos funcionários altamente qualificados. Insiste que a Goldman estava fazendo apenas o que os seus (instruídos e sofisticados) clientes queriam: ficando do outro lado das transações que queriam realizar e lhes fornecendo os riscos que buscavam, por exemplo no mercado imobiliário. Sua conduta sinaliza que se sente confortável com o que a Goldman fez, já que repetidamente explica como o mercado financeiro funciona e os diversos papéis da Goldman nesses mercados. Durante as 3 horas da sua declaração (Hayward ficou perante o comitê por 9 horas) Blankfein *nunca* pede desculpas pelas ações da Goldman ou retira seu argumento sobre o que os criadores de mercado devem fazer e o seu direito — na verdade, responsabilidade — de se envolver em atividades de cobertura de risco, inclusive apostar contra títulos que venderam.

Sua apresentação traz consequências para seu poder e sua carreira não apenas se você é um CEO de uma empresa enfrentando desafios sérios, mas também se é alguém que está se candidatando para um emprego ou buscando uma promoção. Como deixo claro neste capítulo, a linguagem — e a linguagem corporal — faz diferença em como os outros nos julgam, e esses julgamentos têm consequências. Não é por acidente que a palestra TED de Amy Cuddy sobre linguagem corporal[7] é uma das mais assistidas, e seu livro, *O poder da presença*,[8] é um dos mais vendidos. Eis o motivo pelo qual parecer poderoso é tão importante e mais alguns conselhos sobre como fazê-lo.

APARÊNCIA IMPORTA E PREDESTINA

Considere o seguinte estudo. Treze professores universitários de diversas matérias são gravados, e três pequenos trechos (de dez segundos) *sem som* de diferentes partes das suas aulas são exibidos para nove universitários, que são instruídos a avaliar os professores em diversos quesitos, como confiança, domínio, honestidade e empatia. A pesquisa tem o intuito de analisar se a média dessas avaliações (entre os nove avaliadores) da aparência e comportamento dos professores dos vídeos correspondem às avaliações do curso feitas pelos alunos que assistiram a todas as aulas desses treze indivíduos e, portanto, os observaram ao longo de várias semanas. A conclusão foi possivelmente surpreendente: não só as avaliações dos vídeos sem som se correlacionavam de maneira significativa com as avaliações dos alunos, como a correlação foi bastante alta. Por exemplo, as avaliações de confiança dos avaliadores correlacionavam 82% às avaliações dos alunos do curso; as de domínio, 79%; as de entusiasmo, 76%; e as de otimismo, 84%.[9]

Os autores do estudo interpretam esses dados como indícios de que pequenos fragmentos de comportamento não verbal refletem de fato as qualidades reais do indivíduo. Eis outra interpretação dos resultados do estudo — e uma que é consistente com o ponto deste capítulo. Tanto as avaliações dos alunos da eficácia do aprendizado quanto o julgamento feito pelos avaliadores com base nos vídeos sem som são uma resposta para os sinais não verbais da energia, potência, confiança e outras características do indivíduo que, apesar de um tanto irrelevantes para a habilidade de passar a matéria de forma eficiente para os alunos, são bastante relevantes em como os indivíduos são julgados. Tanto os avaliadores quanto os alunos estão respondendo a como as pessoas *se portam*.

A aparência não importa apenas na sala de aula. Nalini Ambady, uma das autoras do estudo de avaliação do curso, coescreveu outro que propunha a questão: "As impressões dos CEOs [...] estão relacionadas ao desempenho de suas empresas?"[10] Em um estudo de cinquenta empresas da *Fortune 500,* cem universitários usaram fotos dos CEOs para avaliar habilidades de liderança geral ou cinco traços — competência, domínio, simpatia, maturidade e confiança. O estudo descobriu que "as avaliações relacionadas aos traços de poder dos rostos dos CEOs", mesmo depois de controlar estatisticamente idade, afeto e atratividade, estavam significativamente relacionadas aos lucros da empresa, assim como às avaliações de liderança deles.[11] Apesar desse estudo ter apenas CEOs homens como objeto das avaliações, um estudo subsequente replicou os resultados para empresas lideradas por mulheres.[12] Os resultados levantam a questão: "se as empresas mais bem-sucedidas escolhem indivíduos com uma aparência específica para sua diretoria, ou se pessoas com uma aparência específica são mais bem-sucedidas em suas funções como CEOs."[13] Não obstante qual interpretação é a correta — e ambas podem ser verdadeiras — a conexão entre aparência e sucesso na liderança foi detectada em diversos domínios além dos negócios e é uma descoberta confiável e replicada.

Esses resultados empíricos são o motivo de ser justo e correto afirmar que de diversos modos, e em diferentes contextos e cenários, a aparência importa e predestina os resultados profissionais e as atribuições de poder. Sem entediá-lo até a morte com a literatura científica extensa sobre o assunto, eis mais alguns destaques relevantes:

- Um estudo, partindo da premissa de que "traços implícitos inferidos da face podem causar um viés na vida cotidiana", revelou que pessoas cujos rostos passavam mais confiança e angústia recebiam prioridade das enfermeiras na triagem dos prontos-socorros.[14]
- Um estudo usando os dados de centenas de milhares de homens suecos examinou a muito observada relação entre altura e rendimentos, no qual os altos faturavam mais. Os autores descobriram evidências de que a relação entre altura e ganhos refletia os históricos familiares e a associação entre altura e habilidades cognitivas e não cognitivas.[15]
- Além da altura, foi constantemente descoberto que atratividade física prenuncia ganhos mais altos[16] e outros resultados profissionais positivos, como maior possibilidade de emprego[17] e recomendações para promoção[18]. Uma metanálise recente de 69 estudos concluiu que, comparado a pessoas com atratividade média, indivíduos com atratividade alta ganham 20% a mais e são recomendados para promoções com mais frequência.[19] Um motivo para essa relação é que os atraentes possuem uma pequena vantagem em capital humano e uma maior vantagem em capital social, em parte por causa da maior visibilidade e maior disposição dos outros para fornecerem mentoria e conselhos.

Reações Automáticas e Irracionais em Relação aos que Demonstram Poder

As reações das pessoas em relação à demonstração física e comportamental de poder é, ao menos em parte, instintiva e subconsciente. Nossos antepassados, a fim de sobreviver, tinham que conseguir distinguir depressa amigo e inimigo, e também quem prevaleceria em uma luta pelo domínio. Portanto, a capacidade de avaliar rapidamente os outros era — e ainda é — uma habilidade de adaptação evolutiva. Consequentemente, "nós formamos as primeiras impressões com base nos rostos, apesar dos avisos para não fazê-lo. Além disso, há um consenso considerável nas nossas impressões, que sustentam resultados sociais significativos. A aparência importa porque algumas qualidades faciais são tão úteis para guiar o comportamento adaptativo que até um traço dessas qualidades pode criar uma impressão."[20] Claro, essas respostas automáticas não são sempre precisas. No entanto, "presume-se que os erros produzidos por essas generalizações excessivas são menos mal-adaptados do que aqueles que podem resultar da falha de responder apropriadamente a pessoas que variam em condição física, idade, emoção e familiaridade".[21]

Apesar de gostarmos de pensar que somos seres racionais, muitas das nossas decisões são guiadas pela emoção — afeto. O professor de marketing Baba Shiv estudou amplamente o papel das emoções nas escolhas.[22] Fundamentalmente, quando tempo e atenção (recursos cognitivos) são limitados, as decisões são influenciadas mais pelo afeto do que pelo pensamento. Essa situação é típica da vida cotidiana, na qual raramente cogitamos sobre as decisões e reagimos de forma rápida, irracional e emocional para as situações, já que ocorrem em sucessão rápida. A implicação é que a influência da aparência física e a linguagem corporal nas nossas respostas aos outros ocorrerá com frequência fora da consciência e, por isso, é difícil de superar.

ENTENDA QUEM É O SEU PÚBLICO — E O QUE ELE QUER E PRECISA DE VOCÊ

Nesse momento você provavelmente está pensando "essa pesquisa sobre a importância da aparência parece interessante, mas a menos que haja disposição para se submeter a diversos procedimentos estéticos e cirúrgicos, qual é a relevância?" Apesar de as pessoas não poderem mudar radicalmente sua fisionomia, elas podem, *sim*, fazer coisas para aumentar sua atratividade física e a altura aparente, em parte prestando atenção aos cuidados pessoais, cores e escolhas de roupa que valorizam as qualidades e acentuam os aspectos positivos da aparência. Melhor ainda, como os exemplos do começo deste capítulo ilustram, as pessoas podem — e devem — alterar suas expressões faciais, linguagem corporal, escolha de palavras, e todos os outros aspectos que englobam "demonstrar ser poderoso" para projetar o máximo de poder e influência possível. A psicóloga social de Berkeley, Dana Carney, especialista em comportamento não verbal, observou que "expressar poder por meio do comportamento não verbal é fácil — tendo poder ou não [...] os comportamentos para expressá-lo são fáceis de selecionar e implementar."[23] Como evidenciado neste capítulo, pode-se fazer muitas coisas para projetar poder e evitar parecer pequeno e diminuído.

Mais fundamentalmente, as pessoas podem determinar para quem precisam "vender" e o que esses indivíduos precisam e querem delas, ponto enfatizado por David Demarest. Ele foi vice-presidente de relações públicas em Stanford, vice-presidente executivo de relações corporativas da Visa International, e diretor de comunicações do ex-presidente estadunidense George H. W. Bush. Exímio e bem-sucedido desenvolvedor de estratégias de comunicações, Demarest observa que seu público mais importante não é necessariamente aquele que está na sua frente. Por exemplo, quando Blankfein e Hayward compareceram ante os comitês do Congresso, os senadores e representantes traziam pouca ou nenhuma consequência para suas carreiras e até mesmo para o bem-estar das empresas. O público ao qual esses dois CEOs estavam se dirigindo era seus funcionários e diretorias das empresas, que estavam buscando sinais de poder, força e conforto de que os líderes poderiam conduzi-los pelas crises que enfrentavam.

Rob Goffee, acadêmico britânico, e Gareth Jones, jornalista, escreveram um livro com um título provocativo: *Quem Disse Que Você Pode Liderar Pessoas?*[24] Todos os dias, ou pelo menos vez ou outra, as pessoas a sua volta questionarão o motivo de você ter um cargo sênior e o que lhe dá o direito de estar em uma posição de poder e influência. Parte da resposta realmente vem da sua performance no trabalho, das suas habilidades e sua competência. Mas boa parte deriva do modo como você age e fala — como se apresenta — e se você se porta de modo a inspirar confiança nas suas capacidades.

A maioria das pessoas normais prefere se sentir bem em relação a si mesmas, o que significa se sentir bem em relação ao empregador, cuja marca carregam em consequência do cargo. As pessoas, motivadas a se sentirem bem consigo mesmas, querem se associar a empresas — e a pessoas — que aparentam que serão bem-sucedidas e que triunfarão caso surja algum tipo de dificuldade. Elas também costumam responder positivamente a sinais de força. Apesar de gostarmos de pensar que as pessoas torcem para os desfavorecidos, quando se trata das próprias identidades, elas preferem estar com os vencedores.

Perdão, Raiva e Poder

Algumas reações emocionais transmitem força; outras, não. Portanto, é importante manifestar emoções poderosas para evitar expressar as que sinalizam baixo status. Nesse aspecto, muitas pessoas acham contraintuitivo que a raiva seja uma emoção poderosa e que exteriorizá-la é com frequência uma jogada inteligente de poder — mesmo quando, ou particularmente quando, alguém comete um erro ou descobre alguma malfeitoria. Em contrapartida, exprimir tristeza ou remorso e pedir desculpas transmite muito menos poder e, portanto, deve ser evitado em condições nas quais parecer poderoso e competente é importante, o que acontece com mais frequência do que as pessoas pensam.

A lógica por trás desse argumento é simples. A raiva é associada à coerção e intimidação. Demonstrações de raiva, como exemplos de comportamentos coercivos e intimidadores, não costumam ser vistos como agradáveis, normativos nem, talvez, socialmente aceitáveis. Retomando a discussão do último capítulo sobre quebrar as regras, se os poderosos podem infringi-las, então essa associação heurística significa que quebrá-las pode criar percepções de poder. Da mesma forma, se os poderosos podem exibir raiva com mais facilidade do que os menos poderosos — porque estão fora das normas tradicionais de comportamento, e somente os mais poderosos podem violar as expectativas sociais —, então expressá-la pode criar percepções de status elevado.

Tal lógica leva à recomendação de demonstrar raiva como uma maneira de conquistar poder. Essa sugestão é consistente com os resultados dos comportamentos de Blankfein e Hayward e com o que aconteceu com cada um deles. O pedido de desculpas de Hayward o fez parecer mais fraco; a defesa sólida e incontrita que Blankfein fez da Goldman o fez parecer mais forte ao mesmo tempo em que elevava o status da empresa. Considerando outro exemplo, sempre que o ex-presidente Donald Trump foi confrontado com os incidentes tanto da fita do programa

Access Hollywood (na qual se gabava de assediar mulheres) quanto com as acusações de infrações financeiras, sua resposta típica era dobrar a aposta e atacar. Não estou dizendo que isso é "certo"; só estou expondo a evidência de como a raiva — especialmente quando contrastada com outra emoção negativa, como tristeza e remorso — produz mais atribuições de poder e status.

A psicóloga social Larissa Tiedens observou que "as pessoas que expressam raiva são vistas como dominantes, fortes, competentes e inteligentes" e que "acredita-se que os indivíduos com expressões faciais irritadas ocupam posições sociais mais poderosas do que os com expressões tristes".[25] Em quatro estudos usando métodos variados, Tiedens comprova que "demonstrações de raiva podem levar à atribuição de status", porque expressá-la transmite a sensação de competência, enquanto manifestar tristeza transmite a impressão de afeição. Em uma pesquisa de campo em uma empresa de software, Tiedens descobriu que as pessoas que externavam raiva com mais frequência tinham sido promovidas mais vezes, conseguido um salário mais alto, e receberam avaliações melhores dos gestores para a possibilidade de serem promovidas no futuro. Consistente com meu ponto anterior de deixar de lado a necessidade de ser querido, Tiedens concluiu que "apesar de as expressões de raiva [...] resultarem na percepção de que a pessoa é desagradável e fria, a simpatia não está relacionada à atribuição de status." Tiedens também é uma das autoras de um estudo que descobriu que a expressão de raiva permite que as pessoas reivindiquem mais valor — e se saiam melhor — nas negociações, porque tal exteriorização transmite força.[26]

Pedir desculpas é quase o oposto de exprimir raiva, e é a opção padrão de muitas pessoas quando confrontadas com acusações. Há três importantes desvantagens que devem ser consideradas com cuidado antes de fazê-lo. O primeiro e mais óbvio é que pedir desculpas "por natureza, associa um transgressor ao comportamento errôneo".[27] A responsabilidade por um mau resultado pode ser ambígua ou contestada, mas quando alguém se desculpa, a associação dessa pessoa ou organização com a ação ou resultado negativo é claramente estabelecida.

Em segundo lugar, quem pede desculpas incorre em custos psicológicos, uma vez que essa ação pode afetar a autopercepção das pessoas. Em dois experimentos, os pesquisadores concluíram que o ato de se *recusar* a pedir desculpas "resulta em maior sentimento de poder/controle, valoriza a integridade e a autoestima".[28] Portanto, não pedir perdão é consistente com o desejo das pessoas (e organizações) de consistência e autoafirmação — pessoas e empresas boas, poderosas e eficazes não se envolvem com transgressões, então não precisam pedir desculpas.

Terceiro, e talvez mais importante, pedir perdão afeta não só o ator social que se desculpou, mas implica crédito e culpa, e afeta os sentimentos sobre si mesmo. A desculpa também afeta o que os *outros* acreditam sobre o ator social. Uma vez que esta é vista como um comportamento de baixo poder, os outros verão as entidades que o fazem como detentoras de menos autoridade, status e prestígio — e isso, consequentemente, influenciará o comportamento dessa audiência. Assim, pedir desculpas reduz a probabilidade de quem o fez se beneficiar da percepção de poder e prestígio. Conforme uma revisão da literatura científica sobre o assunto observou, "transgressores que pedem desculpas em situações nas quais a competência é relevante sofrem um impacto negativo na percepção existente de suas habilidades [...] À medida que agradecer e se desculpar são considerados discursos polidos, pesquisas revelaram que o uso de comunicação polida reflete negativamente o domínio, poder e assertividade atribuídos ao orador."[29] A pesquisa realça a constante transição da percepção social das pessoas entre ser visto como terno ou competente.

Muitas pessoas mencionam o exemplo do Tylenol para demonstrar a utilidade de expressar remorso e pedir desculpas. Mas esse foi um caso especial — e incomum. A situação foi: em setembro de 1982, três pessoas morreram na região de Chicago após tomarem Tylenol com cianeto. Até o final da onda de envenenamentos, sete pessoas morreram.[30] O fabricante, Johnson & Johnson, rapidamente recolheu os produtos das prateleiras das lojas e anunciou que as pessoas não deveriam tomar Tylenol até que o produto fosse relançado na embalagem inviolável (agora universal). A rápida resposta da empresa mitigou a preocupação do público e o Tylenol logo recuperou a dominância no mercado de analgésicos.

Vale ressaltar uma importante distinção entre esse caso e muitos outros enfrentados em contextos organizacionais: em praticamente hipótese alguma a Johnson & Johnson, ou suas ações, poderiam ser consideradas responsáveis pela sequência de eventos que levou pessoas à morte. A adulteração dos produtos nas prateleiras não tinha acontecido antes, e a empresa não tinha, pelas suas ações ou falta delas, contribuído para a tragédia. Essa ausência de atividade *não* caracteriza a situação enfrentada pela BP, Goldman, Trump ou a maioria das outras empresas ou pessoas, que tipicamente são muito mais implicadas por seus comportamentos nos eventos. Quando uma entidade social não pode se distanciar de uma ação — usando como exemplo o material de estudo experimental de Tiedens, o caso de Bill Clinton com Monica Lewinsky — a questão de como responder muda. Quando associada à ação, a desculpa tende a levar a percepções de fraqueza e a mais discussões sobre responsabilidade e o que deveria ter sido feito para evitar o problema. Em contraste, a raiva, e sustentar que nenhuma infração ocorreu, como Blankfein fez, por fim, faz com que as pessoas desistam e sigam em frente conforme aceitem o relato que mantém a imagem da parte acusada.

A IMPORTÂNCIA DA AUTOCONFIANÇA (MESMO INJUSTIFICADA)

As pesquisas mostram que as emoções — e os comportamentos — são contagiantes.[31] Na medicina, há estudos sobre doenças psicológicas em massa associadas a ver outra pessoa doente e, no ambiente escolar, saber que um colega está doente.[32] "O contágio parece envolver tanto processos biológicos quanto sociais"; é algo difundido, e geralmente não se está ciente do contágio mesmo enquanto ele é experienciado.[33] As emoções não são apenas contagiantes, elas são, como observado, importantes. Uma análise recente descobriu evidências dos efeitos do "contágio emocional em uma variedade de resultados atitudinais, cognitivos e comportamentais/produtivos"[34] em ambientes corporativos.

Como as pessoas querem se sentir orgulhosas do que estão envolvidas e querem acreditar que elas e seus colegas serão bem-sucedidos, uma das tarefas mais importantes de um líder é transmitir confiança. Quando se passa confiança, é mais provável que outros irão segui-lo e apoiá-lo — e, aliás, contratá-lo e promovê-lo. Além disso, se um líder transmite confiança, então, estendendo a ideia de contágio, é provável que outros se sintam mais confiantes e ajam de acordo. A importância de transmitir esse sentimento é o motivo pelo qual a primeira regra do poder, do capítulo 1, é desapegar-se dos roteiros, vocabulário e linguagem corporal (relevantes para o capítulo atual) que sugerem qualquer coisa exceto autoconfiança e potência, mesmo se essa confiança for injustificada pela realidade objetiva ou por como está se sentindo no momento.

Cameron Anderson, professor de Berkeley, e seus colegas testaram a ideia de que o excesso de confiança ajuda as pessoas a conquistarem um status social mais elevado, uma vez que tal posicionamento sinaliza competência.[35] Em um estudo que usava uma tarefa de conhecimento geográfico, os pesquisadores descobriram que não só o excesso de confiança da pessoa previa a classificação da competência feita pelo parceiro de tarefa e, portanto, o status concedido a ela, esse excesso "tinha uma forte relação com a competência avaliada pelo parceiro, assim como a habilidade de fato". Um segundo estudo mostrou que o efeito da confiança exacerbada nas percepções de segurança e do status correspondente persistiam depois de sete semanas, demonstrando que o fenômeno não era efêmero. Os pesquisadores usaram outros experimentos para verificar os sinais comportamentais usados para inferir competência. Descobriram que a porcentagem de tempo que a pessoa falava; o uso de um tom de voz confiante e factual; a provisão de informações relevantes ao problema; o emprego de uma postura expansiva; a projeção de uma conduta calma e relaxada; e a contribuição de respostas estavam todos positivamente relacionados às percepções de competência do observador.

Curiosamente, nesse e em outros estudos, incluir medidas das características de personalidade nas análises não enfraquecia os resultados. A descoberta é consistente com o argumento feito ao longo deste livro de que são as atitudes — que podem ser aprendidas e adotadas — que importam para a aquisição do poder. Não é que a personalidade não importe, mas o comportamento é mais importante. Por exemplo, em relação a poder e confiança, um estudo pediu para os participantes adotarem uma pose expansiva (mais poder) ou fechada (menos poder), atribuídas ao acaso, e então darem um discurso de dois minutos em uma entrevista de emprego simulada. Os que adotaram uma pose que projetava poder tinham mais chances de serem avaliados como empregáveis e de terem uma avaliação de performance melhor.[36]

As recomendações para demonstrar confiança e raiva contradizem a sabedoria popular que aconselha as pessoas a exibirem vulnerabilidade como modo de se conectar com os outros, a se mostrarem fracos para encorajar os outros a ficarem ao seu lado e oferecerem conforto e assistência. O que deve ser feito depende de qual motivação é mais forte em uma dada situação: se deseja associar-se a força e sucesso, ou oferecer ajuda para sentir proximidade com alguém que expressou vulnerabilidade. Ambos são possíveis, mas minha leitura das evidências sugere que geralmente é melhor apostar em ser associado com força e vitória, e então se deleitar na glória dos poderosos.

Um modo de analisar essas ideias conflitantes vem de um estudo sobre autorrevelação. Conforme observado pelos autores, "a autorrevelação está se tornando um fenômeno cada vez mais relevante [e comum] no ambiente de trabalho."[37] Os autores conduziram três experimentos para verificar as consequências de evidenciar qualquer tipo de fraqueza. Descobriram, em contextos relacionados a tarefas, "que quando indivíduos de status mais elevados revelavam fraqueza, geravam menos influência, maior conflito percebido, menos simpatia e menos desejo de um relacionamento futuro."[38] Esses efeitos negativos não ocorreram quando os indivíduos que demonstravam fraqueza tinham o mesmo nível de status. Minha conclusão: é especialmente importante demonstrar confiança — e competência — em ambientes orientados por tarefas, em especial quando você tem uma posição mais elevada e os outros esperam que você ofereça liderança e conforto.

Então, sim, você pode expressar vulnerabilidade e insegurança entre amigos, ou quando está em uma posição que não seja a de líder. Mas em posições de status elevado e voltadas a tarefas, vai se sair muito melhor se guardar suas inseguranças para si. As pessoas querem se aliar com quem acham que será bem-sucedido, que irá prevalecer, então fazer qualquer coisa que as desiludam dessa crença é, provavelmente, um erro.

LINGUAGEM CORPORAL PODE SINALIZAR PODER

Em 2020, Dana Carney, psicóloga social e professora na escola de negócios Haas de Berkeley, completou uma análise abrangente de comportamentos não verbais que sinalizam poder, status e dominância — conceitualmente distintos, mas relacionados, que se manifestam de modo semelhante na linguagem corporal das pessoas.[39] A análise também responde uma questão comum sobre comportamento não verbal: há diferenças entre gêneros e culturas? Sua resposta, baseada em evidências até a presente data, é "não". Com relação à cultura, as evidências mostram que primatas não humanos exibem comportamentos semelhantes de expressão de poder. Ademais, muitos estudos sobre expressões não verbais de poder foram conduzidos em outros países, demonstrando a generalização entre culturas. Com relação ao gênero, Carney concluiu que "o gênero não parece interagir sistematicamente com expressões não verbais percebidas ou reais de PSDom [poder, status e dominância]". Logo, o conselho deste capítulo parece ser universal.

A tabela 3-1 apresenta *algumas* expressões não verbais de poder, status e dominância que estão empiricamente relacionadas a esses conceitos. Muitos sinais de poder são previsíveis, mas ainda importantes, ao ponderar sobre como se apresentar diariamente no ambiente corporativo.

TABELA 3-1	COMPORTAMENTOS NÃO VERBAIS VERDADEIRAMENTE ASSOCIADOS A PODER, STATUS E DOMINÂNCIA
	Mais gestos
	Postura corporal mais aberta
	Menos distância interpessoal (posicionar-se mais perto dos outros)
	Gestos de mãos e braços mais controlados
	Tom de voz mais alto
	Mais interrupções bem-sucedidas dos outros
	Mais tempo falando
	Mais tempo fazendo contato visual
	Maior proporção de dominância visual (olhar + falar > olhar + ouvir)
	Mais risadas desinibidas

Sem dúvida, as pessoas podem aprender a expressar poder não verbalmente e podem se tornar mais hábeis nisso por meio de treinamento, exercício e prática. A ampla literatura científica sugere que tais esforços podem valer a pena, porque expressões não verbais de poder e status geram consequências reais.

DISCURSO PODEROSO, PALAVRAS PODEROSAS

"Que as palavras são poderosas não é novidade para ninguém da área de marketing. As palavras certas criam uma aura de desejabilidade em volta de um produto [...] As palavras moldam como pensamos."[40] Apesar de, para o julgamento que se forma das pessoas, ser mais importante como aparentam e soam do que o que dizem, a linguagem também importa.

Um discurso poderoso tem diversas características. Primeiro, é simples. Consiste em sua maioria de palavras monossilábicas* e construções de frase simples com orações subordinadas. É um discurso fácil de se entender, o que é um motivo pelo qual é poderoso. Também não impõe sobrecargas cognitivas aos ouvintes, e sim tira conclusões por eles com palavras simples e compreensíveis. Um modo de medir quão difícil é entender uma passagem (em inglês) é empregar a fórmula do índice de facilidade de leitura de Flesch-Kincaid ou, como alternativa, o índice de legibilidade de Flesch-Kincaid**, que é inversamente proporcional ao primeiro índice. Textos mais fáceis de se ler têm um equivalente de legibilidade mais baixo.[41] A fórmula do índice de facilidade de leitura é:

206,835 − 1,015 (total de palavras/total de frases) − 84,6 (total de sílabas/total de palavras)

Frases mais curtas com muitas palavras monossilábicas têm maior facilidade de compreensão de leitura (ou escuta). A fórmula do índice de legibilidade é:

0,39 (total de palavras/total de frases) + 11,8 (total de sílabas/total de palavras) − 15,59

A segunda característica do discurso poderoso é a ausência de palavras de preenchimento (como "tipo" ou "meio") e algumas hesitações ("hum" ou "ah"), bem como escassez de linguagem polida.[42] Um discurso poderoso emprega palavras poderosas — que evocam imagens vívidas e despertam emoções nos outros — como "ferido", "morte" e "problema".

Oradores poderosos fazem declarações em vez de perguntas. Discursos poderosos levam em conta o fato de que as palavras finais de uma frase são importantes — deve-se terminar com palavras fortes. Tal discurso usa pausas e variações de ritmo para dar ênfase e para segurar a atenção do público. Mais importante, repete ideias e temas. Evidências mostram que "as pessoas tendem a julgar declarações repetidas como

---

* Válido somente para o inglês, que possuiu um grande número de palavras monossilábicas. [N. da T.]
** As fórmulas de Flesch-Kincaid são aplicáveis somente para a língua inglesa, uma vez que a dificuldade atribuída ao comprimento de frase e de palavras não é o mesmo entre as línguas [N. da T.]

verdade quando comparadas a novas, um fenômeno conhecido como efeito ilusório da verdade".[43] Dois experimentos demonstraram que "as pessoas são mais iludidas por — e mais confiantes sobre — declarações repetidas, independentemente de quantas [fontes] as fizeram."[44]

Todas essas ideias são ilustradas por um vídeo excepcional do YouTube que disseca as respostas do então candidato à presidência Donald Trump para as perguntas feitas no programa de televisão de Jimmy Kimmel, em dezembro de 2015.[45] Kimmel pergunta a Trump se sua proposta de proibição de imigração muçulmana era não estadunidense. Trump, como a maioria dos apresentadores eficazes, respondeu a pergunta que queria ao invés da que lhe foi perguntada — assim como Blankfein da Goldman Sachs respondeu aos questionamentos sobre tirar vantagem dos clientes explicando várias vezes o papel dos intermediários no mercado financeiro. Na resposta de um minuto de Trump, 78% das palavras eram monossilábicas, e sua linguagem tinha um tom de nível de compreensão de leitura do 5º ano do Fundamental. Ele repetiu o mesmo ponto com frequência, outra característica do discurso poderoso.

Assim como no caso da linguagem corporal, as evidências disponíveis sugerem mais similaridades do que diferenças entre os gêneros. Uma abordagem de "dualidade cultural" argumenta que os homens usam linguagem mais poderosa enquanto as mulheres empregam linguagem menos poderosa. Mas, ao contrário do esperado, um estudo não encontrou diferenças na frequência de palavras de preenchimento e na frequência de interrupções. Os autores observaram que "pesquisadores começaram a questionar recentemente a necessidade e/ou relevância de estudar as diferenças de gênero na comunicação".[46] Essa conclusão não significa que não há diferenças. Em vez disso, a implicação para linguagem corporal e falada seria tentar a abordagem dominante e tipicamente bem-sucedida a menos que, ou até que, seja provado que não funciona.

COMO AS PERCEPÇÕES DE PODER VIRAM REALIDADE

A premissa da Regra N.º 3 é que a aparência — como a pessoa se apresenta tanto com linguagem corporal e oral — importa bastante em relação a como os outros a percebem. Tais percepções, então, guiam as decisões sobre o indivíduo em foco. A indicação é: domine como parecer confiante, atraente e poderoso de diversas maneiras. Porque o procedimento de predisposição para a confirmação e o poder das primeiras impressões e da aparência (ou seja, impressões criadas por meio do discurso e como a pessoa se apresenta) importam bastante.

Além das evidências abrangentes de pesquisas sobre a importância da aparência, a ocorrência de pessoas sendo ludibriadas por aqueles que projetam uma imagem que não se enquadra com a realidade proporciona uma infinidade de exemplos. Talvez o caso mais famoso seja o de Frank Abagnale,[47] cuja autobiografia, *Prenda-me Se for Capaz*, tornou-se um filme de mesmo título nomeado ao Oscar. Durante sua carreira de charlatão, Abagnale personificou: um piloto da companhia Pan Am, ocasionalmente sendo convidado à cabine de outras empresas e recebendo o comando do avião; um professor assistente na Universidade Brigham Young; um médico supervisionando residentes (ele parou quando sua farsa quase custou a vida de uma criança); e um advogado. Há também o caso de Christian Gerhartsreiter, mais conhecido como James Frederick Mills Clark Rockefeller, que se passou por membro da família Rockefeller.[48] Com tal ascendência, conseguiu se casar com Sandra Boss, "executiva sênior da empresa McKinsey com ótimo salário", formada por Stanford e pela escola de negócios de Harvard. Apesar de Boss ser o arrimo da família, "Rockefeller" tinha completo controle das finanças.

As pessoas são fundamentalmente crédulas. Quando contam uma história sobre suas vidas, carreiras e personalidade, poucos — talvez ninguém — se preocupam em fazer o trabalho simples de checar com subordinados anteriores, parceiros de negócios, entre outros, para ver se as histórias correspondem à realidade. As pessoas se comprometem com suas decisões. Uma vez que investiram financeira ou emocionalmente em um relacionamento, tal comprometimento impede que admitam que cometeram um erro de julgamento. As situações são ambíguas. Quanto poder — ou, aliás, competência — uma pessoa de fato possui é com frequência difícil de discernir.

Todos esses fatores, e muitos outros, significam que você com certeza deve seguir a Regra N.º 3 e, na medida do possível, demonstrar ser poderoso.

REGRA N.° 4

Construa uma Marca Poderosa

No final de 2020, Laura Chau foi promovida a sócia da Canaan Partners, uma das primeiras empresas de *venture capital*, fundada em 1987, que, ao longo de sua história, angariou US$6 bilhões e investiu em mais de 30 empresas que se tornaram públicas. Chau reconheceu a importância de construir uma marca pessoal forte e fez isso, por exemplo, entrando para a lista *30 Under 30* da *Forbes*. Sua marca foi importante porque, como Chau afirma, "para ser bem-sucedido com fundos, é preciso fazer os melhores negócios possíveis. E, para isso, é preciso aumentar suas chances de poder ver esses negócios. Há uma limitação ao que se pode fazer entre dois indivíduos, e a marca parecia uma maneira incrível de fazer marketing, na qual você consegue ficar sempre na mente das pessoas."

Chau começou um podcast chamado *WoVen*, abreviação de Women Who Venture [Mulheres Que Se Arriscam, em tradução livre]. O podcast lhe deu "a oportunidade e o direito de convidar mulheres com posições seniores ou fundadoras de empresas públicas para conversar por uma hora". Uma vez que a maioria das pessoas aceitava seus convites, Chau aumentou sua rede de forma estratégica e significativa. Além disso, nos podcasts, seu próprio status foi elevado por sua associação a pessoas de status mais alto. As pessoas refletem, em parte, as companhias que possuem. Um estudo observou que ter um amigo proeminente no emprego aumentava a reputação da performance do indivíduo.[1] O psicólogo social Robert Cialdini volta e meia conta um exemplo para esse fenômeno de status por associação: "No auge de sua fortuna e sucesso, o financista Barão de Rothschild foi peticionado por um empréstimo por um conhecido. Supostamente, o grande homem respondeu: 'não farei o empréstimo, mas andarei de braços dados contigo pela bolsa de valores, e logo terás pessoas de sobra dispostas a te emprestar dinheiro.'"[2] Uma vez que status e prestígio se propagam para os outros, é costumeiro divulgar suas conexões com pessoas bem-sucedidas.[3] A implicação é que um modo de construir uma marca poderosa é se associar a pessoas e organizações de prestígio.

Chau não só usou seu podcast para se conectar com pessoas proeminentes e se tornar associada a elas, como também escrevia regularmente um blog sobre tópicos que a retratavam como uma investidora atenciosa no universo dos consumidores. Escreveu um capítulo para um livro, uma longa tese sobre redes sociais. Ela comentou que foi a única pessoa que ajudou a conseguir palestras para a turnê do livro do autor. Notou que sua produção tornou possível ser reconhecida como alguém com quem os fundadores deveriam conversar, "ao invés de 'Oi, sou a Laura, uma mulher desconhecida em um fundo de *venture capital* qualquer, e você deve falar comigo sobre sua próxima ronda de angariação de fundos'".

Chau começou a presidir painéis com aproximadamente vinte pessoas. "Escolho um tópico no qual estou tentando me aprofundar", diz. "Então, encontro três pessoas em cargos seniores, e peço para serem oradoras. É um modo para construir minha rede de líderes, e, em seguida, convido vinte fundadores que estão construindo empresas na área e que quero conhecer. No painel, consigo bastante conteúdo dos fundadores e especialistas, que têm muito mais conhecimento na área do que eu, e uso isso para criar um post que posso publicar."

Chau também publicou um boletim informativo, chamado *Taking Stock* [*Fazendo Um Balanço*, em tradução livre], cuja inscrição oferecia a todas as pessoas com quem conversava por e-mail ou que participavam dos eventos que organizava. Ela usava o boletim "como um meio de ficar ligada superficialmente à comunidade tecnológica". Nele, compartilhava recursos, selecionava posts que havia escrito no blog, e usava-o como um canal de retorno e de indicações de pessoas para participar de seus eventos. Em 2021, Chau lançou um programa semanal na rede social Clubhouse chamado *Hot Deal Time Machine* [Máquina do Tempo de Grandes Negócios, em tradução livre] no qual fazia retrospectivas de alguns dos melhores negócios respaldados por empresas de *venture capital*. Nas suas conversas com os fundadores e as empresas de *venture capital* que os apoiavam, tentava aprender com as experiências deles. Como observou em um e-mail: "É uma maneira divertida de conseguir público em uma nova plataforma enquanto construo relacionamentos com os convidados do programa. Também estou documentando os pontos altos das conversas no meu boletim."

O podcast, o boletim informativo, o programa no Clubhouse, o blog, os painéis e as conferências, tudo isso ajudou Chau a desenvolver uma presença na comunidade de *venture capital*. "Por estar presente e ter esse tipo de marca, fica muito mais fácil as pessoas dizerem 'participa do meu podcast?' ou 'pode participar desse painel ou dar essa palestra?' Há uma espécie de circuito de palestrantes e acho que as pessoas só procuram aqueles que participaram da última conferência e os convidam para a sua. São os que as pessoas tendem a ver. Logo, uma vez que você faz parte do circuito, pode ficar nele e alcançar um público bem maior."

Chau descreveu muito bem os muitos aspectos do efeito volante da sua marca pessoal — como uma coisa leva à outra, e por meio dessas atividades, é possível se diferenciar no que seria, sem tais esforços, um espaço altamente competitivo. É possível se destacar na multidão. Fazendo isso, sua credibilidade, conexões e poder podem crescer. É por isso que construir uma marca pessoal poderosa é a Regra N.º 4.

CRIE UMA NARRATIVA — E CONTE-A COM FREQUÊNCIA

Uma marca precisa de coerência. As melhores e mais eficientes marcas reúnem aspectos das vidas pessoais e profissionais das pessoas, deixando claros os motivos de serem unicamente qualificadas para uma posição ou para fundar uma empresa em um determinado setor.

Tristan Walker é um afro-americano de uma família humilde. Cresceu em um conjunto habitacional no Queens, Nova York, e seu pai foi assassinado quando Tristan tinha 3 anos. Mas ele conseguiu fundar a Walker and Company Brands, empresa de bens de consumo focada em servir as necessidades de cuidado pessoal de pessoas não brancas — um mercado enorme, mas extremamente mal servido. A Walker and Company levantou *venture capital* de empresas como Andreessen Horowitz e foi adquirida pela Procter & Gamble em 2019. Walker foi muito eficiente em gerar publicidade para si e para sua empresa. Em 2016, quando tinha apenas 32 anos, ele e a empresa tiveram seus perfis traçados em diversas mídias, "dentre elas, *Fast Company*, em uma rara matéria de 8 mil palavras, *New York Times*, *Los Angeles Times*, *People*, *Essence*, *Wall Street Journal*, *Inc.*, *Ebony* etc." [4]

Walker tem uma narrativa eficaz. Sendo negro, sua pele ficava irritada com lâminas de barbear, então tinha conhecimento de primeira mão sobre os produtos necessários. Além disso, Walker tinha experiência com a pouca variedade de produtos de cuidado pessoal destinados a pessoas não brancas, e como costumavam ficar no fundo das lojas ou em prateleiras mais baixas. Sabia que não havia muito dinheiro investido em inovação e desenvolvimento de produtos, o que deixava um grande mercado em crescimento desservido e com produtos ultrapassados. Ademais, como um empreendedor negro, Walker podia falar da ausência de pessoas não brancas no ecossistema de startups do Vale do Silício — tópico que cada vez chama mais a atenção, uma vez que as empresas começaram a se interessar por aumentar a diversidade e a inclusão. Ele era um defensor talentoso e passional, e um verdadeiro exemplo do fenômeno que seu negócio supria, já que contratava muitas mulheres e pessoas não brancas para projetar e lançar produtos para essas comunidades.

Todo mundo precisa de uma marca. E sua tarefa é pensar em uma maneira curta (duas ou três frases) para descrever a si e a suas conquistas de modo que reúna suas especialidades, experiência (o que você fez), e uma maneira de integrar isso com algum aspecto da sua história pessoal. Por exemplo, ouvi uma mulher de Porto Rico falando passionalmente na minha aula de marcas sobre a necessidade de construir uma economia baseada em tecnologia/conhecimento para promover desenvolvimento econômico lá, e como isso se integrava a sua própria experiência técnica e ao emprego que estava prospectando na Thoma Bravo, uma grande empresa de capital privado e fornecedora de capital fundada por um descendente de porto-riquenhos. Também ouvi um médico afro-americano, que estava se graduando em negócios, discursando sobre a grave questão do acesso desigual à assistência médica e as consequências disso, como vivenciou tal situação na infância e como sua trajetória profissional incorporou modos de tratar o problema.

Depois que você desenvolver um discurso de marca, peça opiniões sobre ele para seus colegas de profissão e amigos. Então, pense em como levar essa mensagem para o mundo.

Conte Sua História Antes que Alguém o Faça

Narrativas invariavelmente surgem acerca de pessoas e situações. Portanto, convém que você conte a sua história e conceba a sua narrativa para criar a identidade da sua marca antes que os outros o façam.

Em dezembro de 1997, Jeffrey Sonnenfeld, professor da escola de negócios da Universidade Emory, foi acusado de vandalizar o prédio da escola de negócios da instituição e depois intimidado pela polícia do campus a se demitir — logo assumiria a reitoria na Georgia Tech de qualquer jeito. No entanto, conforme descrito em um caso sobre Sonnenfeld,[5] a oferta de reitoria foi revogada depois que o então presidente da Emory, William Chace, convocou o presidente da Georgia Tech para lhe contar sobre o caso de Sonnenfeld e alertá-lo sobre seu futuro reitor.

As alegações se provaram enganosas. Em julho de 2000, Emory fez um acordo de milhões de dólares com Sonnenfeld no processo dele contra a universidade, e a Georgia Tech aparentemente lhe pagou US$1,2 milhão em 2009 por retirar a oferta.[6]

No começo, Sonnenfeld e Emory fizeram um acordo sobre uma história de que havia se demitido por problemas médicos, particularmente pressão alta. Chace concordou em não depreciar Sonnenfeld, e ambos os lados ficariam quietos. Infelizmente, Chace, da Emory, não manteve sua palavra, e logo saíram artigos nos jornais *New York Times, Wall Street Journal* e *Atlanta Journal-Constitution* sobre o incidente. Durante aproximadamente um mês, Sonnenfeld, envergonhado por ter sido demitido, não contou seu lado da história. A vergonha frente a contratempos pessoais é natural, mas uma reação pouco útil, uma vez que as pessoas sucumbem à crença de um mundo justo e que, se algo ruim aconteceu, devem ter merecido.

Sonnenfeld, após obter o suposto vídeo incriminador, empenhou-se em falar com seus contatos acadêmicos e profissionais para contar seu lado da história. Por fim, um episódio chamado *The Scuffed Halls of Ivy* [*Os Corredores Deteriorados da Universidade de Elite*, em tradução livre] no programa *60 Minutes* da CBS foi bastante favorável para a causa de Sonnenfeld, criando uma onda de apoio entre alunos e ex-alunos da Emory que levou a universidade a negociar o futuro acordo.

A lição da experiência de Sonnenfeld confirma o axioma de Mark Twain: "A mentira quase dá a volta ao mundo no tempo em que a verdade coloca os sapatos".[7] Uma segunda lição é a importância de apresentar seu lado da história com rapidez e constância. Uma vez que as impressões são formadas, são mais difíceis de mudar. Uma terceira lição é que acordos, no caso de alguém saindo de uma organização, costumam vir com cláusulas que requerem que o beneficiário não comente sobre o ocorrido. O dano em potencial para a reputação da pessoa e os problemas causados por não poderem contar uma narrativa positiva podem ser imensos. O silêncio está longe de ser oportuno quando se é necessário contar a sua versão de algo que afetou seu emprego ou sua carreira.

CRIE UM "VISUAL"

Os pais de Laura Chau vieram para os Estados Unidos do Vietnã. Ela criou um estilo pessoal que inclui falar por si mesma e tentar se destacar, contrariando o estereótipo. Mais alta do que a maioria dos imigrantes vietnamitas, usa salto alto de propósito, o que a deixa com 1,85 de altura, além de intencionalmente se vestir muito bem. Sua altura e vestimenta a ajudam a se tornar reconhecível. Ela comentou que "para muitas pessoas, sou a asiática mais alta que já viram. Por não ser o estereótipo que mantém a cabeça baixa e trabalha arduamente, acho que isso me ajudou a me destacar."

A ideia de usar roupas e aparência física como parte da marca não é nova nem única, mas não a torna menos importante. Elizabeth Holmes, da empresa Theranos, de forma notória sempre usava a mesma roupa preta como modo de sinalizar que não tinha tempo para se preocupar com o que vestir. Steve Jobs também tinha um estilo (que Holmes possivelmente estava tentando copiar). Mark Zuckerberg do Facebook era famoso por seus moletons com capuz, pelo menos por um tempo. Jack Dorsey, atual CEO da Square e antigo CEO do Twitter, alterou sua aparência ao longo dos anos, de um estilo punk para um mais aprumado de executivo e, na primavera de 2020, apareceu em uma audiência do Congresso estadunidense com uma "barba de pandemia" desleixada. É interessante comparar a quantidade de artigos comentando sobre sua aparência em Washington com a de comentários sobre sua declaração.

O frequente comentário sobre aparências diferentes ou incomuns de CEOs prova que as pessoas precisam pensar bem o que querem expressar com seu visual e então fazer coisas consistentes com esse objetivo. Willie Brown — o político e advogado afro-americano que conhecemos anteriormente, além de ex-prefeito de São Francisco e presidente da Assembleia Legislativa da Califórnia —, que veio de uma família humilde do Texas, por fim vestia-se com ternos Brioni (muito caros) e dirigia carros de luxo. Conhecido como o "homem mais bem vestido da Califórnia" pela revista *Esquire*, Brown afirma que o segredo para seu sucesso era seu estilo.[8] Em uma entrevista ao programa *60 Minutes*, Brown comentou se era uma verdadeira obra de arte. Buscava expressar por meio da aparência, do seu visual, que deveria ser levado a sério, que tinha dinheiro e, por se destacar da multidão, inclusive dos colegas legisladores graças às suas roupas, que tinha aperfeiçoado um modo inteligente de se diferenciar positivamente.

FAÇA QUANTAS COISAS FOREM POSSÍVEIS PARA SE TORNAR CONHECIDO

Depois de criar sua marca, história, narrativa cativante e integrar aspectos da sua vida profissional (e possivelmente pessoal), é essencial disseminá-las amplamente. Também é útil combinar os meios de comunicação com a natureza da marca sendo promovida. Os modos de transmitir mensagens são quase infinitos.

Podcasts

Primeiro, há podcasts — de fato, há muitos deles. Um modo de diferenciar um podcast é deixar os outros interessados em promovê-lo. Veja se consegue patrocínio, desenvolva um ângulo interessante e incomum, traga convidados conhecidos e, acima de tudo, persista. Jason Calacanis, autor, investidor-anjo e organizador de eventos (e nosso quebrador de regras do capítulo 2) produz o podcast *This Week in Startups* [*Essa semana, nas Startups*, em tradução livre]. Faz o programa duas vezes por semana, todas as semanas, aconteça o que acontecer, exceto se houver alguma notícia de última hora, então faz um "podcast de emergência" no qual comenta sobre o evento. Ao longo dos anos, essa constância fez seu público crescer para mais de 400 mil pessoas. Às vezes, brinco que Calacanis desfrutou de um sucesso instantâneo que demorou mais de uma década para construir. O podcast também se beneficia de ter um foco — no caso, o ecossistema de startups. Ele entrevista fundadores, investidores e ocasionalmente alguns autores. Poucas pessoas recusam a oportunidade de aparecer em seu podcast, e os interessantes fundadores e dignatários da tecnologia que ele atrai ajudaram o podcast, e também Calacanis, a se tornar conhecido. *This Week in Startups* também tem patrocínios, então Calacanis consegue monetizar seu alcance e seu público enquanto continua construindo sua marca.

Escreva um Livro

Calacanis, um dos primeiros investidores do Uber, é defensor de investimento-anjo e promove eventos para treinar investidores, apresentá-los uns aos outros e reuni-los com fundadores. Para ajudar a criar sua marca, escreveu *Angel: How to Invest in Technology Startups — Timeless Advice from an Angel Investor Who Turned $100,000 into $100,000,000* [sem publicação no Brasil].[9] Levou pouco mais de um mês para terminar um rascunho. Calacanis me contou que escrever a obra foi um uso bastante inteligente do seu tempo, uma vez que ajudou a divulgar seu nome, devido ao livro estar repleto de informações e conselhos práticos, aumentando sua credibilidade.

Se não quer escrever um livro, se não tem o tempo ou o talento para isso, contrate outros para ajudá-lo — os chamados ghost-writers. Há muitos serviços e pessoas que o fazem. Livros podem ajudar a criar uma marca, especialmente se ficarem bastante conhecidos e venderem em abundância — motivo pelo qual às vezes as pessoas compram cópias dos próprios livros para distribuir. Se você escrever um livro sobre si, é capaz de moldar a narrativa. Na autobiografia do falecido Lee Iacocca,[10] não há nenhuma menção do seu papel no desenvolvimento do Ford Pinto, o carro que ficou famoso pelo tanque de gasolina explodir.

Quando eu estava em Tallinn, na Estônia, palestrando em uma conferência há muitos anos, fui com minha esposa a um jantar privado com o autor John Byrne (que estava lá para um evento diferente) e sua parceira. Após beber bastante vinho, comentei com Byrne que ele era pelo menos tão responsável pela mitologia do sucesso de Jack Welch, antigo CEO da GE, quanto o próprio Welch. Ele concordou, uma vez que fora o escritor por trás da hagiografia de Welch — perdão, quis dizer sua autobiografia completa e verdadeira.[11] O sentimento de Byrne não é de autopromoção falsa. Nas palavras do executivo sênior que reportava diretamente a Welch, havia miríades de funcionários na General Electric, então por que Welch deveria receber tanto crédito desproporcional? Porque era ele quem tinha a história. O sucesso de autobiografias no mundo corporativo, não só comercialmente como livros, mas como ferramentas para criar uma narrativa e uma marca que aprimoram a imagem do assunto do livro, levou a uma imensidão de obras sobre empreendedores e líderes corporativos. Muitos, se não todos, não contam todos os detalhes e são claramente uma autopromoção, mas ainda criam uma marca.

Se até trabalhar com um ghost-writer gastará muito do seu tempo, descubra modos mais breves de passar sua mensagem. Escreva blogs, artigos de revista, qualquer coisa que exponha pensamentos e análises que possam chamar a atenção do público. Marcelo Miranda, um brasileiro que trabalhava no setor de construção e materiais, começou a escrever artigos quando tinha pouco mais de 20 anos. Quando alguns foram rejeitados, tentou outros meios. Sua marca o ajudou a aparecer em uma das principais revistas de negócios do Brasil, em uma matéria que destacava os CEOs do futuro. Alguém que consegue participar de uma matéria com tal manchete tem muitas chances de se tornar um CEO no começo da carreira.

Fale em Conferências — ou Crie a Sua Própria

No começo da carreira, Calacanis entendeu a importância de eventos bem planejados e frequentados, com comida e bebida interessantes e de qualidade. Agora, ele administra a Launch, local para fundadores, investidores e pessoas interessadas em startups se reunirem. Antes da pandemia do coronavírus, a Launch chegou a 15 mil pessoas, e cidades de todas as partes do mundo competiam para sediá-la. Novamente, a Launch não começou como *o* lugar para startups de tecnologia e aqueles interessados nelas se conectarem. Cresceu gradualmente ao longo do tempo. Um dos "segredos" de Calacanis é marcar diversas sessões ao mesmo tempo e criar competição pelo palco principal. Ele também garantia que as pessoas estivessem bem preparadas e que as palestras fossem interessantes, insistindo em ver o seu conteúdo — e dando conselhos sobre como deixá-lo mais cativante — antes do evento.

Jason Calacanis agora organiza diversos eventos — Angel University, Founders' University e outros programas que reúnem fundadores e investidores-anjo. Esses eventos ajudam a construir a marca de Calacanis no mundo das startups e dos investimentos-anjo. Também trazem para sua esfera inúmeras pessoas no ecossistema das startups que, uma vez conectadas a Calacanis, são capazes de fornecer oportunidades, informações e o aprendizado que, com o tempo, tornaram-no tão experiente.

CULTIVE A MÍDIA

Uma das melhores maneiras de se contar uma história, especialmente um relato lisonjeiro de si que você mesmo criou, é fazer com que os outros façam isso no seu lugar, por causa do dilema da autopromoção.[12] Por um lado, espera-se que as pessoas passem confiança e experiência quando alegam competência. Em situações como entrevistas de emprego ou discurso de vendas, a autopromoção é praticamente obrigatória — de que outro modo a pessoa saberia sobre suas qualidades incríveis? Por outro lado, muitas vezes há reprovação social e aversão por quem aparenta arrogância e presunção. Pesquisas mostram que, se uma pessoa elogia outra — mesmo que receba um incentivo financeiro para fazê-lo, como um agente — muitas das desvantagens da autopromoção somem. A mídia pode ser uma excelente defensora, não importando que seja paga indireta ou diretamente para contar uma história favorável. Agora existem seções explicitamente rotuladas como publicidade (mas que parece conteúdo regular) em revistas e jornais. Além disso, como o mestre de obras Robert Moses demonstrou, é possível cultivar a mídia convidando seus profissionais para eventos com boa comida e vinho, além de acesso a quem querem conhecer.

Possivelmente, a melhor maneira de cultivar a mídia é fornecer acesso fácil e imediato a si mesmo — estar disposto a dar entrevistas pessoais —, o que ajuda a mídia a fazer seu trabalho com menos esforço. No mundo de hoje, boa parte dela está trabalhando com prazos apertados e orçamentos limitados enquanto enfrenta longas jornadas de trabalho. Tornar mais fácil escreverem sobre você e o que está fazendo ativa a norma da reciprocidade, ao mesmo tempo em que lhes dá um assunto atraente e fácil de cobrir.

J. J. McCorvey, o escritor da revista *Fast Company* que traçou o perfil extremamente detalhado de Tristan Walker, comentou da acessibilidade dele: "Assim que o contatei, ele começou a arranjar muitas oportunidades para observá-lo na sua área e realmente conhecê-lo, a seus amigos e a sua família. Escrevi muitas histórias sobre várias pessoas, mas esse foi o maior acesso que já tive a alguém na vida, o que é o sonho de todo repórter."[13]

Nuria Chinchilla, professora do IESE, instituto de negócios em Barcelona, é muito conhecida por sua escrita, consultoria e trabalho político na área de conciliação entre trabalho e família. É diretora do Centro Internacional de Trabalho e Família do IESE. Além de se fazer conhecida, trabalha arduamente para trazer mais importância para os tópicos de integração entre emprego e família, e mulheres no ambiente de trabalho. Sua fama vem, em parte, de seus textos, mas também da habilidade de chamar a atenção para essa escrita e para outras atividades. Logo cedo, Chinchilla reconheceu a importância da cobertura da mídia e buscou obtê-la.

"No começo, ela era acessível, aceitando ligações de jornalistas, geralmente dando entrevistas assim que solicitavam e se mostrando disponível para trabalhar com os prazos e cronogramas deles [...] Chinchilla estava disposta a ser uma figura pública — um papel que requer muito tempo e energia."[14]

Chinchilla fornecia acesso aos jornalistas a conferências que organizava e aos líderes seniores participantes. Compartilhava dados de sua pesquisa com eles. E focou em construir relacionamentos com a mídia desde cedo:

> *Começou quando tivemos nossa primeira reunião apenas para gerentes mulheres de recursos humanos, em 2001. No dia seguinte, alguém me ligou e disse que ouviu que eu tinha uma pesquisa [...] e se poderiam me entrevistar. E o que respondi foi: "Certo. Você está em Madrid e amanhã estarei aí. Por que você não vem para a reunião no campus do IESE? Você pode não só entrevistar a mim, mas a todas as mulheres lá. Pode participar de todas as sessões, almoçar conosco e então escrever o que quiser." A partir daí, todo mundo começou a pedir entrevistas. Geralmente, faço-as por telefone no meu carro, no escritório ou em casa. Qualquer dia, qualquer hora. Estou oferecendo um bom serviço para a pessoa que quer a entrevista. Então é por isso que a televisão, rádio e jornal estão felizes comigo e retornam.[15]*

Muitos líderes corporativos acreditam que não precisam cultivar a mídia. Não querem perder o tempo ou fazer o esforço — para isso existem os funcionários de marketing e relações públicas. Alex Constantinople, um executivo de relações públicas que trabalhou com Tristan Walker, observou que muitos executivos acreditavam que não precisavam de uma marca pessoal, mas Walker pensava diferente. Mark Suster, um empreendedor e investidor de *venture capital*, trabalhou na Salesforce com Marc Benioff, fundador e CEO da empresa. Ele disse que Benioff "entende a importância da mídia e faz anotações pessoais para os jornalistas. Ele mesmo atende todas as ligações." Esse pode ser um dos motivos pelos quais Benioff parece ter uma cobertura mais favorável do que seus colegas na área da tecnologia.

DESTAQUE-SE SENDO CONTROVERSO NA MEDIDA

Além de construir relacionamentos com jornalistas e facilitar seus trabalhos, outra parte da construção da marca requer tornar-se digno de notícia. No mundo atual em que só há preocupação com cliques e visualizações, chamar a atenção — ser digno de notícia — exige, sobretudo, ser controverso. Mais uma vez, Jason Calacanis tem muito a nos ensinar.

Na década de 1980, Calacanis iniciou uma publicação chamada *Cyber Surfer*. Quando uma disputa com um proprietário/financiador levou à falência dela, começou a publicação de *Silicon Alley Reporter* para cobrir o cenário de tecnologia em Nova York. Cinco anos depois, a revista, inicialmente custeada pelos cartões de crédito do próprio editor, estava gerando US$12 milhões por ano em receita. Em um esforço para obter mais visibilidade à revista, durante o primeiro ano de operação, Calacanis iniciou a lista *Silicon Alley 100*, com as cem pessoas ou empresas mais importantes da região. Sobre o desejo de classificar os competidores, disse:

> *Minha equipe está tentando desesperadamente me fazer desistir da lista porque tem medo de que isso chateie as pessoas. E eu disse: "É precisamente por isso que vamos fazê-la." Então, quem é o nº 1? Obviamente é o DoubleClick; eles têm mais dinheiro, um produto, mais funcionários. Em seguida, eu disse: "Ótimo, então serão o nº 2" [...] Quero que todos falem sobre a lista e por que o nº 1 é mais importante do que eles. Então, escolhi Esther Dyson. Ela é uma mulher, aconselha Bill Gates, é uma visionária da tecnologia. Nos sete a oito anos seguintes, minha vida inteira foi consumida por pessoas me pressionando para descobrir em qual posição estariam na lista do próximo ano.[16]*

Se a estratégia de Calacanis parece familiar, é porque é mesmo. John Byrne chamou a atenção para a primeira classificação de escolas de negócios publicada pela revista *BusinessWeek* em 1988, selecionando como escola mais conceituada não Harvard, Stanford, Wharton ou MIT, mas Northwestern, que na época não era tão conhecida. Uma escolha pouco óbvia, uma posição controversa, chama a atenção.

As pessoas que conheciam Calacanis comentaram que seu herói era Howard Stern, o radialista provocativo, autor, ator e produtor. Quando Travis Kalanick teve problemas com a cultura machista da Uber, Calacanis saiu em sua defesa no programa de notícias *Squawk Alley* da CNBC. Calacanis sempre estava disposto a dizer o que pensava, o que o tornava um convidado conveniente, e por isso a CNBC andava atrás dele para torná-lo permanente e ter seu próprio programa. Em uma festa, Michael Ovitz, ex-presidente da Disney e cofundador da Creative Artists Agency, disse a Calacanis que adorava quando ele aparecia na CNBC. Por quê? "Você sempre diz a verdade. O que quer que as pessoas estejam pensando, você simplesmente fala. Toma um partido, defende as pessoas e não se preocupa com ninharias."[17]

POTENCIALIZE AFILIAÇÕES PRESTIGIOSAS SEMPRE QUE POSSÍVEL

Sadiq Gillani foi contratado como diretor de estratégia pela proeminente companhia aérea Lufthansa quando tinha 32 anos, tornando-se o vice-presidente sênior mais jovem já contratado. Gillani foi escolhido para o cargo pelo CEO da época, Christoph Franz, embora não falasse uma palavra de alemão e estivesse ingressando em uma empresa muito tradicional alemã. Em janeiro de 2022, Gillani entrou para o conselho de fiscalização da Condor, a segunda maior companhia aérea da Alemanha, como uma espécie de vice-presidente, e também para a Attestor Capital, os novos proprietários da Condor, como consultor sênior de investimentos em viagens e companhias aéreas. A carreira de Gillani ilustra bem como usou sua posição na Lufthansa para ampliar sua marca.

Quando Gillani ingressou na Lufthansa, o ex-diretor da Seabury Consulting (uma empresa de consultoria exclusiva que atende o setor aéreo, na qual Gillani trabalhou após terminar a escola de negócios e da qual se tornou sócio), disse que ele tinha uma ótima plataforma e que deveria potencializá-la para criar exposição e prestígio. Gillani seguiu o conselho, o que surtiu resultados como aumentar sua visibilidade e marca no setor aéreo.

Por exemplo, a Lufthansa era, sem surpresas, parte do Fórum Econômico Mundial, mas não era tão ativa na organização. Gillani descreveu como alavancou sua posição na Lufthansa para aumentar substancialmente sua rede:

> *Fui a Davos como parte da delegação da Lufthansa, aprendi sobre a comunidade YGL [Jovens Líderes Mundiais, da sigla em inglês] e decidi tentar entrar nela. Um dos requisitos era que o diretor da sua empresa, que era meu chefe, escrevesse uma carta de recomendação sobre você [...] Fui aceito no programa. Tornei-me o representante da empresa da Lufthansa no FEM e também me juntei ao Conselho Global do Futuro para Viagens. São cerca de vinte pessoas do mundo todo que ajudam a planejar a agenda do FEM no âmbito de viagens e mobilidade.*[18]

Gillani foi convidado a palestrar em Stanford para o Clube de Viagem e Hospitalidade. A discussão correu bem, conheceu o vice-reitor encarregado do programa de MBA, e logo se tornou um dos professores de uma aula intensiva (de duas semanas) sobre a indústria de viagens na universidade. Usava suas conexões do FEM para conseguir palestrantes para a aula. Os alunos gostavam de ver profissionais seniores da área, e os executivos prestigiosos adoravam os convites para palestrar em Stanford.

O papel proeminente de Gillani em estratégia de companhias aéreas e suas conexões no Fórum Econômico Mundial resultaram em um convite para dar uma palestra TED, que atraiu um interesse considerável, gerando por volta de 135 mil visualizações. Gillani comentou que, quando foi apresentado ao organizador da TED na Alemanha, este sugeriu que ele fizesse a primeira palestra TED sobre o setor aéreo.

Gillani comentou que as atividades de fomento da sua marca alavancaram umas às outras. "Por causa do seu importante papel na Lufthansa e sua admissão no grupo YGL, a revista *Capital* o nomeou como um dos executivos da lista *40 Under 40* na Alemanha. O jornal *Financial Times* o elegeu um dos cem principais executivos OUTstanding* [ele é homossexual] e um dos cem melhores líderes empresariais de minorias étnicas."[19] Gillani estava acessível para entrevistas não só para publicações internas da Lufthansa, mas para muitas publicações de negócios, e recebeu uma quantidade razoável de cobertura mediática.

O que funcionou para Gillani também pode funcionar para outras pessoas. Se você tem um emprego em uma organização prestigiosa, faça mais do que apenas adicioná-la ao seu currículo e perfil público. Potencialize essa associação para obter conexões com pessoas e organizações com alto status e valorize ainda mais sua marca pessoal.

LEVE CRÉDITO PELO SEU TRABALHO

Parte do trabalho de construção de marca e criação de uma reputação positiva é garantir que você receba crédito pelo seu trabalho. Isso significa estar disposto a contar sua história e se distanciar de qualquer sensação falsa de modéstia ou da crença de que seu trabalho falará por si só. Seus chefes e colegas estão ocupados e muitas vezes focados nos próprios objetivos. Não espere que sempre notem ou deem crédito às suas realizações.

---

* Em inglês, "outstanding" significa excepcional. "Out", que está em destaque, cria um jogo de palavras com o termo que em inglês significa pessoa que se assumiu como parte da comunidade LGBTQIA+. [N. da T.]

Deborah Liu, antiga vice-presidente do Marketplace do Facebook, membro do conselho da empresa Intuit e recentemente nomeada CEO da Ancestry.com, trabalhou no Facebook por mais de onze anos. Engenheira com patentes em seu nome e experiência anterior no PayPal, Liu costumava pensar que sua performance falaria por si. Segundo me contou, ela foi para o Facebook a fim de construir o que acabaria se tornando o mercado de jogos e créditos do Facebook. O negócio que ajudou a construir foi tão significativo — cerca de 15% da receita total — que entrava em um item separado no relatório de ganhos e no formulário S-1**, quando a empresa se tornou pública. Ela comentou: "Quando terminamos, nunca tínhamos de fato conversado sobre isso e ninguém se importou. Algumas pessoas da equipe deixaram a empresa e os outros passaram a fazer outras coisas."

Uma vez que a carreira de Liu não progrediu tão bem quanto gostaria, e com a frustração da falta de reconhecimento pelo trabalho dela e da equipe, recorreu a um coaching executivo — foi por meio do coach dela que a conheci. Ele a convenceu de que precisava contar sua história e também as das equipes que liderou para que pudessem receber crédito pelo trabalho feito, algo que ela não tinha feito anteriormente.

Quando Liu retornou de licença-maternidade, iniciou um novo projeto chamado Mobile App Install Ads, que permitia que o Facebook recomendasse aplicativos para download. "Isso foi em 2012, quando estávamos sendo trucidados por não resolver a monetização de dispositivos móveis, sendo que mal tínhamos anúncios para celulares", disse. "Nossa equipe foi alocada para resolver a questão. Na época, éramos uma agência de publicidade e estávamos criando a primeira propaganda de resposta direta vertical com uma equipe que não era da área de marketing."

Liu aprendera a informar aos outros o que ela e sua equipe estavam fazendo. Explicou:

> *Disse a todos que conheci: "Vamos resolver a monetização de dispositivos móveis, e eis como o faremos."*
>
> *Nossa equipe principal era composta por cinco pessoas — três engenheiros, um cientista de dados emprestado e eu. Mas eu compartilhava*

** O formulário S-1 é usado por empresas que planejam se tornar públicas para registrar os seus títulos nos Estados Unidos. [N. da T.]

internamente o que estávamos fazendo em todos os lugares. Criava apresentações e estratégias.

Fui até Mark [Zuckerberg] e fiz o pitch para ele. Fiz tudo o que pude para divulgar nosso trabalho, pois tínhamos pouquíssimos recursos. Todos queriam ajudar. Líderes de parcerias da Europa disseram: "Levarei esse produto ao mercado para você." Então se reuniram com desenvolvedores, explicaram como funcionava e configuraram esse novo tipo de anúncios para testes. A questão era contar a história várias vezes. Não só todos sabiam sobre o produto, como começaram a divulgá-lo para nós. Os executivos mencionaram o produto em uma apresentação de resultados. Ao contar a história e conectá-la ao maior problema da empresa, conseguimos que dezenas de pessoas nos ajudassem em seu tempo livre. As pessoas queriam fazer parte de algo que atenderia a uma grande necessidade. Ouviram a história e queriam fazer parte dela. Até hoje, muitos anos depois de abandonarmos o produto, ainda contam a história de uma pequena equipe que fez algo incrível em um momento crítico para a empresa. Hoje, o produto é líder em seu espaço, embora pequeno em relação à escala do Facebook. Porém, a narrativa se tornou um ponto de contato que inspirou outras equipes que queriam fazer algo importante.

Deborah Liu acabou recebendo mais crédito por uma conquista de um produto pequeno do que por algo de maior peso econômico, porque criou e contou — repetidamente — uma narrativa que possuía todos os elementos que as pessoas querem ouvir.

Richard Halstead, professor da Saint Joseph College, aponta que "a história da jornada do herói foi contada e recontada [...] durante séculos."[20] Ela capta a "força e perseverança do espírito humano", falando sobre os desafios que as pessoas enfrentam e a possibilidade de triunfo e transformação pessoal. A estrutura da história é muitas vezes a mesma: alguém enfrenta um contratempo inesperado, que se torna uma oportunidade de aprendizado e transformação pessoal. Após aprender a importante lição, o indivíduo volta a se envolver na história para obter sucesso, validando o aprendizado e o desenvolvimento que vivenciou.

Portanto, a história de Deborah Liu ilustra uma segunda lição crucial, além da importância de contar (e com frequência) aos outros o que você e sua equipe estão fazendo. Para construir uma marca duradoura, também é preciso criar uma narrativa consistente com a jornada do herói, para que as pessoas estejam mais propensas a se lembrar dela e, mais importante, apoiar sua mensagem inspiradora.

ESTEJA DISPOSTO A CONTAR SUA HISTÓRIA

Muitas pessoas, em especial mulheres ou os que foram criados em culturas que incutem o valor da modéstia, relutam a participar de algo que pareça autopromoção. O problema é que, se você não contar sua história, pode ser que outra pessoa o faça e que os colegas da sua empresa não vejam o que você realizou.

Uma maneira de superar a relutância de se envolver na criação de uma marca pessoal e na representação própria é ressignificar o que essa atividade representa e requer. Deborah Liu fala sobre como inspirou outra pessoa a fazer isso:

> *Eu estava dando uma palestra em um evento, estávamos falando sobre autoavaliação, e uma mulher disse: "Eu realmente não sou boa em autopromoção." Respondi: "Você viu o que acabou de fazer? Se você tratar sua autoavaliação como autopromoção, não falará sobre o trabalho que está fazendo. Você não lhe fará justiça. Se começar a chamar isso de 'ajudar seu gerente a entender o seu impacto,' ou de 'ajudar sua equipe a obter o reconhecimento que merece', você a veria de forma diferente?" E ela disse: "Você está certa. Venho encarando isso da forma errada."*

Esse pequeno ajuste pode ajudar as pessoas a entenderem a necessidade — e a importância — de contar suas histórias e as dos seus colegas, ao mesmo tempo em que as torna mais confortáveis em realizar a tarefa crucial de criação de marca.

Uma última consideração neste capítulo: A ideia de autopromoção, de marca pessoal, parece contradizer a recomendação de Jim Collins em seu livro *Empresas Feitas Para Vencer*, sobre liderança nível 5, ou seja, líderes que têm modéstia aliada a uma determinação feroz.[21] Observei três pontos. Primeiro, Collins estudou comportamentos eficazes de liderança depois que as pessoas alcançaram cargos de diretores. Como discutimos uma vez, os comportamentos necessários para ascender hierarquicamente podem diferir muito dos comportamentos ideais para se estabelecer no poder. Segundo, pelos próprios dados de Collins, a liderança nível 5 é extremamente rara, cerca de 14 em mais de 1.400. Estudar comportamento excepcional é interessante, mas talvez não tão útil para nortear os comportamentos da maioria das pessoas. E terceiro, pesquisas recentes mostram que esconder o sucesso — apesar de ser comum no cotidiano, pois se instrui as pessoas a serem modestas —, na verdade, tem custos interpessoais.[22] Isso porque os outros se sentem tratados de modo paternalista por aqueles que escondem o sucesso, o que os leva a se sentirem ofendidos.

REGRA N.º 5

Faça Networking Sem Parar

Omid Kordestani, irano-americano com graduação em engenharia elétrica na Universidade Estadual de San Jose, além de um MBA, foi o 11º funcionário do Google e o 1º empresário contratado, quando a empresa ainda era pequena. De 1999 a 2009, foi vice-presidente sênior de operações de campo e vendas mundiais do Google.[1] Saiu da empresa com um patrimônio líquido de mais de US$2 bilhões. Quando o Google quis contratá-lo de volta por um curto período em 2014, lhe pagaram US$130 milhões por cerca de um ano de serviço.[2] Atualmente, Kordestani é membro do conselho de diretores do Twitter, depois de atuar como presidente executivo.

Há alguns anos, Kordestani deu uma palestra em Stanford na qual, em resposta a uma pergunta, disse que minha aula sobre poder fora a mais importante que fizera na escola de negócios. Além de aumentar a popularidade do curso, o comentário me deixou curioso. O que achou tão útil? Entrei em contato com ele e tomamos café juntos. Contou-me a seguinte história, que ilustra bem o tema deste capítulo, sobre a importância de relações sociais e do networking para o sucesso profissional.

Kordestani disse que, como alguém de origem imigrante e com formação em engenharia, tinha ficado longe de qualquer forma de politicagem corporativa. Apesar de ter feito minha aula, acreditava que a qualidade do trabalho falava por si só e que as pessoas deveriam ser modestas e discretas. Por não adotar o material da aula, Kordestani não se destacou como estudante — mal me lembro dele na época. Quando se formou em 1991, voltou para a Hewlett-Packard e depois foi para algumas startups, Go e 3DO, que não se saíram bem.

Na metade dos anos 1990, Kordestani entrou para a Netscape, a famosa empresa de navegadores, cofundada por Marc Andreessen, justo quando a internet começou a fazer sucesso. Seu trabalho na área de marketing e desenvolvimento de negócios lá era bom, mas Kordestani não achava que sua carreira estava progredindo como queria. Então, contou, aceitou ao máximo a mensagem da minha aula — de que performance não era tão importante quanto relações sociais e que o que mais importava era apadrinhamento — e mudou de forma radical como usava seu tempo. Kordestani decidiu devotar menos tempo aos aspectos técnicos do trabalho e mais em construir relações e interagir com pessoas tanto dentro quanto fora da Netscape, para que ficasse em maior evidência e conhecido. Afinal, se as pessoas não o conhecem ou o notam, seu trabalho não ajudará muito, já que será invisível.

A Netscape não era uma empresa tão grande, então, além de passar mais tempo com os líderes, Kordestani construiu uma rede pelo ecossistema mais amplo do Vale do Silício. Isso foi no começo do interesse do público pela internet e o lançamento de navegadores, então havia muito a se comentar e aprender. Claro, o networking tornou mais visível seu excelente trabalho técnico, inteligência e habilidades interpessoais. Além disso, construir relações é bastante consistente com as tarefas de marketing e desenvolvimento de negócios que constituíam seu cargo.

Quando a equipe do Google decidiu contratar um empresário no final dos anos 1990 para complementar o pequeno grupo inicial que trabalhava com pesquisa, fizeram o que o Google faz de melhor: confiar nos dados para tomar uma decisão. A pesquisa abrangente dos talentos do Vale do Silício com frequência revelava o mesmo nome em quase todas as listas de empresários da área de tecnologia: Omid Kordestani. Assim, ele se tornou um candidato. Mesmo naquela época, o Google era muito seletivo e fazia diversas entrevistas com os candidatos. Uma das entrevistas de Kordestani começou às 16h e ainda estava acontecendo na hora do jantar. Kordestani, que além de ser muito inteligente, possui muita habilidade interpessoal, sugeriu que o grupo fosse jantar — e se ofereceu para pagar a refeição. Em uma atmosfera mais informal, sua habilidade de se relacionar com as pessoas e sua inteligência para os negócios se destacaram, já que havia menos pressão. Segundo o próprio, o retorno sobre seu investimento daquele jantar, que resultou em sua contratação como o 11º funcionário, foi praticamente incalculável.

Outro exemplo: Ross Walker, a pessoa mais jovem a fazer parte do conselho de administração de Stanford, e fundador da empresa de investimentos imobiliários Hawkins Way Capital, com US$1 bilhão em ativos sob sua gestão. Walker argumenta que "as pessoas são o mais importante".[3] Como estudante, Walker organizou eventos sociais interessantes para seus colegas. Usou o verão entre seu primeiro e segundo ano para trabalhar, de graça — recusou o pagamento oferecido ao final do período trabalhado —, para Chip Conley, um ex-aluno que havia fundado uma rede de hotéis bem-sucedida. Na escola, Walker passava seu tempo procurando um lugar para trabalhar onde aprenderia e possivelmente criaria um bom relacionamento com um mentor. Conseguiu um emprego com Lew Wolff, um empreendedor imobiliário que tinha interesse em redes de hotéis e equipes esportivas, o qual acabou se tornando um mentor importante e um dos financiadores iniciais de Walker. Após a graduação, Walker se tornou um investidor e fez amizade com proprietários de boates e locais sofisticados em Los Angeles, a fim de oferecer noites empolgantes e exclusivas para as pessoas que queria conhecer. Empreendimento imobiliário essencialmente requer unir projetos com capital de investimento, e fazer um projeto sair do papel costuma envolver interação com as autoridades de zoneamento locais e prestadores de serviços desde a construção até o marketing. Para realizar todas essas atividades, conhecer muitas pessoas qualificadas e conseguir estabelecer relações são habilidades cruciais.

Keith Ferrazzi, o guru do marketing e "infrator" que conhecemos no capítulo 2, escreveu um livro sobre networking intitulado *Jamais Coma Sozinho*.[4] O sucesso da sua empresa de palestras e consultoria de marketing, Ferrazzi Greenlight, depende da sua habilidade de atrair talentos para trabalhar com ele e clientes que conheçam tanto ele quanto a empresa. Precisa conhecer as pessoas e, mais importante, ser conhecido. Ao contratar alguém para dar consultoria ou palestras, é necessário conhecer a existência da pessoa ou da empresa e ter uma imagem positiva das duas, então Ferrazzi leva a construção de relacionamentos a sério.

Quando fez 40 anos, seus amigos organizaram festas em 7 cidades diferentes, e ele participou de todas. Na festa em Palo Alto, um terço das pessoas com quem falei, ao acaso, não conheciam Ferrazzi pessoalmente antes do evento. Ferrazzi aproveitou a ocasião para aumentar sua rede ao mesmo tempo em que se reconectava com quem já conhecia. Ele afirma que seu objetivo de deixar um legado, de causar um impacto no mundo, requer a ajuda de outras pessoas, pois não é possível realizar o que quer sozinho. Simplificando, relações sociais ajudam a fazer as coisas acontecerem, em organizações ou na sociedade como um todo.

A ideia de "quem você conhece é mais importante do que o que você sabe" é, em partes, verdade. Quem (e quantas pessoas) você conhece, importa para sua influência e sua carreira. Portanto, a Regra N.º 5 do poder é fazer networking sem parar. Sua rede pode não fazê-lo "ganhar na loteria" como no caso de Omid Kordestani, escrever best-sellers e abrir uma empresa de consultoria como Keith Ferrazzi, ou se tornar um investidor imobiliário bem-sucedido como Ross Walker. Mas fazer networking e construir relações sociais irá, como as evidências demonstram, gerar poder e acelerar sua carreira. Este capítulo apresenta evidências para essas afirmações e algumas instruções sobre como aumentar sua rede — e como fazê-la ser eficaz — com mais eficiência.

PASSE MAIS TEMPO INTERAGINDO COM PESSOAS (ÚTEIS)

Humanos são seres sociais, então a maioria das pessoas passa parte das suas horas vagas interagindo com os outros. O problema, do ponto de vista da Regra N.º 5, é que muita dessa interação é com a família e amigos, não com chefes, colegas de trabalho e outras pessoas que podem ser profissionalmente úteis.

Por exemplo, um estudo usando dados da Pesquisa de Uso do Tempo dos Estadunidenses descobriu que as pessoas passam, em média, 112,9 minutos — um pouco mais de 2 horas — por dia socializando, mas apenas 9 horas com colegas.[5] Outra pesquisa com mais de 12 mil profissionais dos negócios descobriu que indivíduos que acreditavam que fazer networking tinha um papel importante no seu sucesso passavam uma média de 6,3 horas por semana aumentando sua rede, enquanto os que não acreditavam, passavam menos de 2 horas por semana fazendo networking. A conclusão do artigo foi que as pessoas deveriam passar de 8 a 10 horas semanais cultivando relações profissionais porque "o segredo para conseguir mais negócios usando sua rede é [...] gastar mais tempo cultivando-a!"[6]

Por Que as Pessoas Não Passam Tempo Suficiente Construindo Relações Sociais?

Quase todo mundo reconhece a importância da rede profissional — construir conexões sociais com pessoas úteis — para seu trabalho e sua carreira. O fato de as pessoas não se dedicarem a essa atividade com frequência suficiente levanta a questão do porquê.

Esse questionamento tem várias respostas e, de modo algum, uma exclui a outra. Daniel Kahneman, o psicólogo que ganhou o Prêmio Nobel de Economia, e seus colegas desenvolveram um método de pesquisa para avaliar experiências de vida diárias. Descobriram que socializar era classificado em segundo lugar, atrás de relações íntimas, como a atividade mais positiva nas quais as pessoas se ocupavam durante o dia.[7] No entanto, também revelaram que os parceiros de interação importavam muito para a avaliação positiva ou negativa do tempo que se passava socializando. Interações com amigos, parentes ou parceiros foram avaliadas como muito mais positivas do que as com colegas, chefes, clientes ou consumidores. Portanto, um motivo pelo qual as pessoas não se esforçam para aumentar sua rede profissional é que não acham a experiência especialmente agradável.

Ademais, pesquisas mostram que as pessoas podem enxergar o networking profissional como uma atividade imoral, uma vez que, de alguma forma, requer criar relações para o próprio avanço pessoal. Ao que parece, muitos possuem a crença de que é inapropriado interagir com objetivos em mente.

Se as pessoas fazem algo que acreditam ser pouco moral, podem se sentir sujas como consequência, conforme avaliado não só pelas atitudes expressadas, mas também por quanto valorizam coisas associadas à pureza. Em uma pesquisa de campo em um escritório de advocacia, as pesquisadores Casciaro, Gino e Kouchaki descobriram que as pessoas viam o networking profissional como reprovável. No entanto, pessoas com poder elevado são menos propensas a se sentirem assim, o que pode ser um dos motivos pelos quais têm mais poder. Independentemente dos sentimentos das pessoas, os dados mostram que fazer networking está relacionado com sucesso profissional.[8] Em uma série de experimentos, as autoras demonstraram a relação entre a rede profissional e se sentir desonesto. Logo, um segundo motivo pelo qual as pessoas não fazem networking tanto quanto deveriam é que enxergam o ato como usar os outros para seus próprios fins, sendo assim, um tanto imoral, fazendo-as se sentirem inescrupulosas quando praticam essa atividade que, apesar de tudo, promove sua carreira.

Outro motivo é que relacionamentos interpessoais e amizades são importantes, então as pessoas relutam em usar amizades de trabalho para solucionar problemas profissionais. Por exemplo, em um estudo do uso da rede para encontrar um emprego, as pessoas que "pediam aos outros conselhos ou ajuda relacionados ao trabalho [...] se preocupavam com desgastar relacionamentos interpessoais ou se sentiam envergonhadas se parecessem ruins".[9] Com as pessoas passando mais tempo no trabalho, e este sendo uma parte central da vida de muitos, diversos relacionamentos interpessoais importantes são criados no local de trabalho. Mas misturar interesses profissionais com relações de amizade mais espontâneas cria dilemas e parece desconfortável para muitos.

Mesmo quando as pessoas fazem networking, geralmente o veem como uma tarefa a ser cumprida, não uma habilidade a se desenvolver. Quando entrevistei Chip Conley — empreendedor de hotelaria, autor e antigo executivo do Airbnb — para um caso sobre Ross Walker, ele fez um comentário perspicaz sobre as implicações de ver sua rede como uma tarefa e não uma habilidade:

Quando as pessoas pensam nisso [networking] como uma tarefa, é algo que se faz e meio que se deixa de lado. Quero dizer, você não pensa, quando está retirando o lixo, o que poderia fazer para executar melhor a atividade. Acho que muitos veem sua rede como um dever. Acho que ele [Ross Walker] a elevou a um nível de habilidade. E quando estamos tentando criar uma habilidade, tornamo-nos muito mais aptos a sermos estratégicos e analíticos sobre como melhorá-la.[10]

| Networking e Resultados na Carreira

A maioria das pessoas acredita que fazer networking com intenções e objetivos em mente, ainda que possivelmente desconfortável e artificial, resulta em melhores resultados profissionais. Essas percepções sobre a importância da sua rede são corretas e apoiadas por diversas pesquisas. Os aspectos do trabalho, cada vez mais sociais, interdependentes e baseados em conhecimentos e habilidades, tornam a disposição e a capacidade de construir vínculos sociais ainda mais importantes.

Por exemplo, uma pesquisa de campo longitudinal com 112 funcionários avaliando sucesso profissional depois de 3 anos revelou que "fazer networking é o mais sólido prognosticador de sucesso no trabalho". Outro estudo longitudinal observou um efeito de uma rede ampla tanto no salário atual e no crescimento dele ao longo do tempo quanto uma relação entre networking e satisfação profissional.[11] Um estudo com 510 funcionários em uma empresa de serviços profissionais detectou que fazer networking está relacionado com a performance tanto fora quando dentro da função.[12] Um terceiro estudo examinando 191 funcionários em diversas ocupações descobriu que a habilidade de fazer networking dominava outros aspectos da habilidade política em sua capacidade de explicar resultados profissionais, incluindo compensação, promoções e satisfação com a vida e a carreira.[13]

Análises sistemáticas da literatura científica sobre networking também demonstraram a importância de uma rede ampla para os resultados profissionais. Gerald Ferris, professor da Universidade Estadual da Flórida, realizou vastas pesquisas sobre a importância da habilidade política, mencionada anteriormente neste livro. Em um estudo no qual as dimensões da habilidade política eram mais importantes para os resultados profissionais — tal como produtividade no trabalho, sucesso profissional, reputação pessoal e satisfação no trabalho — a habilidade de fazer networking foi a mais importante.[14] Outra síntese da pesquisa sobre networking em organizações revelou que ampliar sua rede "leva a um aumento na visibilidade e poder, desempenho profissional, acesso organizacional a informações estratégicas e sucesso profissional."[15]

Relações sociais são cruciais para o sucesso profissional e desenvolvimento da capacidade de fazer as coisas. Contudo, como muitas pessoas não gostam de fazer networking e acham desconfortável ser estratégico em suas interações sociais, é essencial que premeditem *como* passam o tempo — e *com quem*.

O CASO DE JON LEVY

Uma vez que fazer networking lembra trabalho e pode deixar as pessoas com a sensação de desonestidade, a maioria não gasta tempo suficiente com relações sociais profissionalmente úteis. Mas, com a perspectiva e implementação corretas, fazer networking — encontrar-se e interagir com pessoas novas e interessantes — pode ser uma ótima experiência e até uma boa carreira por si só. Ninguém ilustra melhor as vantagens de ter uma rede ampla, e como cultivá-la com estilo, do que Jon Levy.

Conheci Levy em um artigo do *New York Times*[16] que descrevia um jantar de influenciadores em seu apartamento em Nova York. Ele reuniu por volta de doze pessoas de origens variadas para cozinhar uma refeição simples — e lavar a louça — com a condição de que não poderiam contar aos outros o que faziam ou quem eram até o jantar ter terminado, quando as pessoas tentariam adivinhar as identidades dos outros convidados. Levy notou que quando as pessoas não podem falar sobre seus trabalhos, cria-se um nível adicional de novidade e intriga, deixando todas no mesmo patamar e reduzindo as tendências de arrogância, uma vez que não sabiam o status de com quem estavam interagindo.

Jonathan Daves, diretor-geral da WRT Ventures em Los Angeles, que trabalhou com minhas aulas de poder, tanto virtuais quanto presenciais, conhecia Levy e tinha participado de um dos jantares. Daves perguntou se eu queria conhecer Levy. Com certeza. Pouco tempo depois, eu estava no lindo apartamento em São Francisco do irmão de Levy (que é diretor de pesquisa de portfólio na Moody's Analytics), falando com Jon antes do meu primeiro jantar. Nós nos demos bem por causa do nosso interesse em ciências sociais e em como o mundo funciona — é fácil se entender com Levy, já que é intelectualmente curioso — e o que aprendi entrevistando-o, e pelas minhas observações, é o seguinte:

Levy é inteligente e interessado em ciências sociais — acabou de publicar o segundo livro, *You're Invited* [sem publicação no Brasil], pela HarperCollins estadunidense — e, afinal, nós temos o mesmo editor, um ponto de conexão e similaridade que é importante no processo de criação de relações. Seus pais, ambos israelenses, apesar de não terem um nível de escolaridade alta, são extremamente talentosos: seu pai é pintor e escultor, e sua mãe é compositora e maestra.

Levy se graduou pela Universidade de Nova York em 2002, tendo estudado ciência da computação, matemática e economia. Durante a faculdade, trabalhou para a Cutco Cutlery, uma empresa de venda direta, e administrou uma filial da companhia depois que se formou, tornando-se um dos vendedores mais bem-sucedidos. Levy trabalhou em uma grande empresa de buffet de Nova York e atuou em estratégia digital para a Rodale, empresa dona das revistas *Men's Health*, *Women's Health*, *Runner's World*, entre outras. Estava se saindo bem no emprego, mas nada excepcional — segundo ele, naquela época não era alguém que ele mesmo convidaria para seu jantar de influenciadores.

Então, por volta de 2008 ou 2009, Levy participou de um congresso onde o líder apontou a importância das pessoas de quem nos cercamos em nossa vida. Levy ficou determinado a passar tempo com "as pessoas mais excepcionais da nossa cultura porque queria adquirir os conhecimentos e hábitos delas para melhorar a qualidade de vida". Foi esse o começo de sua trajetória posterior.

A descrição de Levy para como criou o formato do jantar é perspicaz e contém princípios que *todos* nós podemos aplicar ao pensar em trazer pessoas para nossas vidas. Primeiro, pensou em ligar para conhecer e aprender com os outros, mas se deu conta de que ninguém quer receber ligações, especialmente de um desconhecido. Reconhecendo que todo mundo está atrás de pessoas influentes e bem-sucedidas, querendo alguma coisa delas, Levy percebeu que precisava "ser generoso, porque não poderia ser só mais um pedindo algo". Precisava baixar a guarda deles, para que de fato pudessem se relacionar uns com os outros, e com ele.

Levy sabia que quando as pessoas empreendem esforços — em uma pessoa, em uma atividade — se importam mais com essa entidade, porque a enxergam como alguém ou atividade que vale seus esforços. Um exemplo de como o comprometimento crescente e dispêndio de esforços aumenta o valor é um fenômeno que ficou conhecido como o efeito IKEA, em homenagem a empresa cujos produtos as pessoas têm que montar parcialmente.[17] Nos estudos, os pesquisadores descobriram que quando os participantes faziam origami, construíam conjuntos de Lego ou montavam caixas de armazenamento pretas do IKEA, eles valorizavam suas criações mais do que a de especialistas e esperavam que os outros concordassem com elas.

Além disso, Levy sabia que o que quer que fizesse, precisava ser uma novidade, afinal inovações fazem as pessoas explorarem e tentarem entender a nova experiência. Também entendeu que "se você conseguir fazer curadoria de um ambiente com pessoas proeminentes, elas farão o possível para comparecer", um exemplo disso é Davos, sede do Fórum Econômico Mundial. Levy argumenta que "as emoções ou experiências humanas mais desejadas" requerem fascinação. Com isso, compreendeu que precisava ser algo generoso, novo, com uma boa curadoria e, pelo menos às vezes, conseguir causar fascinação.

Assim nasceu o jantar de influenciadores e uma carreira para Levy, organizando experiências para empresas. Atualmente, ele tem uma equipe de pesquisadores para buscar convidados em potencial e um comitê de revisão para vetá-los. Antes da pandemia, estava fazendo cinco jantares por mês em três ou quatro cidades. Com a Covid, a habilidade de fazer eventos virtuais permitiu que aumentasse o tamanho do negócio e tivesse que viajar menos.

Uma última lição importante de Jon Levy. Ele observou:

> *Nossa influência é um subproduto daqueles com quem nos conectamos, o quanto confiam em nós e a ideia de comunidade que compartilhamos [...] Para criar um senso de comunidade, é necessário filiação. Deve haver uma linha clara delineando dentro e fora, e talvez uma língua em comum, uma história compartilhada, um sentimento de influência*

[...] Eu argumentaria que a metodologia é bastante expansível, mas o jantar de influenciadores intencionalmente não o é.

Jon Levy, Keith Ferrazzi e Ross Walker são pessoas muito diferentes. O que têm em comum é algo essencial: um propósito em como estruturaram seus mundos sociais que excedem, e muito, os da maioria das pessoas. Mas esse nível de atenção não precisa ser tão raro. Com esforço (porque tudo envolve trabalho), estudos de áreas relevantes da ciência social e reflexão sobre suas experiências, pode-se criar sua própria versão de um mundo social que ofereça tanto prazer quanto poder.

QUATRO PRINCÍPIOS ESSENCIAIS DO NETWORKING

Quatro princípios são importantes para determinar seus esforços para ampliar sua rede do modo mais eficiente e eficaz possível.

Fortaleça Seus "Laços Fracos"

No começo dos anos 1970, o sociólogo econômico Mark Granovetter publicou um estudo sobre o processo de busca de emprego. Examinando as pesquisas de emprego de 282 pessoas na região de Boston, Granovetter observou que a maioria dos empregos eram encontrados não por canais formais como candidaturas ou respondendo a anúncios, mas por meio de informações informais fornecidas pelos laços sociais.[18] A descoberta surpreendente foi que os laços que eram mais úteis em encontrar empregos não eram os mais fortes, como família, amigos e colegas de trabalho próximos, mas sim os conhecidos mais distantes — chamados de "laços fracos".[19]

A simples intuição por trás dessa descoberta é que as pessoas com quem temos laços mais fortes possuem mais chances de estarem mais ligadas a nós, ou seja, compartilharem as mesmas informações, contatos e perspectivas. As pessoas com quem temos laços mais fracos têm mais probabilidade de acessar fontes e círculos sociais diferentes, e, portanto, também fornecerão informações e contatos não redundantes. Esses dados têm um valor maior por serem novos. Além disso, pesquisas mostram que laços fracos estão associados a maior criatividade,[20] graças à conexão com perspectivas, ideias e fontes de informação mais diversas.

Como os laços fracos podem ser úteis? *Qualquer* laço é melhor do que precisar entrar em contato sendo um completo desconhecido — daí a expressão "apresentação calorosa". Nós preferimos pessoas que são semelhantes, parte do nosso círculo social, que constituem o "nós", que sejam nossa turma. Acontece que não são necessárias conexões sociais profundas para ser mais "nós" do que "eles", ou para criar um senso de identidade social compartilhada. Por exemplo, quando Ross Walker começou a angariar dinheiro para seu fundo imobiliário, dois de seus importantes investidores iniciais surgiram de laços fracos — um deles era um contato de um colega de quarto da faculdade com quem Walker não conversava há muitos anos. Com frequência, esses laços casuais e fracos são suficientes para fornecer credibilidade e fazer a diferença entre fechar o acordo ou não.

Pesquisas feitas depois do estudo de Granovetter examinaram a relação entre laços fracos e o bem-estar emocional e psicológico. Um estudo com 242 universitários revelou que, quanto mais interagiam com os colegas, mais felizes ficavam e maior era o sentimento de pertencimento. Focando especificamente em laços fracos, e incluindo uma amostra de adultos da comunidade, replicaram esses resultados: "Interações com pessoas na periferia da nossa rede social pode contribuir com nosso bem-estar social e emocional".[21]

A singela lição sobre a importância dos laços fracos é não gastar muito tempo com aqueles que já são próximos. Em vez disso, garanta que está se encontrando com uma grande variedade de pessoas em diversas organizações e áreas. Nunca se sabe quando um deles terá uma informação importante para o seu desempenho profissional ou perspectiva de carreira.

Torne-se um Agente

Ronald Burt, sociólogo da Universidade de Chicago, que conheci quando fazíamos parte do corpo docente de Berkeley nos anos 1970, é merecidamente famoso por sua análise dos benefícios para as pessoas que, nas próprias palavras, "servem de ponte entre buracos estruturais" — em outras palavras, agenciam. O que os agentes fazem? Eles reúnem partes que podem se beneficiar lucrativamente por interagirem ou conhecerem umas às outras. Corretores imobiliários conectam compradores e vendedores de propriedades. Banqueiros de investimento conectam pessoas com capital para investir com aqueles que precisam de capital; e os de fusões e aquisições conectam compradores de negócios com partes interessadas em vendê-los. Investidores de risco conectam indivíduos que possuem tecnologia e planos de negócio com pessoas com o capital para ajudar a realizar tais projetos. Firmas de seleção de executivos conectam empresas com vagas abertas com candidatos em potencial. Você entendeu.

As pessoas e organizações que conectam aqueles que podem se beneficiar da conexão lucram com a atividade e o serviço que oferecem. A intuição por trás de como e por que os agentes criam e acumulam capital social é simples: em geral, constata Burt, "opiniões e comportamentos são mais homogêneos dentro de grupos, então as pessoas conectadas fora deles estão mais familiarizadas com modos alternativos de pensamento e comportamento. Agenciar entre os buracos estruturais que separam os grupos proporciona uma perspectiva das opções que, do contrário, não seriam vistas, que é o que transforma agenciar em capital social."[22]

Em um estudo de uma empresa de eletrônicos, Burt descobriu que os resultados, incluindo compensação, avaliações de desempenho positivas, promoções e boas ideias, tinham maior probabilidade de ocorrer a pessoas cujas redes estendiam-se pelos buracos estruturais.[23] Análises da literatura científica crescente costumam confirmar tal descoberta.[24]

A implicação prática é que a estrutura da rede é importante. As carreiras das pessoas, e suas performances profissionais, são aprimoradas se puderem encontrar posições ou empregos nos quais possam agenciar e servir de pontes entre buracos estruturais — conectando unidades, pessoas ou organizações que se beneficiariam mutuamente ao serem expostas a diferentes ideias, informações, oportunidades e recursos.

Você pode se perguntar: será que alguém pode se beneficiar se não quiser ou se, por algum motivo, não puder conquistar posições privilegiadas na rede? Apesar dessa pergunta não ter sido respondida genericamente, em relação a atuar como agente, ela já teve uma resposta negativa. Ronald Burt realizou um estudo no qual descobriu que "os benefícios de agenciar estão drasticamente concentrados na rede imediata da pessoa", e que atuar como agente indireto — "mover informação entre pessoas das quais se é conectado apenas indiretamente — costuma ter pouco ou nenhum valor".[25] A mensagem é que fazer networking não pode ser terceirizado. Para obter os benefícios das redes e posição estrutural, a pessoa deve estar em uma condição favorável e deve trabalhar para alcançá-la por si só.

Seja Central

Zia Yusuf, pós-graduando paquistanês da Macalester College, em Minnesota, com mestrado em relações exteriores pela Georgetown e em negócios por Harvard, começou sua carreira, após formado, na Goldman Sachs. Depois, em janeiro de 2000, entrou para a SAP, uma conhecida empresa de software alemã, como diretor-assistente de Hasso Plattner, um dos fundadores e líderes da companhia. Depois de liderar a SAP Markets, uma empresa de comércio já extinta, Yusuf foi escolhido para liderar o novo grupo de estratégia interna com a diretriz de trazer perspectivas e talentos externos, administrar a relação da SAP com empresas de consultoria externa e conduzir as análises e estratégias internas.[26]

Em 2008, Yusuf seria promovido ao comitê executivo da SAP. Apesar de ser paquistanês em uma empresa bem alemã, de não ser engenheiro em uma empresa cheia de engenheiros e nunca ter trabalhado com produtos ou vendas. Como explicar esse sucesso?

Yusuf é inteligente, com uma habilidade incomum de compreender as situações e construir relações com as pessoas. Tinha, ainda, outra fonte de poder. Como diretor de estratégia, conseguia bastante exposição com a equipe de executivos seniores, participando de muitas reuniões da diretoria nas quais apresentava as análises do seu grupo. Também interagia com diversas pessoas e unidades na organização. No diagrama da estrutura de comunicação dos altos escalões da SAP, a estratégia — Zia Yusuf — estava em uma posição central, já que a natureza de seu trabalho requeria a aquisição e transmissão de informações por toda a organização, deixando a unidade e Yusuf com ampla vantagem de informações.

Por fim, em vez de aceitar a promoção, Yusuf deixou a empresa e se tornou CEO de uma startup de tecnologia na área de gerenciamento de recursos para estacionamentos e, posteriormente, entrou para o Boston Consulting Group como sócio. Mais uma vez, os estudos confirmam as lições de seu sucesso na SAP. Uma pesquisa de campo sobre os efeitos da centralidade nas redes ao exercer poder em inovações técnicas e administrativas demonstrou a importância da centralização, um conjunto de características individuais, em especial para o poder administrativo.[27] Outro estudo descobriu que as pessoas em posições centrais estavam mais propensas a engajar em comportamentos de cidadania interpessoais dentro do ambiente de trabalho.[28] Uma grande metanálise dos efeitos da estrutura da rede de comunicação confirmou a importância da centralidade para o comportamento das pessoas dentro dela.[29]

A centralidade afeta a visibilidade. Quem está no centro é mais conhecido, e essa evidência muitas vezes atuará como uma vantagem para essas pessoas se tornarem o ponto focal de informações e oportunidades. A centralidade também afeta o acesso à informação. Os primeiros estudos sobre redes demonstraram que as pessoas em posições centrais veem mais informações — uma vez que mais comunicação passa por elas — e têm maior contato direto com diversas pessoas. A conclusão é que, ao avaliar empregos e funções, um ponto que deveriam levar em conta é a centralidade que será acumulada ao ocupar essa posição. Se o resto for igual, escolha cargos mais centrais.

| Crie Valor para os Outros

Por último, certifique-se de criar valor para os outros — senão por que as pessoas vão querer estar conectadas a você? Às vezes, essa ideia é descrita como "ser generoso". Eu a descreveria de modo um pouco diferente: coloque-se no lugar dos outros, tenha uma compreensão empática do ponto de vista deles e quais desafios enfrentam, assim você pode oferecer ajuda de modo razoavelmente fácil e eficaz. A ajuda suscita a norma da reciprocidade — a ideia de que favores criam uma obrigação para alguma retribuição mais tarde.[30] A ajuda também une as pessoas por meio da simpatia; gostamos mais de quem nos ajuda do que daqueles que não o fazem. E fornecer valor aos outros por meio de relações sociais transforma o networking de algo sujo ou transacional para algo muito mais positivo para todos, inclusive para quem está ampliando a própria rede. Diz respeito a servir e estar a serviço.

Há duas conclusões para isso. Primeiro, como Ross Walker disse à minha classe, caso queira obter valor de uma conexão, não deixe com que o outro pense por você. Ou seja, desde que você seja específico quanto ao seu pedido, à ajuda e ao motivo (e este também seja sensato), os outros conseguirão avaliar depressa se e como poderão conectá-lo a recursos possivelmente úteis. Se fizer um pedido mais vago — como pedir ajuda para pensar em opções de carreira —, a resposta não será tão favorável porque a solicitação é muito geral e pouco direcionada.

Em segundo lugar, oferecer ajuda de fato resulta em aumento de poder. Se puder conectar as pessoas umas às outras de modo útil, demonstrará implicitamente sua centralidade e valor apenas por ser capaz de fazer tais conexões. Quanto mais conexões você cria, mais as pessoas o verão como um indivíduo bem conectado (ou seja, poderoso). Assim, ajudar os outros cria sua própria reputação, ao mesmo tempo em que fornece um serviço de valor aos outros — o que é vantajoso para todos.

GERENCIAMENTO DO TEMPO DE NETWORKING

Aumentar sua rede leva tempo, e sempre há outras coisas a se fazer: estar com amigos e familiares, tomar decisões, executar os aspectos técnicos do seu trabalho. Por isso, é importante ser o mais eficiente possível com o tempo que dedica à criação de relações sociais.

A tecnologia pode ajudar. As pessoas estão acostumadas a se comunicar esporadicamente e atualizar os outros usando e-mail e redes sociais, como LinkedIn e Facebook. Não é tão bom quanto uma conexão mais pessoal, mas é uma maneira de manter contato, e é melhor do que nada. Você também pode usar vários softwares de gestão de relacionamento para acompanhar os contatos que estão em dia, além de quais estão ficando obsoletos e precisam ser renovados. É importante entender que manter um relacionamento, em especial um laço fraco, não requer conexões intensas ou profundas. Fazer atualizações casuais, compartilhar um artigo relevante sobre um tópico de interesse mútuo ou comentar que você está pensando na pessoa geralmente é o bastante.

Keith Ferrazzi manteve contato com seu colega de quarto do ensino médio ligando para ele todo ano em seu aniversário.

Xavier Kochhar, de Los Angeles, se descreve no LinkedIn como especialista em vídeos e dados. Ele trabalhou para a AT&T e Warner Media e fundou organizações no mercado de mídia digital. Entrevistei-o como parte da preparação para o meu estudo de caso de Ross Walker. Além de observar que era meu trabalho convencer as pessoas de que podiam fazer o que Walker havia feito, mesmo que muitas não estivessem dispostas a investir tempo e esforço nisso, ele tinha dois comentários relevantes para tornar o networking mais eficiente. Primeiro, argumentou que as pessoas precisavam equilibrar o tempo que investiam na construção da rede social com os resultados colhidos por esses esforços:

> *Qualquer especialista em fazer conexões chegará a um ponto em que precisará tomar uma decisão bem difícil, mas muito importante: como equilibrar o crescimento da rede com a utilidade gerada por ela [...] A maioria das pessoas é boa em apenas uma das coisas ou, às vezes, em nenhuma delas. São extremamente raras as pessoas que conseguem equilibrar o crescimento da rede com o valor extraído dela. Mas estas são as poucas que chegam ao topo muito rápido — e permanecem lá.*

Em segundo lugar, Kochhar observou como Walker e muitas outras pessoas bem-sucedidas alocavam o tempo de um modo particular: passam mais tempo com aqueles na periferia do que no centro, mais tempo com pessoas distantes do que com os próximos. Comentou:

> *Chamo isso de "paradoxo da aquisição social" [...] Quanto mais longe alguém está do centro, mais arduamente a pessoa no centro trabalha para ele [...] É porque a pessoa fazendo a conexão está tentando atraí-lo [...] Os mais próximos [...] muitas vezes recebem menos em comparação com os mais distantes [...] Por que se esforçar para se aproximar de alguém que já está do seu lado?*

Equilibrar a ampliação da rede com o valor extraído dela, e gastar mais tempo com as pessoas com quem se está fazendo a conexão do que com aquelas que já fazem parte do círculo social são duas outras maneiras — aliado ao proveito da tecnologia e quem sabe construir uma equipe (afinal, contratar ajuda geralmente não é tão caro) — de se tornar mais eficiente no networking.

Terminamos o capítulo com um exercício prático, um aviso para que você implemente os resultados e algumas estatísticas que explicarão o porquê. Pense em como gasta seu tempo, talvez analisando o seu calendário, perguntando aos outros ou uma combinação dos dois. Está dedicando tempo suficiente para construir relações sociais e se envolver em interações sociais? E com quem está gastando seu tempo? Está construindo relacionamentos como um agente — conectando pessoas ou organizações que poderiam se beneficiar de tais conexões? Está se associando com pessoas de status elevado com frequência suficiente? Está usando seu tempo de modo útil para sua profissão, pelo menos de vez em quando?

Acredite ou não, as pessoas podem aprender sobre como enxergar o capital social — e esse aprendizado se traduz em muitas vantagens profissionais. Em um estudo interno da Raytheon, Ronald Burt comparou pessoas que fizeram um programa de treinamento que lhes ensinou princípios de networking com aquelas que não o fizeram e com executivos que haviam sido nomeados para o programa (ou seja, que eram considerados qualificados e talentosos), mas que ainda não o haviam feito. Ele descobriu que os graduados do programa eram de "36 a 42% mais propensos a receberem avaliações de alto desempenho, 43 a 72% mais propensos a promoções [...] e 42 a 74% mais propensos a permanecerem na empresa."[31] Fazer networking, como as outras habilidades do poder, pode ser ensinado e aprendido. É importante dominar essa regra.

REGRA N.º 6

Use Seu Poder

Quando o vice-presidente Lyndon Johnson assumiu a presidência depois do assassinato de John Kennedy, em 22 de novembro de 1963, nomeou Jack Valenti como assessor da Casa Branca na mesma noite. Valenti, que posteriormente trabalhou como diretor da Motion Picture Association of America por 38 anos, disse que Johnson imediatamente decidiu usar seu poder de modo vigoroso.

Ao voltar de Dallas no avião presidencial, relata Valenti, Johnson se sentou com três pessoas em seu quarto por seis ou sete horas. Durante esse tempo, esboçou a Grande Sociedade*, que incluía o Medicare**, o Head Start***, o embelezamento das rodovias, o Fundo Nacional para as Artes, o Fundo Nacional para as Humanidades, a criação do Ministério

---

* Conjunto de programas lançado pelo presidente Lyndon Johnson [N. da T.]
** Programa de planos de saúde do governo norte-americano [N. da T.]
***Programa para famílias com crianças na primeira infância [N. da T.]

da Saúde, Educação e Previdência Social (posteriormente dividido em dois), a Guerra contra a Pobreza****, a Lei dos Direitos Civis de 1964, entre outros. Valenti se lembra de Johnson dizendo:

> *"Agora que tenho poder, pretendo usá-lo", disse, "Aprovarei o projeto de lei dos direitos civis que está parado há muito tempo. Aprovarei o projeto de educação que tornará possível que todas as crianças [...] recebam toda a educação que puderem [...] Em terceiro lugar [...] aprovarei o projeto de seguro médico de Truman", que hoje é chamado de Medicare. E assim por diante.*[1]

Johnson compreendeu três coisas. Primeiro, quando a pessoa está em uma nova posição, antes de seus oponentes terem uma chance de se unir, e enquanto o titular ainda está no "período de lua de mel", tem tempo de fazer as coisas. Isso inclui ações que ajudem a perpetuar seu poder por suas conquistas e as mudanças para institucionalizar seu poder.

Segundo, inimizades tendem a durar mais e a guardar rancor por mais tempo do que as amizades se lembram de favores. De modo prático, isso significa que quanto mais tempo alguém está em um cargo, mais oposição acumulará, mais precária ficará sua posição e mais difícil será de fazer as coisas. Portanto, como o tempo em uma função poderosa é limitado, as pessoas precisam agir depressa para realizar seus planos.

A natureza cada vez mais politizada das organizações significa que o mandato dos líderes diminuiu. Um artigo de 2019 observou que "no ano passado, 17,5% dos CEOs das 2.500 maiores empresas do mundo deixaram seus cargos — representando a maior taxa de baixas que a empresa PwC [...] já registrou" desde que começou a estudar mandatos dos CEOs.[2] Em 2000, eles ficavam, em média, 8 anos em suas funções; nos anos 2010, caiu para apenas 5. Os superintendentes de escolas de cidades grandes duram aproximadamente 5,5 anos.[3] Diretores de hospitais também duram cerca de 5 anos. "Desde 2012, o índice de rotatividade é 17% ou mais, e esse é o maior período em que o índice esteve tão alto."[4] Isso vale tanto para CEOs quanto para outros cargos seniores em organizações de todos os tamanhos e tipos.

**** Nome extraoficial da legislação para redução dos índices de pobreza [N. da T.]

Terceiro, e principal tema deste capítulo, é a ideia de que o poder não é um recurso escasso e limitado que se esgota ao ser usado. Ao invés disso, quanto mais alguém usa seu poder para fazer as coisas — inclusive para estruturar o mundo ao seu redor e mudar quem trabalha para ele, de modo que o indivíduo e seus objetivos recebam apoio — mais poder terá. Usando os sinais de poder que você tem, e uma vez que as pessoas são atraídas pelo poder, quanto mais usá-lo e demonstrar que é poderoso, mais aliados acumulará. Portanto, a Regra N.° 6 é usar o poder obtido, talvez até usar mais do que se acredita que tem. Usando poder de modo eficaz, é mais provável perpetuá-lo do que esgotá-lo.

USE O PODER RAPIDAMENTE PARA FAZER AS COISAS

Em 3 de janeiro de 2011, Amir Dan Rubin se tornou CEO do Stanford Hospital and Clinics (posteriormente conhecido como Stanford Healthcare). Rubin era um forasteiro, havia sido COO no UCLA Medical Center, e enfrentou o desafio inerente da sucessão externa de ganhar aceitabilidade e credibilidade. Quando chegou, o departamento de emergência de Stanford estava nos 5% do ranking nacional e a pontuação de satisfação dos pacientes por volta dos 40%. Sua antecessora, que estava se aposentando depois de 8 anos no cargo, estava focada em resolver problemas orçamentários críticos e os funcionários do hospital não a consideravam muito visível.[5]

Rubin agiu rápido para instalar o que ficou conhecido como o Sistema Operacional de Stanford, com uma estratégia focada em melhorar a experiência do paciente. Seguindo os princípios de qualidade, Rubin determinou que os departamentos deveriam desenvolver avaliações pertinentes de como estavam se saindo e tornou o desempenho dessas medidas visíveis com gráficos e tabelas em todos os lugares, inclusive no próprio escritório. Deixou claro que qualquer que fosse o desempenho naquele ano, esperava uma melhoria para o seguinte. Rubin instituiu diversas reuniões grandes com os gerentes e treinamentos sobre tópicos variando desde quem contratar, melhores maneiras de integrar pessoas novas, até como reconhecer e premiar efetivamente os funcionários. Nenhum aspecto das operações deveria ser deixado ao acaso; ao invés disso, a organização deveria usar

— e difundir — as práticas recomendadas. Rubin insistia que todos da equipe de liderança, inclusive os sem responsabilidade direta com os pacientes, como finanças e compras, fizessem rondas em grupos pelo hospital para ver os pacientes e a equipe no final da tarde ou começo da noite, duas vezes por mês — e isso o incluía.

Rubin também tomou medidas para abordar os problemas pequenos, mas desproporcionalmente irritantes, existentes em quase todas as organizações. Por exemplo, consertou um teto com goteira na sala de cirurgia vascular — e isso em um prédio que seria substituído em alguns anos por um novo hospital que estava em construção, então o dinheiro da manutenção seria "perdido" em um prédio que em pouco tempo seria inutilizado. Instituiu um manobrista, algo que o departamento de cirurgia vascular e outros queriam, uma vez que muitos dos pacientes do hospital viajavam longas distâncias para os tratamentos. Com o serviço inicialmente gratuito, os pacientes conseguiriam lidar com mais facilidade com a perturbação da construção do novo hospital sem adicionar a preocupação de achar uma vaga ao estresse de uma visita hospitalar.

Como resultado do Sistema Operacional de Stanford, o desempenho geral do hospital melhorou drasticamente em várias áreas: financeira (o lucro das operações aumentou por volta de 300% em 4 anos, enquanto o faturamento cresceu por volta de 50%); clínica, com muita diminuição de erros e infecções hospitalares; e satisfação dos pacientes, que logo alcançou 90%. Rubin montou uma nova equipe — não intencionalmente, segundo ele — que levou a uma rotatividade substancial não só na diretoria, mas também nos níveis mais baixos, uma vez que os novos líderes substituíram seus subordinados que não conseguiriam melhorar substancialmente a efetividade operacional. A visibilidade de Rubin para toda a equipe por meio de reuniões e treinamentos dos quais participou, contratando liderança para diversos níveis, incutindo sua nova equipe com sua filosofia operacional e passando tempo com administradores do hospital — tudo isso criou poder. Agora, tanto os funcionários quanto os membros do conselho poderiam ficar orgulhosos que o hospital havia sido nomeado o melhor da Califórnia e estava entre os 15 melhores dos Estados Unidos, de acordo com a *US News & World Report*.[6]

Esses resultados, junto com as mudanças operacionais e na equipe necessárias para produzi-los, ajudaram a aumentar o poder de Rubin — e sua visibilidade nacional, que já era alta. Quando deixou Stanford, foi para uma posição sênior muito alta na Optum, parte do grupo UnitedHealth. Aproximadamente 18 meses depois, tornou-se o CEO de uma rede promissora de clínicas de atenção primária, a OneMedical. Esta abriu seu capital (ONEM) no começo de 2021, e atualmente tem uma capitalização de mercado de US$4 bilhões. Uso o caso que escrevi sobre Amir Rubin para ilustrar os princípios da criação de poder como um forasteiro — e como fazê-lo rapidamente.

O que funciona no setor privado funciona em qualquer lugar pelos mesmos motivos. Fazer mudanças positivas usando o poder encoraja as pessoas a ficarem do seu lado e aumenta seu desempenho antes que alguém possa fazer alguma coisa para sabotar seus esforços. Em novembro de 1995, Rudy Crew se tornou reitor das escolas da cidade de Nova York sob a administração de Rudy Giuliani. Crew veio de um distrito escolar em Tacoma, Washington, que não tinha de estudantes metade do que Nova York tinha de professores. Achavam que ele não entenderia as políticas de Nova York (apesar de ter nascido lá). Segundo disse para minha turma, enquanto as pessoas estavam desarmadas (para remeter a uma guerra), meio que dormindo e subestimando-o, ele avançou com vigor. Conforme um artigo:

> *Em seu primeiro ano e meio no cargo, Crew estudou o sistema e procurou os pontos fracos. Então, no outono, realizou uma série de reformas consecutivas. Primeiro, assumiu diversas escolas cronicamente deficitárias e as colocou no chamado "distrito do reitor" [...] Em seguida, implementou uma grande campanha de alfabetização. Depois, divulgou relatórios de orçamento em todas as escolas da cidade, o que deu aos pais um poço de informações [...] Em seguida, forneceu um orçamento detalhado para o Conselho de Educação e, no processo, provou que a administração central não era mais o desperdício de dinheiro que muitos críticos alegaram. Crew revelou um plano para rever o complexo programa de educação especial da cidade e anunciou que buscava fundos para restaurar a educação artística de todas as instituições. Em dezembro, anunciou que Nova York*

> *seria o primeiro sistema urbano do país a adotar em toda a cidade os Novos Padrões Nacionais [...] Por último, o golpe de mestre: a assembleia legislativa aprovou uma lei que reverteu cerca de 30 anos de prática educacional na cidade, tornando os superintendentes distritais diretamente subordinados ao reitor [...] De repente, Crew era o reitor politicamente mais bem-sucedido da cidade em um quarto de século e o educador urbano mais importante do país.[7]*

Fazer mudanças rapidamente e melhorar os resultados aumenta o poder de um líder, pois fornece uma justificativa para que outros o apoiem. E usar o poder muitas vezes é necessário, pois as organizações geralmente são afligidas por diferentes graus e formas de inércia, de modo que a melhoria requer uma modificação nas formas atuais de se fazer as coisas. As pessoas e os processos existentes costumam ter certo interesse no status quo, por isso é necessário poder para fazer melhorias. Usá-lo com sucesso para mudanças aumenta o poder do titular, enquanto esperar para usá-lo, ou sequer fazê-lo, mantém o status quo, reduzindo, assim, o poder. Este, quando usado de forma eficaz, aumenta o poder de seu detentor.

USE O PODER PARA CONSEGUIR APOIADORES E AFASTAR A OPOSIÇÃO

Quando Gary Loveman se tornou COO (e, mais tarde, CEO) da extinta Harrah's Entertainment, removeu alguns seniores, incluindo o chefe de marketing, que recentemente havia ganhado o Chairman's Award por seu desempenho. O diretor financeiro, principal concorrente de Loveman para o cargo, acabou saindo para se tornar CEO de um concorrente. O plano de Loveman para a transformação muito bem-sucedida da Caesars Entertainment (nome da empresa depois que a Harrah's comprou a corporação que detinha o Caesars Palace e outros hotéis-cassino) dependia do uso de análises avançadas, o que exigia um novo conjunto de habilidades. Loveman trouxe pessoas com tais competências, pois, segundo ele, não tinha tempo para treinar o pessoal existente nas novas capacidades analíticas.

Essa substituição de pessoal é comum para novos líderes em todos os tipos de organizações, que normalmente trazem suas próprias equipes para ajudá-los a fazer transformações organizacionais. Na Stanford Healthcare, depois de alguns anos da chegada de Amir Dan Rubin, praticamente todos os líderes seniores, chefes de departamento e líderes, mesmo dos níveis mais baixos, eram novos. Nem todos os funcionários antigos estavam dispostos a atender às novas e altas expectativas de desempenho de Rubin, e poucos gostam de ter seu baixo desempenho exibido em tabelas e gráficos. Mais tarde, na OneMedical, Rubin recrutou pessoas com quem já havia trabalhado. Do mesmo modo, em todos os lugares que Rudy Crew atuou como superintendente — Nova York, Miami — levou alguns de seus conhecidos para preencher cargos seniores e implementar seus esforços de melhoria escolar. Em 1999, quando Kent Thiry se tornou diretor da DaVita, provedora de hemodiálise, então chamada Total Renal Care, já havia "entrado em contato com pessoas que estiveram com ele no empreendimento de diálise anterior, gente em quem confiava, de quem gostava e respeitava".[8] Recrutou Harlan Cleaver para ser o diretor de tecnologia, Doug Vlechk para liderar os esforços de mudança organizacional e criação de cultura, e Joe Mello para ser o COO.

Melhorar o desempenho e fazer mudanças requer pessoas com as habilidades necessárias e com visões alinhadas. Loveman disse que o diretor de marketing anterior da Harrah's fez carreira tirando fotos de pernas de caranguejo e locais bonitos. A estratégia de Loveman, em vez disso, exigia o uso de análises para identificar os clientes mais lucrativos e, em seguida, aumentar seus níveis de fidelidade, tratando de forma diferenciada as pessoas que geravam lucro, baseando-se no valor econômico deles para a empresa. O titular anterior não tinha — e provavelmente não poderia desenvolver — as habilidades quantitativas para lidar com as novas tarefas.

Ao contratar aliados para ajudar alguém de fora recém-instalado a liderar uma organização, é útil trabalhar com pessoas que entendam sua comunicação e estilo operacional, o que faz com que tudo aconteça de forma mais rápida e eficiente. Também é importante, talvez até essencial, que todos estejam em sintonia. As pessoas com quem você já trabalhou têm menos probabilidade de resistir às suas estratégias e iniciativas de melhoria — ou de sabotá-las.

Substituir pessoas, então, tem dois efeitos positivos sobre seu poder. Primeiro, provém a organização com quem tem perspectivas alinhadas às suas e a competência para executar o trabalho de forma eficaz, e esse aumento de desempenho ajudará a cimentar seu poder. E segundo, fornece aliados em situações que muitas vezes seriam desafiadoras e politicamente complicadas.

Recolocação Estratégica

Pesquisas confirmam a intuição de que a sucessão muitas vezes leva à rotatividade das pessoas que se reportam ao novo líder.[9] A rotatividade da equipe de gestão é particularmente evidente no caso de sucessão externa e se o desempenho anterior era inferior.[10] Não só na política os líderes trazem "sua" equipe; isso acontece em organizações de todos os tipos, inclusive empresas. A questão se torna, então: como os líderes podem remover as pessoas no âmbito das leis trabalhistas, que muitas vezes restringem sua liberdade de ação, mesmo em partes dos Estados Unidos e, principalmente, em países industrializados, onde não podem ser demitidas sem justa causa? Além disso, deixando de lado as questões legais e regulatórias, como alguém pode se livrar de concorrentes e rivais de modo que pareça mais benigno e socialmente aceitável?

Já descrevi uma maneira de fazer isso: expor a rotatividade como parte do esforço de melhoria de desempenho, no qual novas habilidades e compromisso com melhores resultados são necessários — uma situação que muitas vezes é verdadeira e, ao mesmo tempo, politicamente útil. Outra maneira é enviar os "problemas" para uma posição diferente, e talvez até melhor, removendo-os do ambiente imediato, onde podem lhe causar dificuldades, e ao mesmo tempo ganhar a gratidão deles por ajudar suas carreiras. Costumo chamar esse método de "recolocação estratégica". Eis um exemplo clássico, embora do mundo da política.

Willie Brown, ex-prefeito de São Francisco e ex-presidente da Assembleia Legislativa da Califórnia, foi um político incrivelmente habilidoso. Depois de vencer uma disputa penosa pela presidência da

Câmara em 1980, usou um plano de reestruturação estadual que deu aos democratas uma enorme vantagem para proporcionar "uma maneira honrosa para seus oponentes democratas mais fortes deixarem a Assembleia por posições no Congresso, nas eleições de 1982":[11]

> *Dentre os que se valeram da [...] rota de fuga para o Congresso estava Howard Berman [principal adversário de Brown para o cargo de presidente da Câmara em 1980] e os principais oponentes de Brown, Mel Levine e Rich Lehman [...] Outros rivais da Assembleia democrata, como Wadie Deddeh, de San Diego, conseguiram posições seguras no Senado [...] Os republicanos nunca entenderam muito bem como Brown recompensar seus adversários democratas o ajudou a solidificar seu poder, removendo-os como ameaças.*[12]

Empregar a recolocação estratégica requer que a pessoa não aja de acordo com seus sentimentos naturais de ressentimento ou raiva em relação aos rivais ou às fontes de dificuldades diversas. Essa capacidade de agir de maneira estratégica e desapaixonada é uma qualidade rara, mas importante, que poucas pessoas possuem. Eis outro exemplo.

Em 22 de maio de 1991, a Dra. Frances Conley renunciou ao cargo de professora de neurocirurgia na escola de medicina de Stanford. Conley foi a primeira mulher residente em cirurgia no Hospital de Stanford, a primeira mulher membro do corpo docente em qualquer departamento médico em Stanford e, em 1982, tornou-se a primeira professora titular de neurocirurgia em uma escola de medicina dos Estados Unidos.[13] Embora tenha sofrido várias formas de assédio por anos, o evento desencadeador do seu pedido de demissão foi a nomeação de Gerald Silverberg para o cargo de chefe de departamento, decisão do reitor David Korn, apesar do comportamento sexista de Silverberg.

A ação de Conley chamou a atenção dos principais jornais[14] e noticiários matinais, provocando uma comoção entre os estudantes da faculdade de medicina, cujas alunas se queixaram do comportamento sexista recorrente, e transformando Conley em uma heroína por chamar a atenção do público para o problema. Mais tarde naquele verão, Conley, que havia concluído um mestrado em administração da escola de negócios de Stanford (onde a conheci), rescindiu sua demissão e permaneceu no corpo docente, que lhe daria mais influência para realizar mudanças no modo em que as estudantes, professoras e funcionárias eram tratadas.

A proeminência de Conley, suas habilidades clínicas e de pesquisa e suas capacidades administrativas (mais tarde se tornou chefe de gabinete do sistema de saúde dos veteranos de guerra de Palo Alto e presidente do conselho de docentes da escola de medicina de Stanford) lhes trouxeram inúmeras oportunidades de palestras, além de ofertas de cargos administrativos variados, desde presidente de departamento até reitora, nos anos seguintes à sua demissão. Quando entrevistei David Korn para um caso que escrevi sobre a situação, ele me disse que sabia que o melhor caminho para ele seria dar a Conley boas recomendações para que ela recebesse uma oferta de emprego e, assim, fosse embora de Stanford. Mas confessou que sua antipatia por Conley — ela havia cometido, afinal, o pecado da insubordinação ao não cumprir os desejos de Korn — sempre o atrapalhava, e ele não conseguia evitar criticá-la para quem ligava para fazer inquéritos pessoais. Esse comportamento fez com que Conley ficasse no corpo docente, e sua permanência e continuidade à questão do sexismo na faculdade de medicina levaram a investigações internas e externas e, por fim, ao fim do mandato de Korn como reitor. Essa história ilustra muito bem o potencial do uso da recolocação estratégica, desde que se trabalhe a maturidade emocional e a mentalidade pragmática/impassível necessárias para fazê-lo.

USE O PRÓPRIO PODER PARA SINALIZAR O QUANTO VOCÊ O TEM — E O QUANTO ESTÁ DISPOSTO A USÁ-LO

Um dos temas recorrentes neste livro, em especial no próximo capítulo, quando consideramos como o poder distancia as pessoas da punição por ações feitas para adquirir poder, é que as pessoas querem se associar a vencedores e ao sucesso. Portanto, é importante demonstrar que o líder permanecerá em seu papel e que representa uma força considerável — exibindo, assim, robustez e disposição para fazer o que for preciso para manter sua posição e o que desejar. A respeito disso, recordo-me da célebre citação de *O Príncipe*, de Maquiavel, sobre a utilidade do medo para projetar poder: "É muito mais seguro ser temido do que amado porque [...] o amor é preservado pelo elo da obrigação que, devido à maldade dos homens, é quebrado em todas as oportunidades para obter vantagem, mas o medo lhes preserva pelo temor do castigo que nunca os abandona."[15] Maquiavel também observou corretamente que a primeira responsabilidade de um líder é manter sua posição, porque se a perder, não será mais capaz de realizar muita coisa.

Robert Moses, que conhecemos no capítulo 2 (sobre quebrar as regras), "exerceu um papel na concepção da arquitetura do estado de Nova York maior do que qualquer pessoa no século XX",[16] e influenciou a construção e o urbanismo no mundo todo. Suas demonstrações de poder o ajudaram a ficar mais poderoso, pois as pessoas ficavam ao seu lado quando viam que estava disposto a literalmente derrubar a oposição.

Em 1936, Moses queria descartar uma balsa que cruzava o rio East para que pudesse derrubar a estação de balsas e usar o terreno para unir a via expressa East River Drive à ponte Triborough (hoje conhecida como ponte Robert F. Kennedy). As 1.700 pessoas que usavam a balsa, que passava a cada 20 minutos, queriam mantê-la operando o maior tempo possível. O prefeito LaGuardia disse que o serviço da balsa não poderia ser interrompido pelos 60 dias exigidos pela construção. Mas Moses queria mostrar seu poder ilimitado e não queria esperar esse tempo. Conforme descrito na biografia de Moses, vencedora do Prêmio *Pulitzer*, por Robert Caro:

> *Ele [Moses] ordenou que o empreiteiro construindo a conexão com a East River Drive [...] adquirisse duas barcaças e instalasse um bate-estacas em uma e um guindaste de demolição na outra. Quando ficaram prontas [...] esperou até que* Rockaway *[a balsa] tivesse [...] zarpado de Manhattan [...] e então, sem nenhum aviso, ordenou que as barcaças rebocassem a estação e fossem amarradas [...] para que* Rockaway *[...] não tivesse onde atracar quando retornasse. E ordenou que o bate-estacas e o guindaste fizessem a estação em pedaços. Com relação ao terreno, enviou equipes de trabalhadores para remover os paralelepípedos da avenida York em frente à estação para cortar todo o acesso ao terminal.*[17]

O prefeito chamou a polícia para parar a demolição, mas, é claro, àquela altura já era tarde demais, a construção fora destruída. Esse padrão de comportamento — fazer o que desejava e precisava fazer, independentemente da oposição, ou às vezes até mesmo da lei — tornou Moses uma figura formidável, mas levou-o ao excesso de confiança. Em uma disputa pela demolição de um parque infantil para expandir o estacionamento do restaurante Tavern on the Green, no Central Park, Moses exagerou, mas a descrição de seu pensamento, e seu poder, é instrutiva:

> *O protesto local sobre uma "melhoria" do parque poderia ser uma nova história [...] mas era velha para Moses — velha e chata. Desde que se tornou responsável pelo parque, manteve o protesto a níveis mínimos, mantendo as "melhorias" em segredo, de modo que, muitas vezes, antes que o bairro em questão soubesse que havia uma melhoria planejada, ela já estava em andamento [...] O sismógrafo que Moses usava para medir tremores públicos, na verdade, mal registrou o protesto do Tavern on the Green. Vinte e três mães? Ele tinha acabado de despejar centenas de mães, em vez de deslocar um único quarteirão da via expressa Cross-Bronx! Ele estava, naquele exato momento, no processo de deslocamento de 5 mil mães para Manhattantown, 4 mil para o Lincoln Center!*[18]

Uma vez que Moses estava disposto a usar seu poder de modo agressivo — sua citação mais famosa é "Aqueles que podem, constroem. Aqueles que não podem, criticam"[19] — as pessoas, incluindo políticos, outros funcionários públicos e proprietários de empresas de construção, o viam, corretamente, como alguém que conseguia fazer as coisas. Sua eficácia na criação de obras públicas — "construiu 13 pontes, quase 700km de parques, 658 parques infantis e 150 mil unidades habitacionais, gastando US$150 bilhões (em valores atuais)",[20] principalmente na cidade de Nova York — atraiu apoiadores para o seu lado e ajudou a mantê-lo no poder por 44 anos. As pessoas estavam dispostas a ignorar sua personalidade abrasiva e seu desdém por qualquer autoridade que não fosse a sua, uma vez que poderia ser bastante severo com quem acreditava que estava atrapalhando seu caminho.

Como a percepção ajuda a criar a realidade, exercer o poder demonstrando que é poderoso e fazer coisas que sinalizam o poder ajuda a garantir que este seja perpetuado.

USE O PODER PARA ESTABELECER ESTRUTURAS QUE O PERPETUEM

Quando Steve Jobs foi forçado a deixar a Apple (para a qual conseguiu retornar, administrando a empresa até sua morte), todos os fundadores no Vale do Silício aparentemente aprenderam uma lição importante sobre a fragilidade do poder, independentemente do sucesso que supunham ter. Muitos fundadores então deixaram de lado esse medo — ou tomada de consciência — de uma possível dispensa, estabelecendo estruturas de votação de classe dupla para que suas ações tivessem direitos de governança (por exemplo, para selecionar diretores ou considerar fusões) desproporcionalmente maiores do que permitido pela fração da empresa que possuíam. Embora essas disposições violem o princípio de uma ação e de um voto — e sejam, portanto, uma abominação para os defensores da boa governança corporativa —, elas são bastante utilizadas.

Alguns exemplos: Mark Zuckerberg, do Facebook, possui ações que lhe dão direito a 10 votos para cada uma delas, dando-lhe quase 60% do poder de voto e tornando-o basicamente imutável. Na empresa de mídia News Corporation, Rupert Murdoch e sua família têm *todo* o poder de voto. O Google tem três classes de ações, dando aos fundadores a maioria do poder de voto. Quando a empresa-mãe do Snapchat, a Snap, abriu o capital, as ações públicas não tinham nenhum direito de voto. Outras empresas com ações de classe dupla incluem Groupon, Zynga, Alibaba, Shaw Communications (na qual os acionistas públicos também não têm poder de voto) e Uber — se Travis Kalanick quisesse, poderia ter se mantido no poder e permanecido na empresa. Em 2017, 19% das empresas que abriram capital nas bolsas estadunidenses tinham pelo menos duas classes de ações com poderes de voto diferenciados; em 2005, havia apenas 1%.[21] A razão pela qual as empresas saem impunes com estruturas que institucionalizam o poder dos fundadores por meio de ações de classe dupla é que, quando empresas "do momento" estão considerando uma oferta pública, elas exploram o desejo dos investidores de fazer parte do negócio para estruturar seus termos em benefício dos líderes vigentes.

Outro modo estrutural de consolidar o poder é ocupar o papel de CEO e de presidente do conselho de administração. Embora essa disposição seja menos comum do que no passado — em 2007 e 2008, a proporção de empresas com funções combinadas era de mais de 60% — ainda permanece alta: em 2018, 45,6% das empresas tinham uma pessoa ocupando ambos os cargos.[22]

Uma terceira estratégia para consolidar o poder é garantir que não haja sucessores possíveis a postos. Um dos motivos pelos quais Jack Valenti foi presidente da Motion Picture Association of America por 38 anos é que fez um bom trabalho representando o setor — e garantiu que nunca houvesse um possível suplente a postos. Sidney Sheinberg, ex-presidente da MCA/Universal, disse:

> *"Jack nunca preparou nem mesmo um sucessor teórico — nunca houve uma pessoa que, por um momento, você pensasse que poderia substitui-lo" [...] Levinson [Lawrence Levinson, um advogado que trabalhou na Paramount em relações governamentais] disse que Valenti "aprendeu com o mestre [...] Era o padrão de Johnson não ter um braço direito forte. Eu dizia a ele: 'Você será o presidente para sempre'."*[23]

Eu já fiz parte do conselho de uma empresa de capital aberto de ultrassom portátil. Notei que sempre que o conselho elogiava efusivamente um executivo sênior que não o CEO, esse executivo logo era demitido sob algum pretexto. Comentei com um dos membros do conselho que a melhor maneira de manter os talentos na organização provavelmente seria não os elogiar demais a ponto de parecerem um possível sucessor para a função de CEO. Remover alternativas prováveis como um método para manter o poder é uma estratégia antiga e muitas vezes eficiente.

Em quarto lugar, ocupar cargos diferentes deixa mais difícil para os concorrentes se livrarem de alguém, porque essa pessoa precisaria ser removida de várias posições para retirar seu poder — uma tarefa muito mais difícil. Robert Moses exemplifica esse princípio. Em dado momento, Moses ocupou doze cargos simultaneamente, incluindo "comissário de parques de Nova York, presidente do Conselho de Parques Estaduais, líder da Comissão de Energia do Estado e presidente da Autoridade do Túnel e Ponte Triborough".[24] Moses era mestre em usar autoridades públicas, que podiam emitir títulos e cobrar receitas, como pedágios, o que aumentava sua independência em relação ao processo de apropriações legislativas e fornecia mais uma fonte para seu poder duradouro.

Ao demonstrar o poder e a vontade de usá-lo, conquistar as coisas e estabelecer estruturas que institucionalizam o poder, o uso dele se torna autossustentado. Como os exemplos neste capítulo ilustram, nem todo uso do poder será recebido com aprovação genuína, assim, os líderes precisam estar dispostos a causar algum nível de reprovação social — lembre-se de que a primeira regra do poder é não se preocupar demais em ser querido. Além disso, inevitavelmente há riscos em tramar para remover concorrentes e estabelecer regras que ajudem a perpetuar o poder. No entanto, como a maioria das pessoas costuma ser avessa a conflitos, é surpreendente o quanto se pode conseguir ao tomar a iniciativa. E como as pessoas tendem a se submeter ao poder uma vez que é estabelecido, os adversários podem se tornar amigos, os inimigos podem ser neutralizados, e o poder pode ser assegurado.

REGRA N.º 7

Sucesso Justifica (Quase) Tudo

E Por Que Essa É a Regra Mais Importante de Todas

> *O maior privilégio que os ricos e poderosos dos EUA possuem é a habilidade de cometer crimes com impunidade.*
> — **Jesse Eisinger, repórter da *ProPublica* e vencedor do Prêmio *Pulitzer*, e-mail pessoal**

> *Os vitoriosos não só escrevem a história, eles a reescrevem.*
> — **Safi Bahcall, *Lunáticos - Loonshots*[1]**

O senador da Carolina do Sul, Lindsey Graham, uma vez chamou o ex-presidente Donald Trump, antes deste tomar posse, de "instigador de preconceitos e xenofóbico".[2] Graham foi um dos muitos republicanos que criticou Trump com vigor durante sua campanha de 2016, "chamando o futuro presidente de 'doido', 'louco' e 'inapto para a função', entre outras coisas".³ Contudo, em 2019, quando Mark Leibovich escreveu um perfil sobre Graham para a *New York Times Sunday Magazine*, perguntou ao senador, que na época era um dos apoiadores mais fervorosos, vocais e leais de Trump, para explicar a mudança. A resposta de Graham ilustra muito bem como conquistar uma posição de poder muda as coisas, inclusive o relacionamento com outras pessoas:

*"Bem, vamos lá, do meu ponto de vista, se você sabe alguma coisa sobre mim, seria estranho não fazer isso", disse [Graham]. Perguntei o que era "isso". "Isso", Graham respondeu, "é tentar ser relevante." A política, explicou, é a arte do que funciona e do que traz os resultados desejados. "Tenho uma oportunidade aqui de trabalhar com o presidente para conseguir bons resultados para o país", contou. No momento, um resultado de bastante interesse para Graham é ser reeleito por mais quatro anos como senador na Carolina do Sul, onde Trump domina os números de aprovação.*⁴

Graham não foi o único a acomodar Trump conforme o partido republicano mergulhava "de cabeça [...] nos confins do Trumpismo".⁵ As mudanças nas percepções dos indivíduos uma vez que conquistam poder e renome também não são confinadas ao âmbito da política. A lista dos CEOs mais admirados com frequência inclui pessoas que antedataram opções de ações (Steve Jobs), tiveram relacionamentos fora do casamento com subordinados (Bill Gates), violaram ordens da Comissão de Valores Mobiliários (Elon Musk), tiveram que fugir do país para evitar um processo (Carlos Ghosn), foram forçadas a deixar o emprego por causa de um escândalo (John Browne, da BP), receberam críticas de funcionários administrativos e operários pelo ambiente de trabalho (Jeff Bezos). O desejo de se acercar a esse poder, quase que independentemente de como foi conquistado ou do comportamento atual do detentor, sugere que as pessoas não deveriam se preocupar tanto com seus caminhos para o poder. Uma vez que o poder é conquistado, tudo — bom, quase tudo, na maior parte do tempo — ficará bem.

AS PESSOAS SE PREOCUPAM COM AS CONSEQUÊNCIAS DE SEGUIR AS REGRAS DO PODER

Meus alunos costumam descrever meu curso sobre poder como uma "atividade forçada", pois os pressiona — às vezes para fora de suas zonas de conforto — a embarcar, pelo menos temporariamente, em uma jornada para o poder. Até mesmo convidar as pessoas para dar uma palestra nas minhas aulas surte esse efeito. Deborah Liu, antes executiva sênior do Facebook, agora CEO da Ancestry, me disse que saber que iria palestrar para minha turma a deixou mais ambiciosa no que estava disposta a fazer, para que tivesse mais sobre o que falar.

Muitos dos projetos de autorreflexão que uso no curso foram descritos sucintamente nos capítulos pertinentes deste livro. Por exemplo, peço para as pessoas criarem uma marca que capte de modo conciso quem são e o que representam. Os alunos determinam as pessoas com quem irão se conectar e então criam estratégias de como estabelecer esses relacionamentos, com frequência expandindo suas redes durante o curso. Peço para se tornarem mais confortáveis com a ideia de ir contra as regras e abandonar as normas e descrições de si mesmos que os restringem. Encorajo-os a praticar agir e falar de modo mais poderoso. Esses exercícios "forçam" as pessoas a pensarem estrategicamente sobre estabelecer um caminho até o poder.

Esse aspecto da imposição, junto com dar às pessoas o conhecimento — e a confiança — de que podem de fato aumentar seu poder, é um dos mais importantes da minha aula. Conhecimento e confiança, transformados em atitude ao fazer as pessoas desenvolverem os comportamentos apropriados, criam e mudam as ações delas e fazem com que se soltem. Esse incentivo à ação é importante porque muitas pessoas permanecem fundamentalmente ambivalentes sobre a busca do poder, apesar da aceitação geral de que, na maioria das organizações sociais, o poder é necessário para fazer as coisas.

Essa ambivalência com relação à busca do poder surge, em parte, das preocupações que se tem sobre a obtenção de poder e o que pode ser necessário fazer para consegui-lo. Por exemplo, as pessoas se preocupam com o processo de obtenção de poder. E se suas ações ofenderem os outros? E se pressionarem os limites da propriedade e romperem as barreiras das normas sociais?

Também se preocupam com as consequências de se tornarem mais poderosas. E se, em sua ascensão ao poder, criarem inimizades e rivalidades com as pessoas que superarem? E se, como é quase inevitável, o sucesso provocar ciúmes e ressentimentos? E se, realmente, quanto mais alto, maior a queda, e, como a lenda de Ícaro, depois de voar muito perto do sol, suas asas derreterem?

Poder como Motivação

Preocupações à parte, muitas pessoas buscam poder porque é uma grande força motivacional. Décadas de estudos constataram que essa força antevê a ideia de se ter uma posição de poder e está associada à exibição de artefatos que sinalizam prestígio e status. Além disso, as pesquisas mostram que não há diferenças confiáveis de gênero com relação à força motivacional do poder entre homens e mulheres.[6] Porém, nem todos são igualmente motivados pelo poder, sendo algo que pelo menos algumas pessoas abnegam, possivelmente porque sinaliza muita ambição, comportamento demasiado individualista e egoísta ou maquiavelismo excessivo. Para clarificar, o poder e a influência são quase invariavelmente necessários para fazer as coisas e mudar vidas, organizações e o mundo. No entanto, para ajudar a racionalizar a relutância em buscar o poder, as pessoas encontram maneiras de se preocupar com os passos que podem precisar dar para sua aquisição e o que acontecerá com elas ao dá-los.

Minha resposta a essas preocupações é que devemos minimizar a importância ou relevância que atribuímos a elas, pois o próprio poder faz com que muitos problemas, até os que criamos para adquiri-lo, desapareçam quase por completo — a essência da Regra N.º 7. Além disso, para perdê-lo, você precisa, em primeiro lugar, ter algum poder, então podemos deixar para nos preocupar com perdas depois da conquista.

É claro, ocupar uma posição elevada muitas vezes gera ciúmes. As pessoas invejam o sucesso e o status, não a impotência. Mas o poder também aumenta o desejo dos outros de estar perto e se associar com seu detentor. Tê-lo aumenta sua visibilidade e a inspeção de suas ações, elevando assim a probabilidade de sofrerem críticas como resultado de tal atenção. Mas ele também aumenta a disposição dos outros de ignorar as infrações dos poderosos, que é a premissa deste capítulo.

O poder das pessoas aumenta a probabilidade dos outros tentarem derrubá-las. Há, invariavelmente, mais disputas pelas posições no topo da pirâmide do que pelas da base. O poder, no entanto, aumenta também o número de apoiadores que se tem, porque as pessoas são atraídas por ele e querem estar próximas dos poderosos. Há mais competição pelo topo, mas também há mais indivíduos que querem se aliar àqueles que estão lá ou indo para lá. Se quer ser bem-sucedido em obter poder, provavelmente terá que quebrar algumas regras — que foi, afinal de contas, o tema do capítulo 2. Entretanto, quebrar as regras também ajuda a gerar poder. Em suma, adquirir e manter o poder desencadeia algumas dinâmicas sociais que são prejudiciais ao seu detentor.

Contudo, possuir poder, status e ocupar uma posição dominante, evoca processos sociais que atuam perpetuando seu poder. Na verdade, as evidências sugerem que não é preciso se preocupar muito com o que fez para adquirir poder — e até com perdê-lo. Isso porque muitas dinâmicas organizacionais e sociais perpetuam a vantagem uma vez que é adquirida, em vez de diminuí-la. Este capítulo descreve por que seu título costuma ser verdadeiro: o poder e o sucesso geralmente farão com que os outros esqueçam ou perdoem o que fez para obtê-los.

Simplificando, a Regra N.º 7 é que o poder e o prestígio associado a ele justificam quase tudo. As conclusões são simples: sua tarefa é adquirir poder e, uma vez que você o detenha, provavelmente irá mantê-lo. Espero que este capítulo o convença da serventia de tal princípio.

A MAIORIA DOS PROCESSOS SOCIAIS PRODUZ CONSISTÊNCIA OU AUMENTO DE VANTAGEM, NÃO MUDANÇA

Muitas pessoas veem — ou querem ver — o mundo organizacional em termos homeostáticos. Assim como um termostato mantém a temperatura razoavelmente constante, os processos organizacionais e sociais agem para manter o equilíbrio, corrigir injustiças e garantir altos níveis de desempenho na empresa. Tente progredir demais e muito rápido, e será deposto. Isso explica ditados como o japonês "o prego que se destaca é martelado",⁷ e a síndrome da papoula alta australiana, na qual as papoulas que crescem muito alto são podadas (ao tamanho das outras) e a humildade e a modéstia são valorizadas.⁸ Na visão homeostática, se você violar as regras sociais, será penalizado, para que a ordem normativa possa ser mantida. Quebre a lei ou viole as regras e será punido, até para manter a inviolabilidade das regras e leis para o bem-estar coletivo. Tenha um desempenho ruim ou use mal os recursos, e será penalizado, uma vez que a coletividade social impõe regras para garantir sua sobrevivência. Os processos homeostáticos restauram a justiça e a ordem e a punição de transgressões impõe normas sociais e sanções por mau desempenho, todos atuando de modo a facilitar a operação — na verdade, a sobrevivência — dos sistemas sociais.

Embora sejam boas ideias, e sejam até mesmo verdadeiras em algumas ocasiões, os processos organizacionais e sociais sobretudo amplificam as vantagens existentes e perpetuam o poder e o status, ao invés de equilibrá-los ou reduzi-los. Nesse sentido, o comportamento organizacional é, na sua maior parte, consistente com o "efeito Mateus". De acordo com a Nova Versão Internacional, o Evangelho segundo Mateus afirma: "Pois a quem tem, mais será dado, e terá em grande quantidade. Mas a quem não tem, até o que tem lhe será tirado." (Mateus 25:29).⁹ Pesquisas sobre o "efeito Mateus" foram originalmente realizadas pelo sociólogo Robert Merton a fim de descrever a doação de status e reconhecimento na ciência. Merton observou que a concessão de crédito era, de certo modo, injusta, uma vez que cientistas mais proeminentes e prestigiosos recebiam reconhecimento desproporcional por contribuições acadêmicas subsequentes, mesmo que estas fossem produzidas em conjunto.

Essencialmente, o "efeito Mateus" descreve um processo de vantagem cumulativa. "As vantagens comparativas iniciais da habilidade treinada, posição estrutural e recursos disponíveis contribuem para o aumento sucessivo de vantagens, de tal forma que a discrepância entre os 'ricos' e os 'pobres' na ciência (como em outros domínios da vida) aumentem."¹⁰ Marcadores atribuídos de status social, como gênero, afetam o crédito que os autores recebem pelo trabalho publicado. Por exemplo, pesquisas publicadas por mulheres são citadas com menos frequência, embora esse efeito seja menor em subcampos e disciplinas caracterizadas por maior diversidade.¹¹ Os coautores com status mais elevado recebem mais crédito pelas publicações, o que significa, é claro, que qualquer estudo com mais de um autor colabora com a reputação do indivíduo de maior status, concedendo-lhe mais valor reputacional. Uma análise de dados empíricos revelou que a ação da vantagem cumulativa, na qual sucesso gera mais sucesso, é difundida, não ocorrendo apenas na ciência. Por exemplo, em redes sociais, a ideia de apego preferencial significa que "os nós mais conectados estão fadados a obter mais conexões futuras".[12]

A vantagem cumulativa resulta de muitas forças sociais. Quanto mais poderoso e bem-sucedido alguém for, maior a probabilidade de que os talentosos queiram trabalhar com ele — e a capacidade de atrair mais e melhores talentos aumenta as chances futuras de sucesso. Da mesma forma, quanto mais poderoso e bem-sucedido alguém for, maiores serão as chances de que os outros queiram investir neles e com eles. Essa vantagem em atrair recursos aumenta a probabilidade de sucesso e de melhor desempenho no futuro. A predisposição para confirmação (tendência de uma percepção que confirme crenças preexistentes) sugere que, uma vez que alguém tenha desfrutado de sucesso, esse indivíduo será percebido como bem-sucedido de novo no futuro, independentemente das medidas objetivas dos seus resultados. Pesquisas mostram que as pessoas prestam mais atenção à confirmação de informações, lembram-se mais prontamente de dados que se encaixam em suas percepções e esquecem seletivamente informações discrepantes.[13] Os processos cognitivos de atenção e memória, e a preferência pela consistência nas crenças atuam, assim, para reforçar a vantagem inicial.

Embora a vantagem cumulativa explique em parte porque, uma vez obtido, o poder é tão durável, não fornece um relato psicológico completo de por que o poder muitas vezes perdura, mesmo diante do fracasso futuro, da incompetência comprovada e do comportamento antiético ou mesmo ilegal. Para explicar a resistência do poder, que torna a Regra N.º 7 mais provável de se manter em múltiplas situações, precisamos nos aprofundar nos mecanismos que permitem que várias formas de mau comportamento sejam desculpadas.

Uma Nova Perspectiva: os Custos do Poder e Status

Antes de argumentar que o poder muitas vezes se perpetua, primeiro quero reconhecer que a ideia de que o poder desculpa os erros não é uma posição óbvia ou abertamente apoiada. Eis alguns mecanismos que podem explicar por que o poder leva a penas *mais severas* e a uma probabilidade maior de queda para os poderosos.

Alison Fragale, professora da Universidade da Carolina do Norte, e seus colegas argumentaram que atores mais poderosos são vistos como detentores de um maior grau de livre-arbítrio e intencionalidade em suas ações. Primeiro, uma vez que o poder permite que as pessoas consigam o que querem com mais frequência e as induz a terem uma mentalidade mais positiva e perseguirem seus objetivos com mais vigor, quando os poderosos se comportam mal, são considerados mais responsáveis por esse comportamento. O maior grau de livre-arbítrio percebido faz com que os outros sancionem os poderosos com mais severidade. Em segundo lugar, os pesquisadores argumentaram que indivíduos de status mais elevado e mais poderosos são vistos como agindo mais em interesse próprio e buscando o próprio bem-estar, o que também leva a punições mais severas, porque atribui-se com menos frequência uma motivação em prol da sociedade. Em dois estudos de cenários, Fragale e seus colegas descobriram que quanto maior o status dos infratores, mais severa a punição que os observadores queriam infligir.[14]

Outro mecanismo é que o poder leva a uma maior visibilidade e atenção dada aos poderosos. Portanto, delitos ou falhas destes têm mais chances de chamar atenção e, assim, resultar em mais reprovações sociais e punições. Por exemplo, um estudo sobre o escândalo de membros do parlamento britânico que alegaram despesas em excesso — basicamente falsificando relatórios de despesas —, revelou que os membros de status elevado com mais frequência eram alvos da imprensa e dos eleitores pelas alegações inadequadas do que seus colegas de status menos elevado.[15]

A literatura existente sobre punição não fornece uma resposta clara sobre os efeitos do status social sobre a severidade da punição, com alguns estudos revelando penalidades mais altas para infratores poderosos e outros evidenciando sanções mais baixas.[16] Essa falta de conclusão de resultados pode surgir por duas razões: ou os infratores de status elevado têm mais liberdade e seus comportamentos são avaliados menos negativamente, ou os de status menos elevado suscitam mais simpatia e recebem algum "mérito" por sua ausência de poder.[17]

Não obstante a maior visibilidade que acompanha o poder, as concessões de maior potência e livre-arbítrio, e o fato de que os observadores têm menos simpatia pelos poderosos, interpreto que o poder geralmente protege as pessoas de sofrerem demasiado pelas consequências de suas ações, tanto pelas razões já citadas quanto pela lógica que resumo a seguir.

ALGUNS EXEMPLOS DE PODER E RIQUEZA RESGUARDANDO OS INFRATORES

Defendo que o poder e o dinheiro protegem as pessoas de enfrentarem consequências severas por suas ações, em parte porque os outros querem estar perto do dinheiro e do poder e, portanto, estão dispostos a perdoar aqueles que os têm ou deixar passar as transgressões de seus possuidores. No entanto, cabe a mim dar alguma evidência plausível para essa afirmação dos efeitos protetores do poder. Embora eu não saiba de nenhuma lista abrangente das transgressões dos poderosos e das consequências que enfrentaram (ou não), exemplos de indivíduos poderosos que escaparam de punições, especialmente das sociais, são abundantes.

Vamos começar com Jesse Eisinger, repórter da *ProPublica* e autor vencedor do Prêmio *Pulitzer*, cujo livro, *The Chickenshit Club* [sem publicação no Brasil],[18] explora por que e como as mudanças sociais abalaram a capacidade e motivação dos promotores de perseguir crimes corporativos, com um foco especial na ausência de processos sérios decorrentes da crise financeira de 2008. O argumento de Eisinger é simples: muitas pessoas que servem como promotores trabalharão para a defesa no futuro e, portanto, em algum nível, já se identificam socialmente com seus supostos adversários. Segundo uma resenha do livro de Eisinger:

> *Cada vez mais, os promotores e os advogados de defesa em lados opostos são as mesmas pessoas, apenas em momentos diferentes da carreira. Conduzir uma investigação criminal de um executivo não é só arriscado; além de comprometer uma futura parceria em um escritório de advocacia de prestígio, talvez mais importante ainda, causa um "desconforto social", especialmente para os ambiciosos bem-educados que agora ocupam os cargos do Departamento de Justiça. Ninguém quer ser o traidor de uma classe, em especial quando os membros dela são pessoas tão simpáticas.*[19]

Esse argumento se aplica de forma mais geral, e não somente para advogados de defesa e promotores. As pessoas no poder andam em círculos semelhantes, incluindo os sociais e de caridade. Participam das mesmas conferências e eventos, com outros indivíduos poderosos do mesmo setor. Podem fazer parte dos mesmos conselhos com e sem fins lucrativos. Essas conexões sociais, tanto diretas quanto indiretas, sempre agirão como amortecedores, não só de qualquer sentimento de indignação com o delito dos semelhantes, mas também no interesse em penalizar tal delito. Assim, para a surpresa de quem vê de fora, o costume de se dar bem com os outros predomina, protegendo os poderosos de enfrentar muitas, ou qualquer, consequências, quase como se o que fizeram não importasse.

Como exemplo desse fenômeno: estava sentado em um belo escritório no centro de Beverly Hills com um colega de arrecadação de fundos de Stanford. Fui aconselhado a pesquisar sobre a pessoa que iríamos visitar, provavelmente para garantir que estaria confortável com a reunião. Aprendi com minha pesquisa online que Gary Winnick, que havia vendido títulos de alto risco na Drexel Burnham com Michael Milken, havia fundado a Global Crossing em 1999 e levantado quase US$20 bilhões para financiar a instalação de cabos de fibra ótica em todo o mundo. Em 2002, a Global Crossing declarou falência. Como a empresa estava falindo, Winnick vendeu US$738 milhões em ações.[20] Mais tarde, contribuiu voluntariamente com US$55 milhões para um acordo de US$324 milhões com acionistas e ex-funcionários que haviam processado os executivos e diretores da Global Crossing por fraude de títulos. Também contribuiu com US$25 milhões para um fundo de compensação de US$79 milhões intermediado pelo Ministério do Trabalho estadunidense para ex-funcionários que perderam suas aposentadorias na falência. No final, Winnick não foi acusado criminalmente nem penalizado pela Comissão de Valores Mobiliários (em uma votação por 3 a 2 que indeferiu a equipe da agência).[21] Assim, ao contrário de algumas das pessoas sobre as quais discutiremos neste capítulo, ele se livrou de sofrer uma perda legal em casos criminais ou civis.

Se fizer as contas, Gary Winnick terminou com muito dinheiro — se você tirar US$80 milhões de US$738 milhões, ainda sobram US$658 milhões. Também possuía uma das maiores casas de Los Angeles. Winnick é um filantropo extremamente generoso para muitas instituições de caridade. Recebeu um doutorado honorário de sua instituição de graduação, C. W. Post, *após* o desastre da Global Crossing, provavelmente por causa da sua generosidade passada (e possivelmente futura) com a organização.

O escritório de Winnick foi decorado, assim como muitos escritórios do tipo, com fotos dele ao lado de pessoas notáveis — papas, presidentes (tanto republicanos quanto democratas), prefeitos, membros do Congresso, dignitários de diversos estados, cidades e países, e celebridades. Muitas das fotos são posteriores ao desastre da Global Crossing. Winnick teve uma vida de poder, privilégio, acesso e, mais importante, repleta de conexões sociais importantes, notáveis e poderosas.

Aliás, já mencionei que ele trabalhou na Drexel Burnham, a mesma empresa que Michael Milken? Um dia, assistindo a um jogo do Oakland Athletics na televisão, vi e ouvi, como convidado na cabine de transmissão, ninguém menos que Michael Milken, apresentado pelos locutores como um filantropo, o que ele certamente é. Sobrevivente de câncer de próstata, Milken financiou pesquisas médicas. Também financiou um laboratório de ideias, o Milken Institute, e inúmeras outras causas beneficentes. Mas é provável que Milken seja mais famoso por inventar o financiamento de títulos de alto risco na Drexel Burnham, dando lucro para muitas pessoas, boa parte delas ainda em Wall Street. E, em abril de 1990, "após 4 anos de investigações e processos" e concordando em "se declarar culpado em 6 acusações de violação criminal das leis de valores mobiliários — violações técnicas, em vez da acusação original de 98 acusações [...] e pagar uma multa de US$600 milhões",[22] Milken cumpriu uma pena de 22 meses em uma prisão de segurança mínima. Também pagou US$500 milhões aos investidores privados da Drexel, que perderam dinheiro quando a empresa foi liquidada. Um perfil de Milken de 2017 o descreve, na minha opinião, com precisão, como "uma das pessoas mais respeitadas de Wall Street". Esse artigo, pelo jornalista financeiro William Cohan, tem a seguinte citação de alguém que o conheceu mais tarde em sua vida: "Mike Milken era um Jim Jones [do infame massacre de Jonestown] com US$1 bilhão, um profissional de relações públicas e um escritório chique."[23]

O sucesso — dinheiro e poder — se encarrega de muitos supostos pecados, fazendo com que outros ignorem, esqueçam e até ignorem ou racionalizem a infração. Martha Stewart, suposta bilionária e referência de estilo de vida, passou cinco meses na prisão após ser condenada em 2004 por obstrução da justiça, declarações falsas e conspiração por mentir para os investigadores de um caso de uso de informações privilegiadas. Apesar de seus antecedentes criminais, a marca de Stewart nunca valeu tanto. Seus conselhos de moda e estilo de vida continuaram em demanda mesmo após a sentença, já que as redes de lojas de departamento Macy's e J. C. Penney, que acreditavam que ela tinha um acordo de exclusividade com cada uma delas, usavam a marca e imagem de Stewart para vender lençóis, toalhas e utensílios domésticos.[24]

Jeffrey Epstein, o notório agressor sexual, antes de ser reinvestigado e tirar a própria vida em uma cela em Nova York, era ativo na alta sociedade da Flórida e de Nova York, associando-se até com um membro da família real britânica. Como um relato observou: "Em 2010, um ano *depois* que [Epstein] saiu de uma prisão na Flórida, Katie Couric e George Stephanopoulos jantaram em sua mansão em Manhattan com um membro da realeza britânica. No ano seguinte, Epstein foi fotografado em um 'jantar de bilionários' com a presença de titãs da tecnologia como Jeff Bezos e Elon Musk."[25] Uma resenha do livro escrito por Julie K. Brown, repórter do *Miami Herald* que escreveu a história que finalmente levou à queda dele, observou que "menos de um ano antes de ele morrer em uma cela de prisão em Manhattan [...] o autoproclamado financista tinha na discagem rápida muitos dos homens mais ricos, inteligentes e poderosos do mundo." Muitos jornalistas "ficaram impressionados com o acesso a ele e deslumbrados pelo grupo de homens famosos que o cercava".[26] Epstein, após seu primeiro período na prisão, prestou serviços valiosos — e muito bem remunerados — a Leon Black, cofundador da Apollo, empresa de *private equity* e gestão de investimentos.

O fenômeno que estou descrevendo se aplica tanto às mulheres quanto aos homens. Por exemplo, eu estava jantando com uma amiga que é executiva sênior de recursos humanos e palestrante ocasional na minha aula sobre poder. Ela me disse que esteve há pouco em um evento social no Vale do Silício, onde conheceu uma jovem incrivelmente carismática, charmosa e poderosa. Gostaria de conhecê-la? Ao que parece, Elizabeth Holmes, da extinta Theranos, estava angariando dinheiro para seu *próximo* empreendimento. E, apesar dos documentários, artigos, julgamento criminal pendente [na época] e outras coisas associadas ao colapso da Theranos, Holmes ainda era bem aceita em círculos sociais poderosos e, aparentemente, teve certo sucesso em arrecadar dinheiro para seu segundo ato.

Não fiquei surpreso que Elizabeth Holmes estivesse percorrendo com tanta facilidade círculos tão poderosos e angariando mais dinheiro. O Vale do Silício está repleto de histórias como essa, nas quais os infratores são perdoados depressa e logo recebem mais apoio financeiro para o próximo empreendimento. Parker Conrad foi fundador e CEO da Zenefits, empresa de software de benefícios de recursos humanos. Foi forçado a renunciar em fevereiro de 2016, "em meio a alegações de que a empresa havia intencionalmente sobrevalorizado as projeções de vendas e estava desrespeitando as leis ao não obter licenças de corretores [de seguros] para os funcionários."[27] Em 2017, Conrad fundou a Rippling, uma startup de software de gestão de funcionários. Em agosto de 2020, ela levantou US$145 milhões com uma avaliação de US$1,35 bilhão, e Conrad não teve problemas para atrair dinheiro para a empresa na sua criação, apesar das questões legais e éticas passadas.

Em outro exemplo, Mike Cagney foi exonerado do cargo de presidente da Social Finance, empresa de finanças pessoais, quando o conselho descobriu que estava envolvido romanticamente com uma funcionária — e isso depois de lhes assegurar que não estava envolvido em nenhum relacionamento extraconjugal no trabalho. "No entanto, apenas alguns meses depois que Cagney deixou a SoFi, dois investidores em *venture capital* que estavam no conselho da empresa e conheciam os detalhes de suas ações investiram US$17 milhões em sua nova startup. Desde então, Cagney arrecadou mais US$41 milhões para sua startup de empréstimos. O que aconteceu no passado, mesmo no passado recente, muitas vezes se torna um fator pequeno."[28]

Da mesma forma, a história de Travis Kalanick, um dos fundadores e antigo presidente da Uber, narra como "o subterfúgio — a mentira, espionagem, atividade ilegal de suborno e ameaças contra repórteres e concorrentes — funciona… Desde que a avaliação privada da Uber subisse, até os diretores mais críticos estavam dispostos a ignorar seus atos imorais."[29]

Para deixar claro, certamente *NÃO* estou recomendando que você cometa crimes, abuso sexual, venha a extorquir dinheiro enquanto sua empresa vai à falência, viole seguros ou outros regulamentos, ou exagere as capacidades da sua empresa ou de seus produtos. Mas há uma lição extremamente importante — para você e talvez para a sociedade — nessas histórias e na miríade de relatos semelhantes: se você é bem-sucedido, rico, poderoso e tem muitos amigos ricos e poderosos, uma boa rede de contatos, então esse sucesso e essas conexões provavelmente irão protegê-lo (observe que usei a palavra *provavelmente*, não *inevitavelmente*) de perder o poder e cair em desgraça, quase *a despeito* do que faça. Simplificando, uma vez que se está no topo, pelo menos em algum sentido desse termo, o que fez para chegar lá será esquecido, perdoado ou possivelmente ambos.

O fato de que o poder protege as pessoas de enfrentar todas as consequências dos próprios comportamentos pode ajudar a explicar por que os poderosos se comportam mal em primeiro lugar. Alguns psicólogos sociais escreveram sobre como o poder leva à desinibição na conduta das pessoas, conferindo à expressão "o poder corrompe" alguma validade empírica.[30] O poder faz com que as pessoas foquem nas recompensas e ganhos em vez de perdas, aumenta o otimismo e as leva a agir de modo mais arriscado,[31] aparentemente libertando-as para fazer o que não fariam em outras condições, pois correm atrás de seus próprios objetivos com vigor e com pouca consideração pela forma como seu comportamento afeta os outros.

Este capítulo fornece mais uma explicação plausível do motivo desse comportamento desinibido e fora das normas ocorrer com mais frequência entre os poderosos. Uma razão pela qual o poder pode produzir tal violação das normas e convenções sociais é porque ele *protege* as pessoas das piores consequências de suas ações, garantindo que não sejam responsabilizadas da mesma forma que os menos poderosos e abastados. Se o poder ajuda a protegê-los das consequências de seus comportamentos, não é de se surpreender que os poderosos se sintam mais livres para fazer o que querem.

Posso antecipar o que está pensando — que todas essas pessoas sofreram consequências em algum momento. Enquanto escrevo, Elizabeth Holmes está sendo julgada por condenações por quatro acusações de fraude eletrônica. Parker Conrad foi demitido da Zenefits. Jeffrey Epstein morreu em uma cela. Harvey Weinstein foi condenado por estupro, apesar de seu poder em Hollywood, e Woody Allen teve seus projetos de filmes cancelados e a distribuição reduzida por causa de alegações de abuso sexual infantil.

No entanto, as consequências negativas resultaram de esforços tremendos e pouco comuns. A queda de Epstein aconteceu em parte porque uma repórter local — e há cada vez menos desse tipo no ecossistema midiático em rápida consolidação — decidiu cobrir a história de como um criminoso condenado foi capaz de se associar a ricos e famosos, mesmo continuando com o estilo de vida predatório que lhe rendera problemas legais. E, apesar de o *Miami Herald* apoiar os esforços de Julie K. Brown, ela ainda encontrou inúmeras barreiras enquanto perseguia a história. Sim, talvez Jodi Kantor, repórter do *New York Times*, decida investigar o comportamento de um poderoso infrator, como ela e sua colega Megan Twohey fizeram com Harvey Weinstein, resultando em um livro best-seller e um Prêmio *Pulitzer* e, por fim, Weinstein será preso e sua empresa cinematográfica fechada. Observe, no entanto, que as pessoas que enfim foram derrubadas tiveram comportamentos particularmente execráveis, e a maioria por um bom tempo, até que tiveram a má sorte de se deparar com indivíduos que se preocupavam com tal conduta e estavam em posição para expô-lo. Quase sempre, para a maioria delas, as investigações não acontecerão e o poder perdurará.

Nossa tarefa é entender a psicologia social do *motivo* pelo qual o poder permanece tão estável, para que você possa evitar ser surpreendido quando o poder perdurar.

COGNIÇÃO MOTIVADA PROPICIA UM MECANISMO PARA IGNORAR MAUS COMPORTAMENTOS

"As pessoas muitas vezes acreditam que seu pensamento honestamente visa obter uma impressão precisa da realidade. Após uma análise mais cuidadosa, tal suposição cai por terra."[32] O fenômeno da cognição motivada descreve um processo universal, espontâneo e dominante "no qual os objetivos e as necessidades dos indivíduos orientam seus pensamentos para as conclusões desejadas".[33] Resumindo, as pessoas veem — e acreditam — o que querem. Muitas manifestações de cognição motivada funcionam para garantir que as pessoas no poder o mantenham. Eis alguns dos efeitos desse fenômeno.

O Desejo de Consistência e Seu Efeito Na Percepção dos Detentores do Poder

A hipótese central do chamado paradigma da consistência cognitiva é "que os seres humanos possuem uma necessidade arraigada de consistência cognitiva, cuja frustração gera angústia".[34] As hipóteses tiveram ampla adesão não apenas na psicologia, mas também na psicologia organizacional, neurociência, economia, sociologia e ciência política. Recentemente, a hipótese central de uma necessidade ou impulso por consistência tem sido criticada, com o argumento de que os efeitos aparentes desse impulso podem ser mais bem explicados como algo que reflete a atualização de crenças cognitivas resultantes de informações discrepantes, em vez de um estímulo humano fundamental. Para nossos propósitos, a distinção não é particularmente relevante, porque em ambos os casos, as previsões empíricas são semelhantes: as cognições tendem à consistência.

Como esse efeito de consistência se desenrola em relação ao poder e sua manutenção é simples. A percepção de que "a pessoa X é poderosa, rica e bem-sucedida" tem implicações para outras crenças sobre ela, como: é moral, competente, inteligente, trabalhadora e, geralmente, alguém cuja associação seria desejável. É importante ressaltar que as atribuições dos traços de uma pessoa são mais maleáveis do que as de poder, riqueza e sucesso, que são mais ancoradas nos fatos. Jeff Bezos é sem dúvidas uma das pessoas mais ricas do mundo. Donald Trump foi eleito presidente dos Estados Unidos em 2016 e recebeu o segundo maior número de votos populares da história do país em 2020. Para alcançar a consistência da cognição, é óbvio que é mais fácil acreditar nos traços desses ou quaisquer outros indivíduos que são congruentes com suas conquistas do que negar os fatos de sua riqueza ou poder.

A consequência é que, uma vez que riqueza, fama, status ou poder são alcançados — ideias conceitualmente distintas em teoria, mas que aparecem juntas com tanta frequência que quase não são mais distinguíveis —, as tendências de consistência das pessoas criarão atribuições que reforçarão as crenças no poder, potência, inteligência etc. dos outros, criando um ciclo de reforço próprio.

Eis um exemplo baseado em pesquisa de como a consistência das crenças opera. Barry Staw, professor da escola de negócios de Berkeley, observou a correlação entre as dimensões de grupos de trabalho, organizações e indivíduos e vários resultados de desempenho. Staw argumentou e demonstrou experimentalmente que, embora muitos estudiosos — e outros — pensassem que as dimensões previam o desempenho, poderia ser que os resultados de desempenho, uma vez conhecidos, afetassem a atribuição de características organizacionais ou grupais. Ele escreveu:

> *Postula-se que os participantes organizacionais possuem teorias de desempenho, assim como os pesquisadores organizacionais, e que os entrevistados usarão o conhecimento de desempenho como uma pista pela qual atribuem características a si mesmos, seus grupos de trabalho e organizações. De acordo com essa hipótese, os dados autorrelatados sobre as características organizacionais podem, na realidade, representar as consequências, e não os determinantes do desempenho.*[35]

O argumento de Staw não se aplica apenas a atribuições de desempenho organizacional, descrições de si mesmo ou dados transversais. Também se aplica a como as pessoas fazem inferências consistentes com os fatos observados sobre os outros. Em relação ao poder, essas inferências quase sempre tendem a reforçar percepções que farão com que a pessoa no poder pareça merecê-lo, o que tende a garantir que permaneça poderosa.

A Crença em um Mundo Justo e a Racionalização de Atos Imorais

A maioria das pessoas quer acreditar que o mundo é um lugar justo e que as pessoas geralmente têm o que merecem. Como o psicólogo social Melvin Lerner observou quando desenvolveu a chamada hipótese do mundo justo, a ideia de um mundo justo fornece às pessoas um senso de previsibilidade e controle. Elas adoram o sentimento de certeza e influência sobre seus ambientes. Acreditar em um mundo justo significa: siga as regras e prosperará; quebre as regras — ou leis — e sofrerá.

O que algumas pessoas não percebem é que a lógica inversa também funciona. A crença de que as pessoas têm o que merecem implica que quem sofreu reveses ou infortúnios deve ter feito algo para merecê-

-los — um fenômeno semelhante a culpar a vítima. Em contrapartida, presume-se que quem prospera merece tal êxito; e essa busca por justificativas para a boa (ou má) sorte se estende a resultados que ocorrem puramente por acaso.

Como outra manifestação de consistência cognitiva, a ideia de mundo justo funciona para atribuir comportamentos e traços positivos a indivíduos que alcançaram poder e riqueza. Uma vez que essas características estão associadas a eles, outros agirão de acordo com tais atributos, buscando se aproximar deles, ajudá-los, elogiá-los e, de diversas outras maneiras, auxiliando a criar a realidade de poder e status futuros.

A RACIONALIZAÇÃO MORAL COMO EXEMPLO DE COGNIÇÃO MOTIVADA

Três estudiosos de marketing se propuseram a resolver um enigma: como os consumidores poderiam continuar a apoiar figuras públicas, ou empresas e marcas, que se comportaram de modo imoral.[36] O problema é a inconsistência dos indivíduos. Por um lado, podem ter preferências e vínculos profundos e duradouros por figuras públicas ou empresas; por outro, a maioria das pessoas se vê como moralmente íntegra. O dilema é como resolver a possível inconsistência e tensão entre ser um indivíduo moral e apoiar alguém envolvido em transgressões?

Um processo para resolver essa inconsistência é a racionalização moral. Conforme descrito pelo falecido psicólogo social Albert Bandura e seus colegas, ela se refere a estratégias nas quais os atores sociais redefinem e reconceituam o comportamento imoral de outros ao "(1) redefinir a conduta nociva, (2) minimizar o papel do infrator nos danos causados, (3) minimizar ou distorcer os danos causados pelo infrator e (4) desumanizar ou culpar a vítima".[37] A racionalização moral permite que continuem se associando com malfeitores, redefinindo o comportamento como não tão ruim, ou eximindo-os de culpa.

Outro processo de resolução da inconsistência, apresentado no artigo pelos três estudiosos de marketing, é conhecido como dissociação moral. Nesse processo, os observadores admitem que as pessoas a quem estão ligados e atraídos cometeram transgressões, mas racionalizam a contínua atração e envolvimento, argumentando que o comportamento imoral não é relevante para o contexto atual. A dissociação moral representa "um processo de separação psicológico pelo qual os consumidores [e outros] dissociam seletivamente os julgamentos de moralidade dos de desempenho."[38] Assim, por exemplo, as relações extraconjugais do golfista Tiger Woods não são relevantes para sua habilidade como golfista, o caso de Bill Clinton com Monica Lewinsky não é relevante para sua capacidade de administrar efetivamente a economia dos Estados Unidos, os vários pecadilhos sexuais de executivos corporativos não refletem suas habilidades como estrategistas de negócios ou gerentes operacionais, e assim por diante. Como a dissociação moral permite que as pessoas reconheçam a transgressão e argumentem que não é relevante para os julgamentos de desempenho que motivam a associação contínua com o infrator, a dissociação é cognitivamente mais fácil de acontecer:

> *Descobrimos que a dissociação moral é mais fácil de justificar e parece menos errada do que a racionalização moral. Enquanto esta exige que as pessoas tolerem comportamentos que normalmente são vistos como imorais e podem ameaçar a autoimagem dos consumidores, a dissociação moral permite que os clientes apoiem um infrator e, ao mesmo tempo, condenem a transgressão. Ao dissociar o desempenho da moralidade, pode-se apoiar um ator imoral sem estar sujeito a se reprovar.*[39]

Minha mera observação é que tanto a racionalização quanto a dissociação moral estão frequentemente presentes, mas que a última é, de fato, a maneira mais frequente pela qual se justifica continuar a se associar com infratores. O ponto fundamental é que as pessoas têm muitas maneiras de revalorizar e redefinir cognitivamente as situações, a fim de continuar confraternizando com os poderosos (ainda que problemáticos), quando têm interesse em fazê-lo, mantendo o senso de integridade moral.

O DESEJO DE ESTAR PERTO DO PODER E DO SUCESSO (PERCEBIDOS) AFETA A RELAÇÃO COM OS PODEROSOS

As pessoas são atraídas por poder e sucesso; elas os procuram e se empenham para estar perto daqueles que possuem ambos. Como resultado, seus relacionamentos e julgamentos anteriores sobre os poderosos podem mudar (e mudam) para acomodar o desejo de serem associadas e estarem próximas ao sucesso deles. A implicação é que, uma vez que adquirem poder, status, dinheiro — as armadilhas do sucesso — também alterarão suas opiniões e comportamentos de modo (1) consistente com esse poder e (2) congruente com o desejo de estar perto dos poderosos. Eis alguns exemplos.

Laura Esserman, cirurgiã de câncer de mama da Universidade da Califórnia, em São Francisco, cofundadora de uma organização sem fins lucrativos que impulsiona mudanças na área de assistência médica com um orçamento anual em torno de US$80 milhões, e vencedora de prêmios demais para mencionar, foi minha aluna e inicialmente relutou em aceitar muitos dos princípios do curso. Escrevi sobre ela no final de 2003, e depois de ouvir a discussão do caso, ela começou a ajustar sua abordagem para incorporar as regras do poder. Muitas pessoas que entrevistei para o caso descreveram a energia ilimitada e a extravagância de Esserman, mas também notaram que polarizava quem interagia com ela. Uma das pessoas que não era fã da Laura era membro muito sênior do corpo docente de oncologia da UCSF, que tinha problemas com o estilo dela. Na época do caso, frequentemente elas estavam em conflito. Esserman explicou:

> *Ela é muito diferente de mim. Usa ternos todos os dias e é bastante organizada. Sabe como o sistema funciona e como subir dentro dele. Uma vez saí do meu carro vestindo um casaco e um chapéu roxos, e ela olhou para mim absolutamente horrorizada e disse: "Meu Deus, Laura, parece que você saiu do Mágico de Oz." Ela ficou perplexa com a imagem.*[40]

Embora a relação entre Esserman e essa outra pessoa fosse bastante ruim, no final de 2015 ela "magicamente" mudou para melhor. Quando Esserman foi destaque em uma matéria da primeira página na seção de ciências do *New York Times*, recebeu o seguinte e-mail da outra mulher:

> *Eu amei o artigo do New York Times sobre você e acabei de ouvir sobre o Prêmio Luminary. Arrasou! Estou muito orgulhosa de tudo o que conquistou para mulheres com câncer de mama e pela UCSF. Você conseguiu fazer acontecer coisas que nunca pensei que fossem possíveis. Parabéns, ainda há muito mais por vir!*

O aforismo "o sucesso tem muitos pais, mas o fracasso é órfão" pode ser reformulado com exatidão para "quando se é poderoso e bem-sucedido, tem-se mais amigos do que achava que tinha; quando perder o poder, ninguém o conhecerá".

Para desenvolver mais esse último ponto: como as pessoas procuram se associar aos poderosos, uma vez que alguém perde o poder, seja por desapropriação, aposentadoria ou demissão voluntária, o número de indivíduos que querem estar perto dele diminuirá. O professor de Yale, Jeffrey Sonnenfeld, escreveu um livro premiado, *The Hero's Farewell* [sem publicação no Brasil], sobre CEOs que cederam o poder graciosamente — ou não — no final de suas carreiras.[41] Identificou quatro tipos de líderes corporativos: Monarcas, que se recusam a sair voluntariamente; Generais, que saem com relutância e planejam voltar; Embaixadores, que saem graciosamente; e Governadores, que saem para perseguir desafios novos e diferentes. O livro, agora com mais de trinta anos, argumentava que as sucessões executivas geralmente eram difíceis porque os CEOs, que se viam como heróis, muitas vezes não estavam dispostos a abrir mão do controle da "sua" empresa. Esse fenômeno de não querer deixar uma posição de poder provavelmente se tornou mais comum, uma vez que os salários dos CEOs são muito mais altos e os privilégios do cargo substancialmente melhores.

Uma motivação para se apegar a posições de poder, como cargos de direção, é a percepção de que, uma vez que não estiverem mais na função, o incentivo para que os outros continuem associados diminui drasticamente e, portanto, podem se encontrar com status e pessoalidade muito reduzidos. Um amigo meu, antigo CEO de uma grande organização que na época ocupava uma posição sênior (mas não no topo) em outra empresa gigantesca em um setor diferente, e que agora administra uma startup que fundou, enviou-me o seguinte e-mail: "Espero que sua experiência tenha sido diferente, mas descobri que amizades duradouras são difíceis de manter à medida que envelheço. Valorizo muito a sua." Acredito que a questão que essa pessoa enfrentou não é tanto sobre o envelhecimento; e sim reflete as consequências para interações interpessoais decorrentes da mudança de papéis de status elevado e poder para uma posição com menos poder formal e controle sobre vastos recursos. E, sim, as pessoas estão muito menos interessadas em alguém nessa situação.

OS PODEROSOS PODEM ESCREVER — E CRIAR — A HISTÓRIA

As pessoas no poder normalmente têm acesso a recursos, incluindo capital financeiro e social — de fato, tal capital pode ser a fonte de seu poder. Muitas vezes usam esses recursos para "criar", de várias maneiras, uma história que camufla os erros do passado ou as reinterpreta de modo favorável a elas. Ao escrever sua própria história, os poderosos podem destacar os aspectos de suas carreiras que criam uma imagem favorável, ignorando incidentes que os retratariam de modo não muito desejável. Se conseguirem que suas histórias sejam amplamente disseminadas, estas se tornarão o relato "oficial" de sua vida — o que pode perpetuar ainda mais seu poder.

Uma vez que escrever a própria história é tão importante para criar e perpetuar o poder, muitas pessoas o fizeram. A tabela 7-1 apresenta uma breve lista parcial dos muitos líderes que contaram suas histórias.

TABELA 7-1	UMA LISTA (BEM) PARCIAL DE AUTOBIÓGRAFOS CORPORATIVOS
Autor	**Empresa**
Jack Welch	General Electric
Lee Iacocca	Chrysler
Henry Ford	Ford Motors
Alfred P. Sloan	General Motors
Andrew Grove	Intel
Marc Benioff	Salesforce
Thomas J. Watson Jr.	IBM
Michael Dell	Dell Computer
Michael Eisner	Disney

Robert Iger	Disney
Phil Knight	Nike
Mary Kay Ash	Mary Kay Cosmetics
Ray Kroc	McDonald's
David Packard	Hewlett-Packard
Howard Schultz	Starbucks
Sam Walton	Walmart
Reid Hoffman	LinkedIn
Kim Scott	Dropbox
John Mackey	Whole Foods
Tony Hsieh	Zappos
Sir Richard Branson	Virgin Records, Airlines e outras
Satya Nadella	Microsoft
Carly Fiorina	Hewlett-Packard
Michael Bloomberg	Bloomberg
Yvon Chouinard	Patagonia
Stephen Schwarzman	Blackstone
Peter Thiel	PayPal e outras
David Novak	YUM! Brands
Martha Stewart	Martha Stewart Living Omnimedia
Jason Fried	Basecamp
Bernie Marcus e Arthur Blank	Home Depot

(continua)

(continuação)

Andrew Yang	Manhattan Prep (preparação para exames) e candidato político
Ken Langone	Investidor em *venture capital*, fundamental no financiamento da Home Depot
Meg Whitman	eBay

No capítulo 4, comentei quantos líderes empresariais e figuras políticas, possivelmente agora mais do que nunca, escrevem livros que melhoram sua imagem. O fato de essa ser apenas uma lista parcial de autobiografias corporativas mostra o quão vasta essa atividade é.

A capacidade de criar uma narrativa e depois contá-la repetidamente até que seja vista como verdade ajuda as pessoas a reterem o poder. O fato é que os investidores em *venture capital*, outros investidores e até mesmo funcionários e clientes adoram um bom mito de origem sobre uma empresa, que costuma elevar o papel de um empreendedor e tirar os colegas de cena. Enquanto a história "vender", inspirar e tiver algum elemento de verdade, os observadores não se importarão com a verdade completa. Estão interessados na visão, na narrativa, em criar um conto útil para atrair investimentos, clientes e funcionários, não algo historicamente preciso. Portanto, a capacidade de divulgar a história desde o começo, com frequência e de forma convincente cria uma realidade que pode perpetuar o poder da pessoa, apesar de quaisquer fatos inconvenientes que os contradiga.

O caso de Jack Dorsey ilustra a dinâmica desse processo. Como bem descrito pelo repórter de tecnologia Nick Bilton,[42] Dorsey contribuiu para a fundação do Twitter, mas não concebeu a ideia por trás dele, nem estava presente quando a empresa predecessora, a Odeo, criadora de podcasts, foi concebida por Evan Williams. Dorsey se tornou diretor executivo do Twitter, mas não era um grande gestor e foi forçado a deixar a empresa. O que aconteceu depois é consistente com a ideia deste capítulo de que o sucesso, ou a ilusão dele, pode corrigir tudo — e reconstruir uma imagem:

> *Depois que foi destituído de seu poder no Twitter, Dorsey fez uma campanha midiática para promover a ideia de que ele e Williams*

tinham trocado de funções. Também começou a contar uma história mais elaborada sobre a fundação do Twitter. Em dezenas de entrevistas, Dorsey apagou completamente Glass [Noah Glass, quem teve a ideia] de qualquer envolvimento na concepção da empresa. Mudou sua biografia no Twitter para "inventor"; pouco depois, começou a excluir Williams e Stone também. Em um evento, Dorsey se queixou a Barbara Walters que ele havia fundado o Twitter, e ela levantou esse ponto no dia seguinte no "The View" [...] Dorsey disse ao Los Angeles Times que "o Twitter foi o trabalho da minha vida em muitos sentidos". Ele também não creditou Glass pelo nome incomum da empresa [...] A história de Dorsey evoluiu ao longo dos anos [...] Começou a se moldar à imagem de Steve Jobs (...) adotando um uniforme distintivo: uma camisa de botões branca da Dior, jeans azul e paletó preto [...] No Vale do Silício, a maioria das empresas tem sua própria versão da história do Twitter: um cofundador, sempre um amigo e, muitas vezes, a pessoa com a grande ideia por trás da empresa, que é enxotada por outro cofundador mais ávido. Como um ex-funcionário do Twitter disse: "O maior produto que Jack Dorsey já fez foi Jack Dorsey."[43]

No final, a realidade para Jack Dorsey, que agora vale bilhões de dólares, se tornou a história que inventou. Nessa altura, ninguém, além de talvez alguns jornalistas e professores, realmente se importa com as origens reais do Twitter ou com a transformação de Jack Dorsey. O poder escreve a história e, ao fazê-lo, ajuda a perpetuar o próprio poder e muitas das fundações sobre as quais foi construído.

TUDO ESTÁ À VENDA — ATÉ MESMO A RESPEITABILIDADE

Madonna, a rainha do pop, disse isso bem: "We are living in a material world" ["Estamos vivendo em um mundo material", em tradução livre]. Em tal mundo, não é só a companhia dela que está à venda (como na música) — quase tudo está. Ou, em outras palavras, grande parte da vida, incluindo a social, é mais transacional do que pensamos.

O poder é frequentemente associado à riqueza, mas mesmo quando não é o caso, o poder, o status e o prestígio associados podem ser usados para gerar recursos financeiros. Estes, por sua vez, podem ser empregados como presentes para organizações sem fins lucrativos prestigiosas e de status elevado para "comprar" status social e legitimidade. Os nomes das pessoas em instituições legítimas e de status elevado, ou associados a elas, ajudam a conferir respeitabilidade aos doadores. Então, não é surpresa para os ricos que ter seus nomes associados a doações é uma estratégia frequentemente usada para garantir que sejam vistos de modo favorável, tendo seus atos imorais negligenciados ou esquecidos.

Citando um artigo da *New Yorker* sobre como a caridade pode ser usada para encobrir transgressões ou neutralizá-las, usando Bill Cosby e Harvey Weinstein como exemplos:

> *Uma visão é que a filantropia pode atuar como uma espécie de mecanismo de penitência. O indivíduo que reconhece que agiu mal tenta ser generoso na mesma medida para amenizar o efeito do karma. Acabamos de reconhecer a premiação anual do prêmio internacional da paz criado por um homem [Nobel] que enriqueceu com as vendas de dinamite e munições de guerra relacionadas. Muitas das grandes fundações reconhecidas foram criadas em homenagem a indivíduos cujo caráter pessoal ou riqueza estavam ligados a ações bastante moralmente comprometedoras.*[44]

Reflita sobre o uso de doações caridosas por algumas das pessoas já mencionadas neste capítulo para melhorar sua imagem. Michael Milken, de acordo com seu porta-voz, doou mais de US$1 bilhão para pesquisa médica, educação e outras causas. Em 2014, a "Universidade George Washington renomeou sua escola de saúde pública como Milken Institute".[45] Martha Stewart, vencedora do prêmio People's Choice 2014 da WebMD, "abriu o Martha Stewart Center for Living no Hospital Mount Sinai, em Nova York, com uma doação de US$5 milhões", suprindo a necessidade de assistência médica de qualidade para idosos.[46] Elizabeth Holmes organizou um evento beneficente em Palo Alto para a campanha de Hillary Clinton em 2016. Os Winnicks são importantes doadores para a *alma mater* da Sra. Winnick, a Universidade de Syracuse, e para a do Sr. Winnick, a Universidade de Long Island. Os Winnicks também doaram para lugares que levam seu sobrenome, como o Zoológico Infantil Winnick em Los Angeles; a Winnick Hillel House na Universidade de Syracuse; a Sala de Reuniões Winnick no Museu de Arte Moderna em Nova York; e o Centro Internacional de Conferências

Winnick do Centro Simon Wiesenthal, em Jerusalém; além de uma extensa lista de instituições de caridade.[47]

ALGUMAS CONCLUSÕES

Vince Lombardi, lendário treinador do Green Bay Packers, é creditado com o ditado: "vencer não é tudo, é a única coisa", embora o treinador de futebol americano Henry "Red" Sanders, da UCLA, possivelmente o tenha dito primeiro.[48] Lombardi, Sanders e outros que disseram a mesma coisa desde então alegam que vencer é muito importante. Há outra maneira de interpretar esse adágio, no entanto. É que vencer — neste caso, alcançar uma posição de grande poder — torna-se "a única coisa", pois com o poder, o status e a riqueza que a vitória traz, quase tudo se torna sem importância ou irrelevante.

Isso não quer dizer que alguém poderoso não caia em desgraça. Mas sua capacidade de manter a associação com instituições de status elevado e garantir que sua história seja efetivamente contada de modo a melhorar sua reputação — e o fato de que o poder, por causa de como os efeitos de consistência operam, faz com que as pessoas encontrem maneiras de justificar, racionalizar e honrar aqueles no topo —, pode fazer com que o poder se perpetue.

O poder dificilmente é o único domínio social no qual forças que se perpetuam e se confirmam estão em ação; o conceito de profecia que se concretiza é uma maneira útil de entender muitos fenômenos. Mas o fato de que o poder fornece algum nível de isolamento para os poderosos tem implicações importantes para aqueles que procuram derrubá-los, e também para os que pensam sobre como e se devem aumentar o próprio poder. Resumindo, uma vez que se está no poder, é provável que permaneça lá por causa de todos os processos que descrevi neste capítulo. E muito do que se fez para alcançar o topo será de fato perdoado ou esquecido à medida que as pessoas constroem histórias baseadas nos desejos por consistência e por estarem perto dos poderosos.

CONCLUSÕES
Permanecendo no Caminho para o Poder

Como meu colega Bob Sutton e eu observamos em *The Knowing-Doing Gap* [sem publicação no Brasil],¹ o conhecimento pode ser útil, mas se não for transformado em ação, terá pouco ou nenhum valor. Isso também é verdade para o poder: conhecer suas regras fornece vantagem apenas à medida que as pessoas transformam esse conhecimento em ação, e o fazem com frequência. Além disso, agir com base nele facilita o aprendizado a partir da experiência proporcionada pela ação e, assim como qualquer prática, a ação ajuda a fazer com que esse conhecimento perdure enquanto se torna parte dos comportamentos habituais das pessoas. Portanto, termino o livro com alguns conselhos de como transformar o conhecimento sobre as regras do poder em ações que possam criar um caminho para o poder.

Um primeiro conselho: aprenda sobre o poder e, em seguida, reaprenda com frequência o que já assimilou, porque o material, embora fácil de entender, é aparentemente mais difícil de implementar do que deveria.

Alguns anos atrás, conheci Rajiv Pant, então diretor de tecnologia do *New York Times*. Rajiv passou a trabalhar para Arianna Huffington na Thrive, depois foi diretor de produtos e tecnologia do *Wall Street Journal*. Recentemente se juntou à Hearst Corporation. Ele iniciou contato comigo por e-mail.

"Como você me encontrou?", perguntei.

"Através do seu livro, *Poder*",[2] respondeu.

E como descobriu o livro? Ele estava na área de tecnologia da informação na Condé Nast Publications, onde havia perdido uma batalha política para um concorrente que passara a perna nele. Pant sabia que precisava deixar a empresa para recuperar a força de sua carreira. Decidiu admitir a derrota graciosamente e sair em bons termos, na medida do possível, com a pessoa que o havia superado. Foi ao escritório de seu concorrente — agora chefe — para ter uma última conversa e notou o meu livro na estante dele. Decidiu comprá-lo e lê-lo. Segundo ele, agora entendia o que tinha acontecido.

Determinado a não deixar isso acontecer de novo, Pant comprou três versões de *Poder*: um audiobook, um e-book e uma cópia impressa. Por que três versões do mesmo conteúdo? Porque, conforme me disse: "O que você está pedindo para fazermos não é natural — vai contra o modo como fomos criados e o que nos foi ensinado nas escolas. O que você está ensinando também é inconsistente com o que nos é dito com frequência nos onipresentes (e praticamente inúteis) treinamentos de liderança e livros que descrevem principalmente como as pessoas querem que o mundo social seja, em vez das regularidades empíricas que explicam o que de fato funciona para construir poder e fazer as coisas." Conforme subentendido pelas obras de Maquiavel e pela compreensão da ciência social do comportamento humano, e observado com perspicácia por um conhecido, "a liderança não é uma pretensão moral". Trata-se, sobretudo, da pragmática de fazer as coisas acontecerem.

Fazer coisas que não são naturais e, em certo sentido, contrárias à sabedoria popular, requer lembrança e vigilância constantes. Isso porque, por definição, os comportamentos artificiais não vêm naturalmente, portanto, são difíceis de implementar e exigem atenção e reflexão conscientes.

Precisamente. A análise de Pant tem algumas conclusões importantes. O mundo é hierárquico, com menos posições no topo do que na base, quer seja no âmbito de esportes profissionais, universidades, empresas, organizações políticas ou escolas. Em um mundo hierárquico com competição pelo avanço, a capacidade de exercer poder se torna cada vez mais importante à medida que sua carreira avança, porque outros diferenciais entre as pessoas, como inteligência ou habilidades técnicas, tornam-se cada vez mais semelhantes nos níveis mais altos. Em certo ponto, todos são inteligentes e têm aproximadamente o mesmo conhecimento técnico. Se exercer poder fosse fácil ou natural, não seria um fator diferenciador tão importante na capacidade das pessoas de alcançar posições mais altas ou seus objetivos. Se quase todos pudessem implementar as regras do poder com facilidade, fazê-lo não daria vantagem para quase ninguém.

Como as lições e os princípios deste livro não vêm naturalmente para muitos, e não são automáticos ou fáceis de se implementar, a implicação é óbvia. É preciso ajuda para pensar e aplicar essas sete regras em sua vida. Eis algumas ideias de como fazê-lo.

Arrume um Coach Pessoal

Tenho uma lista de pessoas que trabalharam com minhas aulas online e presenciais. Essas pessoas entendem tais ideias e têm excelentes habilidades de coaching. Ofereço essa lista para as pessoas que me perguntam sobre como encontrar recursos de coaching executivo. É claro, as pessoas têm liberdade para encontrar seu próprio coach — não recebo comissão alguma pelas recomendações. Mas faça sua escolha com cuidado. Escolha alguém com quem possa se conectar e aprender e, mais importante, que não apenas lhe ofereça simpatia, mas que também o faça pensar sobre seus erros, para que não os repita. Eis um exemplo do que considero um mau conselho de coaching.

Em um almoço, eu estava sentado com uma engenheira extremamente talentosa graduada pelo MIT, uma das fundadoras de uma empresa que foi vendida para o Google, embora tenha sido forçada a sair antes da venda pelo outro cofundador. O evento que precipitou sua partida foi a contratação de um executivo de marketing muito talentoso e aparentemente criador de valor que, no último minuto antes de aceitar a oferta, disse ao outro fundador que não poderia trabalhar com, e especialmente para, uma mulher.

Olhei para ela e perguntei o que fez. Disse que saiu para o bem da empresa, algo que foi emocionalmente difícil de fazer. Após o acontecimento, relatou o incidente ao seu coach, que acusou o executivo de marketing de sexismo e o cofundador de deslealdade extrema.

"O que mais o coach disse?", perguntei. "Nada", ela respondeu — o coach ofereceu simpatia e apoio emocional no contexto de um evento traumático.

Minha resposta foi imediata: "Demita seu coach". Por quê? Porque, embora as declarações do coach sobre o cofundador e o executivo de marketing fossem, sem dúvida, verdadeiras, foram totalmente inúteis para ensiná-la como era cúmplice do próprio desempoderamento.

Perguntei: "Você tem certeza de que esse executivo de marketing disse que não trabalharia para ou com você?" Minha companheira de almoço disse que não, ela não havia pensado na possibilidade de que o colega tivesse inventado a história como uma forma de tirá-la da empresa ou que, se perdesse o emprego por causa disso, o funcionário de marketing não mudaria de ideia. Ela não podia crer que o cofundador inventaria essa história para que ela saísse da organização.

Continuei: "O que seu colega teria feito se a situação fosse contrária e ele tivesse que sair da empresa para poder recrutar algum talento executivo importante?" Ele provavelmente não teria saído, ela contou.

Minha expressão transmitiu meu pensamento: *Por que você estava tão disposta a sacrificar sua função quando sabia, ou pelo menos tinha fortes suspeitas, que ele não faria o mesmo por você e, além disso, não tinha conhecimento em primeira mão da situação que a forçou a sair da empresa que havia ajudado a fundar e à qual agregou tanto valor?*

Horrorizada, olhou para mim e reclamou que eu estava "culpando a vítima". Respondi que eu não a estava "culpando", mas que, embora o comportamento que havia enfrentado fosse censurável, ela não podia controlar os perpetradores, nem as pessoas que poderia encontrar no futuro com pontos de vista e ações igualmente terríveis. A dura lição é que o único indivíduo cujo comportamento ela tem controle quase total é, evidentemente, ela mesma. Portanto, precisava descobrir o que fazer de diferente.

Continuei: "Esse tipo de situação, infelizmente, pode se repetir. Você não precisa de um coach para receber simpatia. Precisa de um que irá prepará-la, psicológica e estrategicamente, para lidar com tal ocorrência de forma mais eficaz no futuro — no mínimo, mantendo-se firme.

A moral da história é que você deve encontrar um coach que o faça sair da sua zona de conforto de forma gentil, construtiva e firme, e também o faça refletir muito sobre *suas* escolhas e *suas* ações — as únicas coisas sobre as quais você tem controle — para que possa vencer nas lutas pelo poder. Sim, o mundo pode ser cruel e injusto. Como digo aos meus alunos: Se alguém for passar a perna em você, é provável que seja alguém bem próximo. São os que têm o incentivo e a oportunidade, como no caso da startup e do cofundador da minha companheira de almoço. Quem trai Júlio César na peça de Shakespeare? Brutus, "amigo de César e um homem de honra".[3] Esteja preparado para que, quando coisas ruins e injustas acontecerem, você não fique surpreso e possa responder de forma eficaz, estratégica e tão impassível quanto possível.

Crie um Conselho de Administração Pessoal

O que um conselho bom e funcional faz por uma empresa? Fornece novas perspectivas, informações diferentes e, na melhor das hipóteses, responsabiliza a equipe de liderança pelos resultados. Isso pode ser exatamente o que você precisa: um conjunto de pessoas (talvez três ou quatro) que não precisam se reunir, que trabalham em diferentes setores e funções e, portanto, não são de forma alguma suas competidoras. O trabalho delas é responsabilizá-lo pelos objetivos que você definiu para si mesmo, oferecer-lhe informações, perspectivas e contatos diferentes do que pode acessar por conta própria e fornecer um elemento de coaching pessoal. As pessoas frequentemente estão dispostas a fazer isso porque, como exploramos no tópico sobre pedir ajuda no capítulo 2, as pessoas adoram ser úteis e oferecer conselhos e auxílio.

Defina um "Grupo de Poder" ou Organize "Refeições de Poder"

Nos últimos anos, vários grupos de mulheres que frequentaram minha matéria decidiram espontaneamente se reunir com frequência durante o trimestre em que estavam fazendo a aula, às vezes até depois de se formarem. O princípio por trás dessa atividade é debater com pessoas em situações semelhantes e que não estão competindo com você sobre como pegar ideias gerais (que é o assunto principal deste livro e da minha aula) e traduzi-las em ações específicas em determinadas situações. Pesquisas mostram que debater ideias com os outros é uma boa maneira de obter novos pontos de vista e aprender.[4] Isso também se aplica para como exercer o poder de modo mais eficaz. A ideia de uma refeição semanal em grupo é manter o embalo, obter os benefícios do apoio social — a ideia de que as pessoas têm um melhor desempenho e ficam mais motivadas na presença de outros[5] —, conseguir suporte e ter uma interação social agradável, inclusive quando está avaliando questões difíceis de como lidar com as políticas organizacionais.

Tamar Nisbett, uma mulher negra que participou da minha classe e agora trabalha com finanças, descreveu como, em 2020, começou o que seria chamado de postura de poder. Ela e algumas colegas de classe testaram algumas das coisas da aula, e funcionaram. Uma aluna do ano anterior descreveu como havia começado a organizar almoços de poder. Nisbett entrou em contato com ela sobre o que fez e como isso se desenrolou. Tamar e outra colega de classe, Marta Milkowska, convidaram outras seis mulheres para se juntarem a elas:

> *Queríamos um grupo de oito, a maioria das quais já tivesse feito a aula, porque estávamos fazendo pela primeira vez. Decidimos fazer oito semanas, e pegar nosso capítulo favorito do livro, ou os que achamos mais desafiadores, e nos concentrar neles, então tínhamos um tema por semana. Nós, como um grupo de mulheres, nos reuníamos no almoço às segundas-feiras, conversávamos sobre os temas e falávamos se precisávamos de ajuda com alguma coisa. Acho que isso foi muito bom porque permitiu que esse grupo de mulheres incríveis pedisse ajuda toda semana, o que não é algo que acho que estamos acostumadas. E também nos deu a chance de relatar nosso progresso, de sermos encorajadas pelas outras que sabiam exatamente o que estávamos fazendo. Isso continuou na primavera. Marta e eu estamos atualmente trabalhando em um piloto no outono com três grupos de MBA, três grupos de ex-alunas da escola de pós-graduação em negócios de Stanford, e três grupos de mulheres fora da escola. Atualmente, estamos construindo*

um site e uma plataforma de educação para que as pessoas possam passar pelo aprendizado por conta própria. Foi tão poderoso para nós, queremos que outras mulheres tenham a oportunidade de ter o mesmo tipo de grupo no qual não há medo em pedir ajuda.

Você não precisa fazer MBA ou estar em Stanford para fazer exatamente o que essas mulheres fizeram. Nem precisa ser mulher, ou viver nos Estados Unidos. O poder de ter a possibilidade de discutir ideias, especialmente ideias difíceis ou desafiadoras, com os outros, e os benefícios de ser capaz de compartilhar suas experiências e pedir ajuda, pode ser facilmente generalizado.

| Crie Listas

Liste o que quer fazer, o que quer aprender e quem gostaria de conhecer. Keith Ferrazzi, especialista em marketing, palestrante e autor best-seller, disse à minha classe que "fiz listas durante toda a minha vida do que queria conquistar". As listas determinam metas específicas do que se deseja alcançar e as etapas necessárias. Pesquisas de longa data sobre o tópico relatam que definir metas, em especial objetivos específicos e ambiciosos, afeta positivamente a probabilidade de alcançá-las e o nível geral de desempenho.[6]

Se ter poder não é natural para você, pratique. Um amigo meu que foi profissional de golfe me disse que a tacada do golfe não é um movimento natural, então conseguir e manter uma boa tacada requer prática. Adquira o que algumas pessoas chamam de "músculos de poder" da mesma forma que faria com a massa muscular: pela prática e uso. Não é muito difícil. Descubra quem pode ser útil para você e entre em contato, praticando a ideia da Regra N.º 5. Crie uma marca poderosa (Regra N.º 4), produzindo uma afirmação concisa de quem você é e por que é unicamente qualificado para fazer o que faz. Aja e fale com poder (Regra N.º 3), entendendo e, depois, implementando ideias de como transmitir poder por meio de suas expressões faciais, linguagem corporal e palavras. Saia da sua zona de conforto (Regra N.º 1), não se segure nem se preocupe desnecessariamente com o que os outros estão pensando sobre você. E quebre regras (Regra N.º 2), surpreendendo os outros, sendo criativo em suas estratégias e táticas de poder. Conforme for aprendendo por intermédio de uma prática ponderada e reflexiva, verá os resultados transformando esse conhecimento em ação em um tempo relativamente curto.

Lembre-se dos princípios e informações deste livro. Releia-o. Ouça o audiobook* durante o trajeto para o trabalho. Discuta-o com os amigos. Aprenda mais sobre o poder. O Google disponibiliza pesquisas de todo o mundo (pelo menos os abstracts/resumos de artigos) no Google Acadêmico (scholar.google.com.br). Em vez de especular sobre, por exemplo, se ser agradável é uma vantagem ou desvantagem para subir de cargo e ganhar mais dinheiro, ou confiar em relatos — ou pior, em alguma discussão na internet ou em relatos fictícios da carreira de algum líder empresarial, conforme descrito em suas autobiografias melhoradas, muitas vezes escritas por ghostwriters — faça pesquisas. Descubra a verdade. Conhecimento é poder e, no mundo atual, ele está literalmente na ponta dos seus dedos. Acesse esse conhecimento e faça uso dele.

Em uma situação em que precisa fazer coisas que são artificiais e talvez até desconfortáveis, peça ajuda às pessoas. E continue fazendo coisas para si mesmo que manterão ideias importantes na sua cabeça, ao mesmo tempo em que se responsabiliza por, parafraseando o lema da escola de negócios de Stanford, "mudar vidas, mudar organizações e mudar o mundo".

Desejo-lhe boa sorte em seus esforços — no seu caminho para o poder. Mas a sorte tem pouca influência nisso. Em vez disso, desejo-lhe todo o poder a que aspira ter.

---

* Não disponível em português brasileiro [N. da T.]

AGRADECIMENTOS

Escrever um livro, mesmo de autoria única, é um esforço coletivo. Ao longo da minha carreira fui abençoado, uma palavra que uso intencionalmente, com colegas incrivelmente fabulosos com quem fiz pesquisas e, independentemente de qualquer trabalho em conjunto, que forneceram ideias, inspiração, críticas e desafios construtivos que melhoraram minha escrita e raciocínio. Minha vida e meu trabalho foram bastante enriquecidos por todos eles. Meu ensino e pesquisa sobre poder se deram graças a Cameron Anderson, Peter Belmi, Dana Carney, Robert Cialdini, Deborah Gruenfeld, o falecido Huseyin Leblebici, William Moore, Charles A. O'Reilly, o falecido Gerald Salancik e Bob Sutton.

Devo um enorme agradecimento às diversas pessoas que compartilharam suas histórias comigo ao longo dos anos, especialmente às que me permitiram que usasse seus nomes. Alguns foram alunos das minhas aulas, alguns foram protagonistas em casos que escrevi, e todos merecem a minha eterna gratidão. Obrigado a Rukaiyah Adams, Jason Calacanis, Nuria Chinchilla, Alison Davis-Blake, Laura Esserman, Sadiq Gillani, o falecido John Jacobs, Tadia James, Jon Levy, Deb Liu, Gary Loveman, Rajiv Pant, Jeffrey Sonnenfeld, Christina Troitino, Ross Walker e Tristan Walker.

Pude testar o material e ideias sobre poder e influência em executivos graças aos convites dos colegas de Stanford, Bill Barnett, Peter DeMarzo, Buck Gee, Wes Hom, Brian Lowery, Charles O'Reilly,

Baba Shiv, Larissa Tiedens, entre outros. Por muitos anos ensinei o conteúdo sobre poder em um programa no IESE concebido e administrado pelo meu amigo e colega Fabrizio Ferraro. Meu tempo com Fabrizio e sua parceira, Laura, foi um presente maravilhoso. Pude visitar o IESE porque os reitores Jordi Canals (quando visitei pela primeira vez) e depois seu sucessor, Franz Heukamp, fizeram com que Kathleen e eu nos sentíssemos bem-vindos de tantas maneiras que sequer consigo mencionar. Valorizo minhas visitas ao IESE, e também à Universidade Bocconi, onde Marco Tortoriello e eu ministramos uma versão curta do programa Getting Things Done [Fazendo as Coisas Acontecerem, em tradução livre].

Alguns anos atrás, decidi aumentar a quantidade de feedback e coaching executivo oferecidos como parte da minha aula Caminhos para o Poder. Os seis coaches que trabalharam comigo no curso forneceram um enorme valor aos alunos e me deram ideias e sugestões que me ajudaram a tornar a aula e minha experiência de ensino imensuravelmente melhores e mais prazerosas. Obrigado a Lauren Capitani, Jonathan Daves, Inbal Demri, Raquel Gonzalez Dalmau, Phillip Mohabir e Kevin Williams — e a Michael Wenderoth, que trabalhou com a versão online do curso desde o início.

Nunca, nem por um segundo, desvalorizo o apoio da escola de negócios de Stanford, inclusive o suporte para contratar esses maravilhosos coaches e as diversas pessoas que ajudaram com a minha pesquisa. Aprecio o tempo que me foi disponibilizado para escrever e desenvolver o curso. Trabalho na melhor escola de negócios do mundo. Meus mais de quarenta anos aqui têm sido muito especiais.

Minha agente, Christy Fletcher, com quem trabalhei por muitos anos, me forneceu (como sempre) orientação, conselhos, suporte e ajuda extremamente úteis para organizar o livro de maneira adequada. Foi uma alegria trabalhar com meu editor, Matt Holt, da BenBella Books, e seus colegas, pois me ajudaram a tornar este livro melhor e me deram apoio com o marketing e a distribuição.

E, claro, a sempre presente Kathleen, que conheci em uma festa no Green Room da War Memorial Opera House, em São Francisco, no dia 19 de janeiro de 1985, e com quem me casei em 23 de julho de 1986. Como ela costumava dizer: Nenhum algoritmo teria nos proporcionado um match.

Em 27 de agosto de 2020, às 13h, o telefone de casa tocou e, do outro lado, estava alguém do consultório odontológico me dizendo que Kathleen havia chegado à consulta com dificuldades para andar. Kathleen não acreditava que alguma coisa poderia estar errada — dado seu estilo de vida saudável e o fato de parecer décadas mais jovem do que era —, então não foi a um hospital, mas de algum modo conseguiu dirigir até o dentista. A pessoa no telefone disse que, por estar fraca do lado direito, não achavam que ela deveria dirigir para casa. Assim começou uma odisseia que terminou tragicamente.

Kathleen teve um derrame, que o neurologista disse que era bem pequeno, mas localizado em um lugar muito ruim em seu cérebro. Seu rosto, voz, capacidade de engolir e personalidade, incluindo a capacidade de exteriorizar seus desejos (também conhecido como dar ordens) não foram afetados. Mas seu braço e perna direitas estavam severamente enfraquecidos, de modo que, no momento em que surtiram todos os efeitos do derrame, ela não podia se locomover, tomar banho ou cuidar de si mesma. No ano seguinte, tínhamos cuidado domiciliar em tempo integral; ajuda de inúmeros fisioterapeutas e terapeutas ocupacionais; personal trainers e massoterapeutas para ajudá-la a recuperar a independência e reduzir a dor; e flores e alimentos infinitos enviados por nossos muitos amigos cujos bons votos e orações foram tão maravilhosos e importantes.

No início, em plena pandemia de Covid, eu não podia visitar Kathleen até que ela foi, alguns dias depois, para o centro de reabilitação intensiva no California Pacific Medical Center Davies Campus, em São Francisco. Quando a revi pela primeira vez e olhei para o seu belo sorriso, disse que nos conhecemos num baile há mais de 35 anos e que esperava e desejava que ela se recuperasse o suficiente para que pudéssemos dançar de novo, uma última dança. Também disse que se ela quisesse ir embora (deste mundo), eu não ficaria em seu caminho.

Aproximadamente um ano depois, em 10 de setembro de 2021, confrontada com uma recuperação insuficiente que deixava sua independência ainda comprometida, na casa em São Francisco onde morava quando a conheci, Kathleen arquitetou o processo que encerrou sua vida. Ela morreu dia 11 de setembro, ironicamente no mesmo hospital onde começara sua reabilitação.

É impossível para mim expressar o quão triste, quão desolado, me sinto ao escrever estas palavras. Kathleen Frances Fowler era minha família, minha melhor amiga, meu amor, minha esposa. Meu mundo girava em torno dela. Este livro, como muitos dos anteriores, é dedicado a ela, ao que significou para mim e ao incrível amor que me deu ao longo dos muitos anos que passamos juntos. Certa vez, ela me disse que acreditava que estivemos juntos em vidas anteriores e que estaremos novamente no futuro. Espero que ela tenha razão. Porque nunca tivemos aquela última dança. Vou amá-la para sempre.

NOTAS FINAIS

NO COMEÇO

1. Jeffrey Pfeffer, *Power in Organizations*, Marshfield: Pitman, 1981; Jeffrey Pfeffer, *Managing with Power: Politics and Influence in Organizations*, Boston: Harvard Business School Press, 1992; Jeffrey Pfeffer, *Poder: Por que alguns têm*, Rio de Janeiro: Best Seller, 2013.

2. Jeffrey Pfeffer, *Leadership BS: Fixing Workplace and Careers One Truth at a Time*, Nova York: Harper Business, 2015.

3. George A. Miller (1956), "The Magical Number Seven, Plus or Minus Two: Some Limits on Our Capacity for Processing Information", *Psychological Review*, 63 (2), 81–97; citação na p. 81.

4. T. L. Saaty and M. S. Ozdemir (2003), "Why the Magic Number Seven Plus or Minus Two", *Mathematical and Computer Modelling*, 38 (3–4), 233–244; citação na p. 233.

5. Michael Marmot, *The Status Syndrome: How Social Standing Affects Our Health and Longevity*, Nova York: Times Books, 2004.

6. Y. Kifer, D. Heller, W. Q. E. Perunovic, and A. D. Galinsky (2003), "The Good Life of the Powerful: The Experience of Power and Authenticity Enhances Subjective Well-Being", *Psychological Science*, 24 (3), 280–288.

7. Moses Naim, *O Fim do Poder: Como os novos e múltiplos poderes estão mudando o mundo e abalando os modelos tradicionais na política, nos negócios, nas igrejas e na mídia*, São Paulo: Leya, 2019.

8. Steven Poole, "Why Would Mark Zuckerberg Recommend the End of Power?", *The Guardian*, 8 jan. 2015.

9. Kara Swisher, "Zuckerberg's Free Speech Bubble", *New York Times*, 3 jun. 2020. Disponível em: https://nyti.ms/2XsVM9a.

10. David Dayen, "The New Economic Concentration: The Competition That Justifies Capitalism Is Being Destroyed—by Capitalists", *American Prospect*, 16 jan. 2019. Disponível em: https://prospect.org/power/new-economic-concentration/.

11. Jeremy Heimans e Henry Timms, *O novo poder: Como disseminar ideias, engajar pessoas e estar sempre um passo à frente em um mundo hiperconectado*, Rio de Janeiro: Intrínseca, 2018.

12. Ben Smith, "News Sites Risk Wrath of Autocrats", *New York Times*, 13 jul. 2020.

13. "Global Democracy Has Another Bad Year", *The Economist*, 22 jan. 2020. Disponível em: https://www.economist.com/graphic-detail/2020/01/22/global-democracy-has-another-bad-year.

14. Cato Institute, *The Human Freedom Index 2020*. Disponível em: https://www.cato.org/human-freedom-index-new.

15. Glenn Kessler, Salvador Rizzo e Meg Kelly, *Donald Trump and His Assault on Truth: The President's Falsehoods, Misleading Claims and Flat-Out Lies*, Nova York: Scribner, 2020.

16. Frank Dikotter, *Como ser um ditador: o culto à personalidade no século XX*, Rio de Janeiro: Intrínseca, 2022.

17. J. M. Fenster, *Cheaters Always Win: The Story of America*, Nova York: Twelve, 2019.

18. Deborah L. Rhode, *Cheating: Ethics in Everyday Life*, Nova York: Oxford University Press, 2018.

19. Matthew Hutson, "Life Isn't Fair", *The Atlantic*, jun. 2016. Disponível em: https://www.theatlantic.com/magazine/archive/2016/06/life-isnt-fair/480741/.

20. Murray Edelman, *The Symbolic Uses of Politics*, Urbana: University of Illinois Press, 1964.

INTRODUÇÃO

1. Martin J. Smith, "Rukaiyah Adams, MBA '08, Chief Investment Officer, Meyer Memorial Trust", Stanford Graduate School of Business, 9 maio 2019. Disponível em: https://gsb.stanford.edu/programs/mba/alumni-community/voices/rukaiyah-adams.

2. Sarah Lyons-Padilla, Hazel Rose Markus, Ashby Monk, Sid Radhakrishna, Radhika Shah, Norris A. "Daryn" Dodson IV e Jennifer L. Eberhardt, "Race Influences Professional Investors' Financial Judgments", *Proceedings of the National Academy of Sciences, 116* (35), 17225–17230. Disponível em: https://www.pnas.org/cgi/doi/10.1073/pnas.1822052116.

3. *Los Angeles Times*, "John Jacobs; Columnist, Award-Winning Author", 25 maio 2000. Disponível em: https://www.latimes.com/archives/la-xpm-2000-may-25-me-33886-story.html.

4. Tim Reiterman e John Jacobs, *Raven: The Untold Story of the Rev. Jim Jones and His People*, Nova York: E. P. Dutton, 1985.

5. Mark A. Whatley, Matthew Webster, Richard H. Smith e Adele Rhodes (1999), "The Effect of a Favor on Public and Private Compliance: How Internalized Is the Norm of Reciprocity?", *Basic and Applied Social Psychology*, 21 (3), 251–259.

6. Reiterman e Jacobs, *Raven*, em particular o capítulo 28, "San Francisco in Thrall".

7. Charles A. O'Reilly e Jennifer A. Chatman (2020), "Transformational Leader or Narcissist? How Grandiose Narcissists Can Create and Destroy Organizations and Institutions", *California Management Review*, 62 (3), 5–27.

8. Bella M. DePaulo, Deborah A. Kashy, Susan E. Kirkendol, Melissa M. Wyer e Jennifer A. Epstein (1996), "Lying in Everyday Life", *Journal of Personality and Social Psychology*, 70 (5), 979–995.

9. Elizabeth Prior Jonson, Linda McGuire e Brian Cooper (2016), "Does Teaching Ethics Do Any Good?", *Education + Training*, 58 (4), 439–454.

10. Aditya Simha, Josh P. Armstrong e Joseph F. Albert (2012), "Attitudes and Behaviors of Academic Dishonesty and Cheating — Do Ethics Education and Ethics Training Affect Either Attitudes or Behaviors?", *Journal of Business Ethics Education*, 9, 129–144.

11. James Weber (1990), "Measuring the Impact of Teaching Ethics to Future Managers: A Review, Assessment, and Recommendations", *Journal of Business Ethics*, 9, 183–190.

12. Christian Hauser (2020), "From Preaching to Behavior Change: Fostering Ethics and Compliance Learning in the Workplace", *Journal of Business Ethics*, 162, 835–855; citação na p. 836.

13. Frank Martela (2015), "Fallible Inquiry with Ethical Ends-in-View: A Pragmatist Philosophy of Science for Organizational Research", *Organization Studies*, 36 (4), 537–563.

14. Columbia 250, "Robert Moses". Disponível em: https://c250.columbia.edu/c250_celebrates/remarkable_columbians/robert_moses.html. Acesso em 16 set. 2021.

15. Yona Kifer, Daniel Heller, Wei Qi, Elaine Perunovic e Adam D. Galinsky (2013), "The Good Life of the Powerful: The Experience of Power and Authenticity Enhances Subjective Well-Being", *Psychological Science*, 24 (3), 280–288.

16. Kifer *et al.*, "The Good Life of the Powerful", p. 283.

17. Gerlad R. Ferris, Pamela L. Perrewe, B. Parker Ellen III, Charn P. Mcallister e Darren C. Treadway, *Political Skill at Work*, Boston: Nicholas Brealey Publishing, 2020; citação na p. 15.

18. Ferris *et al.*, *Political Skill at Work*, p. 27.

19. Samuel Y. Todd, Kenneth J. Harris, Ranida B. Harris e Anthony R. Wheeler (2009), "Career Success Implications of Political Skill", *Journal of Social Psychology*, 149 (3), 179–204.

20. Gerhard Blickle, Katharina Oerder e James K. Summers (2010), "The Impact of Political Skill on Career Success of Employees' Representatives", *Journal of Vocational Behavior*, 77 (3), 383–390.

21. Kathleen K. Ahearn, Gerald R. Ferris, Wayne A. Hochwarter, Caesar Douglas e Anthony Ammeter (2004), "Leader Political Skill and Team Performance", *Journal of Management*, 30 (3), 309–327.

22. Timothy P. Munyon, James K. Summers, Katina M. Thompson e Gerald R. Ferris (2013), "Political Skill and Work Outcomes: A Theoretical Extension, Meta-Analytic Investigation, and Agenda for the Future", *Personnel Psychology*, 68, 143–184.

23. Li-Qun Wei, Flora F. T. Chiang e Long-Zeng Wu (2010), "Developing and Utilizing Network Resources: Roles of Political Skill", *Journal of Management Studies*, 49 (2), 381–402.

24. Kenneth J. Harris, K. Michel Kacmer, Suzanne Zivnuska e Jason D. Shaw (2007), "The Impact of Political Skill on Impression Management Effectiveness", *Journal of Applied Psychology*, 92 (1), 278–285.

25. Darren C. Treadway, Gerald R. Ferris, Allison B. Duke, Garry L. Adams e Jason B. Thatcher (2007), "The Moderating Role of Subordinate Political Skill on Supervisors' Impressions of Subordinate Ingratiation and Ratings of Subordinate Interpersonal Facilitation", *Journal of Applied Psychology*, 92 (3), 848–855.

26. Li-Qun Wei, Jun Liu, Yuan-Yi Chen e Long-Zeng Wu (2010), "Political Skill, Supervisor-Subordinate Guanxi and Career Prospects in Chinese Firms", *Journal of Management Studies*, 47 (3), 437–454.

27. Pamela L. Perrewe, Gerald R. Ferris, Dwight D. Frink e William P. Anthony (2000), "Political Skill: An Antidote for Workplace Stressors", *Academy of Management Perspectives*, 14 (3), 115–123.

28. Cameron Anderson, Daron L. Sharps, Christopher J. Soto e Oliver P. John (2020), "People with Disagreeable Personalities (Selfish, Combative, and Ma-

nipulative) Do Not Have an Advantage in Pursuing Power at Work", *Proceedings of the National Academy of Science, 117* (37), 22780–22786. Disponível em: https://www.pnas.org/cgi/doi/10.1073/pnas.2005088117.

29. Jodi L. Short (1999), "Killing the Messenger: The Use of Nondisclosure Agreements to Silence Whistleblowers", *University of Pittsburgh Law Review, 60*, 1207–1234.

30. Dennis E. Clayson (2009), "Student Evaluations of Teaching: Are They Related to What Students Learn?", *Journal of Marketing Education*, 31 (1), 16–30.

31. Bart De Langhe, Philip M. Fernbach e Donald R. Lichtenstein (2016), "Navigating by the Stars: Investigating the Actual and Perceived Validity of Online User Ratings", *Journal of Consumer Research*, 42, 817–833.

32. Nalini Ambady, Frank J. Bernieri e Jennifer A. Richeson (2000), "Toward a Histology of Social Behavior: Judgmental Accuracy from Thin Slices of the Behavioral Stream", *Advances in Experimental Social Psychology*, 32, 201–271; citação na p. 201.

33. Alison Carmen (2015), "If You Judge People, You Have No Time to Love Them". Disponível em: https://www.psychologytoday.com/us/blog/the-gift-maybe/201504/if-you-judge-people-you-have-no-time-love-them.

34. Ibid.

35. BrainyQuote, Disponível em: https://brainyquote.com/quotes/walt_whitman_146892.

36. Barbara O'Brien, "The Buddhist Art of Nonjudgmental Judging Is Subtle", *The Guardian*, 20 jul. 2011.

37. Dana R. Carney (2020), "The Nonverbal Expression of Power, Status, and Dominance", *Current Opinion in Psychology*, 33, 256–264.

38. Jeffrey Pfeffer (2013), "You're Still the Same: Why Theories of Power Hold over Time and Across Contexts", *Academy of Management Perspectives*, 27 (4), 269–280.

39. Sarah Lyons-Padilla *et al.*, "Race Influences Professional Investors' Financial Judgments".

REGRA N.º 1

1. Samyukta Mullangi e Reshma Jagsi (2019), "Imposter Syndrome: Treat the Cause, Not the Symptom", *Journal of the American Medical Association, 322* (5), 403–404; citação na p. 403.

2. George P. Chrousos, Alexios-Fotios A. Mentis e Efthimios Dardiotis (2020), "Focusing on the Neuro-Psycho-Biological and Evolutionary Underpinnings of the Imposter Syndrome", *Frontiers in Psychology*, 11, 1553–1556.

3. Jeffrey Pfeffer, Christina T. Fong, Robert B. Cialdini e Rebecca R. Portnoy (2006), "Overcoming the Self-Promotion Dilemma: Interpersonal Attraction and Extra Help as a Consequence of Who Sings One's Praises", *Personality and Social Psychology Bulletin*, 32 (10), 1362–1374; citação na p. 1362.

4. Dayrl J. Bem (1972), "Self-Perception Theory", *Advances in Experimental Social Psychology*, 6, 1–62; citação na p. 1.

5. Gerald R. Salancik e Mary Conway (1975), "Attitude Inferences from Salient and Relevant Cognitive Content About Behavior", *Journal of Personality and Social Psychology*, 32 (5), 829–840.

6. Deidre Boden, *The Business of Talk: Organizations in Action*, Cambridge: Polity Press, 1994.

7. Entrevista com Christina Troitino, 9 jul. 2020.

8. Rosabeth Moss Kanter (1979), "Power Failure in Management Circuits", *Harvard Business Review*, 57 (4), 65–75; citação na p. 65.

9. Deborah Gruenfeld, *Agindo com poder: porque somos mais poderosos do que pensamos*, Rio de Janeiro: Alta Life, 2021.

10. Malgorzata S., "An Excellent Resource for All Those Who Want to Learn How to Use Power Well", Amazon UK review, 27 jul. 2020, recuperado 27 jun. 2021.

11. Sam Borden, "Where Dishonesty Is Best Policy, U.S. Soccer Falls Short", *New York Times*, 15 jun. 2014.

12. Ann Schmidt, "How Arthur Blank, Bernie Marcus Co-founded Home Depot After Being Fired", Fox Business, 2 ago. 2020. Disponível em: https://www.foxbusiness.com/money/arthur-blank-bernie-marcus-home-depot-winning-formula.

13. Ann Schmidt, "How Netflix's Reed Hastings Overcame Failure While Leading His First Company", Fox Business, 21 jun. 2020. Disponível em: https://www.foxbusiness.com/money/netflix-ceo-reed-hastings-winning-formula.

14. Jeffrey Pfeffer e Gerald R. Salancik, *The External Control of Organizations: A Resource Dependence Persepctive*, Stanford, CA: Stanford Business Books, 2003.

15. Safi Bahcall, *Lunáticos - Loonshots: Como cultivar ideias inovadoras capazes de mudar o mundo*, Rio de Janeiro: Editora Sextante, 2019.

16. Jeffrey Pfeffer, *Poder: Por que alguns têm*, capítulo 2.

17. Peter Belmi e Kristin Laurin (2016), "Who Wants to Get to the Top? Class and Lay Theories About Power", *Journal of Personality and Social Psychology*, 111 (4), 505–529.

18. Cameron Anderson e Gavin J. Kilduff (2009), "Why Do Dominant Personalities Attain Influence in Face-to-Face Groups? The Competence-Signaling Effects of Trait Dominance", *Journal of Personality and Social Psychology*, 96 (2), 491–503.

19. Peter Belmi, Margaret A. Neal, David Reiff e Rosemay Ulfe (2020), "The Social Advantages of Miscalibrated Individuals: The Relationship Between Social Class and Overconfidence and Its Implications for Class-Based Inequality", *Journal of Personality and Social Psychology*, 118 (2), 254–282.

20. Musa Okwonga, *One of Them: An Eton College Memoir*, Londres: Unbound, 2021.

21. David Shariatmadari, "Musa Okwonga: 'Boys Don't Learn Shamelessness at Eton, It Is Where They Perfect It'", *The Guardian*, 10 abr. 2021. Disponível em: https://www.theguardian.com/books/2021/apr/10/musa-okwonga-boys-dont-learn-shamelessness-at-eton-it-is-where-they-perfect-it.

22. Ascend Foundation, "Glass Ceiling for Asian Americans is 3.7 Times Harder to Crack", PR Newswire, 6 maio 2015. Disponível em: https://www.prnewswire.com/news-releases/glass-ceiling-for-asian-americans-is-37x-times-harder-to-crack-300078066.html.

23. Sylvia Ann Hewlett, Ripa Rashid, Claire Ho e Diana Forster, *Asians in America: Unleashing the Potential of the Model Minority*, Nova York: Center for Talent Innovation, 2011.

24. F. Pratto, L. M. Stallworth e J. Sidanius (1997), "The Gender Gap: Differences in Political Attitudes and Social Dominance Orientation", *British Journal of Social Psychology*, 36, 49–68.

25. Lynn R. Offerman e Pamela E. Schrier (1985), "Social Influence Strategies: The Impact of Sex, Role and Attitudes Toward Power", *Personality and Social Psychology Bulletin*, 11 (3).

26. Mats Alvesson e Katja Einola (2019), "Warning for Excessive Positivity: Authentic Leadership and Other Traps in Leadership Studies", *Leadership Quarterly*, 30, 383–395.

27. Adam Grant, "Unless You're Oprah, 'Be Yourself' Is Terrible Advice", *New York Times*, 4 jun. 2016. Disponível em: https://nyti.ms/22Fi3e0.

28. Kerry Roberts Gibson, Dana Harari e Jennifer Carson Marr (2018), "When Sharing Hurts: How and Why Self-Disclosing Weakness Undermines the Task-Oriented Relationships of Higher Status Disclosers", *Organizational Behavior and Human Decision Processes*, 144, 25–43; citação na p. 25.

29. Gibson *et al*, "When Sharing Hurts", p. 25.

30. Ibid, p. 38.

31. Herminia Ibarra, "The Authenticity Paradox", *Harvard Business Review*, jan–fev 2015. Disponível em: https://hbr.org/2015/01/the-authenticity-paradox.

32. Ibid.

33. Ibid.

34. Edward P. Lemay e Margaret S. Clark (2015), "Motivated Cognition in Relationships", *Current Opinion in Psychology, 1*, 72–75; citação na p. 72.

35. Ibid.

36. Charles F. Bond Jr. e Bella M. DePaulo (2008), "Individual Differences in Judging Deception: Accuracy and Bias", *Psychological Bulletin, 134* (4), 477–492; citação na p. 477.

37. Charles F. Bond, Jr., & Bella M. DePaulo (2006). "Accuracy of Deception Judgments", *Personality and Social Psychology Review*, 10 (3), 214-224; citação na p. 214.

38. Robert A. Caro, *The Path to Power*, Nova York: Knopf, 1982; Robert A. Caro, *Means of Ascent*, Nova York: Knopf, 1990; Robert A. Caro, *Master of the Senate*, Nova York: Knopf, 2002; Robert A. Caro, *The Passage of Power*, Nova York: Knopf, 2012.

39. James Richardson, *Willie Brown: A Biography*, Berkeley: University of California Press, 1996.

40. Robert B. Cialdini, *Influence: Science and Practice*, 5. ed., Boston: Allyn and Bacon, 2008.

41. Benjamin Schwarz, "Seeing Margaret Thatcher Whole", *New York Times*, 12 nov. 2019. Disponível em: https://www.nytimes.com/2019/11/12/books/review/margaret-thatcher-the-authorized-biography-herself-alone-charles-moore.html.

42. Amy Cuddy (2009), "Just Because I'm Nice, Don't Assume I'm Dumb", *Harvard Business Review*, 87 (2).

43. Teresa M. Amabile (1983), "Brilliant but Cruel: Perceptions of Negative Evaluators", *Journal of Experimental Social Psychology*, 19 (2), 146–156.

44. Timothy A. Judge, Beth A. Livingston e Charlice Hurst (2012), "Do Nice Guys — and Gals — Really Finish Last? The Joint Effects of Sex and Agreeableness on Income", *Journal of Personality and Social Psychology, 102* (2), 390–407.

45. Ibid.

46. Anderson *et al.*, "People with Disagreeable Personalities".

REGRA N.º 2

1. "Breaking Rules Makes You Seem Powerful", *Science Daily*, 20 maio 2011. Disponível em: https://www.sciencedaily.com/releases/2011/05/110520092735.htm.

2. David Kipnis (1972), "Does Power Corrupt?", *Journal of Personality and Social Psychology*, 24, 33–41.

3. Gerben A. van Kleef, Astrid C. Homan, Catrin Finkenauer, Seval Gundemir e Eftychia Stamkou (2011), "Breaking the Rules to Rise to Power: How Norm Violators Gain Power in the Eyes of Others", *Social Psychological and Personality Science, 2* (5), 500–507.

4. Ibid., p. 500.

5. Jeffrey Pfeffer, "Jason Calacanis: A Case Study in Creating Resources", Stanford: Graduate School of Business Caso #OB104, 11 nov. 2019; citação na p. 3.

6. Ibid.

7. Kristen Meinzer e T. J. Raphael, "Here's What Happens After 'Surprise!'", *The Takeaway*, 2 abr. 2015. Disponível em: https://www.pri.org/stories/2015-04-02/heres-what-happens-after-surprise.

8. CPP Global, *Human Capital Report: Workplace Conflict and How Businesses Can Harness It to Thrive*, jul. 2008. Disponível em: http://img.en25.com/Web/CPP/Conflict_report.pdf.

9. Robert A. Caro, *The Power Broker: Robert Moses and the Fall of New York*, Nova York: Knopf, 1974; citação na p. 217.

10. Ibid., p. 218.

11. Ivan Arreguin-Toft, *How the Weak Win Wars: A Theory of Asymmetric Conflict*, Cambridge, Reino Unido: Cambridge University Press, 2005.

12. Malcom Gladwell, "How David Beats Goliath", *New Yorker*, 85 (13), 11 maio 2009.

13. Susan Pulliam, Rebecca Elliott e Ben Foldy, "Elon Musk's War on Regulators", *Wall Street Journal*, 28 abr. 2021.

14. Francis J. Flynn e Vanessa K. B. Lake (2008), "If You Need Help, Just Ask: Underestimating Compliance with Direct Requests for Help", *Journal of Personality and Social Psychology*, 95 (1), 128–143; citação na p. 140.

15. Jeffrey Pfeffer e Victoria Chang, "Keith Ferrazzi", Caso #OB44, Stanford, CA: Graduate School of Business, 15 nov. 2003.

16. Reginald F. Lewis e Blair S. Walker, *Why Should White Guys Have All the Fun? How Reginald Lewis Created a Billion-Dollar Business Empire*, Nova York: Wiley, 1994.

17. Wikipedia, "Reginald Lewis", versão de 10 set. 2021. Disponível em: http://en.wikipedia.org/wiki/Reginald_Lewis.

REGRA N.º 3

1. Nalini Ambady e Robert Rosenthal (1993), "Half a Minute: Predicting Teacher Evaluations from Thin Slices of Nonverbal Behavior and Physical Attractiveness", *Journal of Personality and Social Psychology, 64* (3), 431–441.

2. Raymond S. Nickerson (1998), "Confirmation Bias: A Ubiquitous Phenomenon in Many Guises", *Review of General Psychology, 2* (2), 175–220.

3. "How Fast Does the Average Person Speak?", Word Counter, 2 jun. 2016. Disponível em: https://wordcounter.net/blog/2016/06/02/101702_how-fast-average-person-speaks.html.

4. Steven A. Beebe (1974), "Eye Contact: A Nonverbal Determinant of Speaker Credibility", *Speech Teacher, 23* (1), 21–25.

5. Charles I. Brooks, Michael A. Church e Lance Fraser (1986), "Effects of Duration of Eye Contact on Judgments of Personality Characteristics", *Journal of Social Psychology, 126* (1), 71–78.

6. Joylin M. Droney e Charles I. Brooks (1993), "Attributions of Self-Esteem as a Function of Duration of Eye Contact", *Journal of Social Psychology, 133* (5), 715–722.

7. Amy Cuddy, "Your Body Language May Shape Who You Are", TED, jun. 2012. Disponível em: https://www.ted.com/talks/amy_cuddy_your_body_language_may_shape_who_you_are?language=en.

8. Amy Cuddy, *O poder da presença: Como a linguagem corporal pode ajudar você a aumentar sua autoconfiança*, Rio de Janeiro: Editora Sextante, 2016.

9. Ambady e Rosenthal, "Half a Minute".

10. Nicholas O. Rule e Nalini Ambady (2008), "The Face of Success: Inferences from Chief Executive Officers' Appearance Predict Company Profits", *Psychological Science, 19* (2), 109–111; citação na p. 109.

11. Ibid., p. 110.

12. Nicholas O. Rule e Nalini Ambady (2009), "She's Got the Look: Inferences from Female Chief Executive Officers' Faces Predict Their Success", *Sex Roles, 61*, 644–652.

13. Citado em Christian Hopp, Daniel Wentzel e Stefan Rose (2020), "Chief Executive Officers' Appearance Predicts Company Performance, or Does It? A Replication and Extension Focusing on CEO Successions", *Leadership Quarterly*, 2020.

14. Arianna Bagnis, Ernesto Caffo, Carlo Cipolli, Allesandra De Palma, Garielle Farina e Katia Mattarozzi (2020), "Judging Health Care Priority in Emergency Situations: Patient Facial Appearance Matters", *Social Science and Medicine, 260*, 2020.

15. Peter Lundberg, Paul Nuystedt e Dan-Olof Rooth (2014), "Height and Earnings: The Role of Cognitive and Noncognitive Skills", *Journal of Human Resources, 49* (1), 1141–1166.

16. Consultar, por exemplo, Daniel S. Hammermesh, *Beauty Pays: Why Attractive People Are More Successful*, Princeton, NJ: Princeton University Press, 2011.

17. C. Pfeifer (2012), "Physical Attractiveness, Employment and Earnings", *Applied Economics Letters*, 19, 505–510.

18. P. C. Morrow, J. C. McElroy, B. G. Stamper e M. A. Wilson (1990), "The Effects of Physical Attractiveness and Other Demographic Characteristics on Promotion Decisions", *Journal of Management, 16*, 723–736.

19. Kelly A. Nault, Marko Pitesa e Stefan Thau (2020), "The Attractiveness Advantage at Work: A Cross-Disciplinary Integrative Review", *Academy of Management Annals, 14* (2), 1103–1139.

20. Leslie A. Zebrowitz e Joann M. Montepare (2008), "Social Psychological Face Perception: Why Appearance Matters", *Social and Personality Psychology Compass, 2/3*, 1497–1517; citação na p. 1497.

21. Ibid., p. 1498.

22. Baba Shiv e Alexander Fedorikhin (1999), "Heart and Mind in Conflict: The Interplay of Affect and Cognition in Consumer Decision Making", *Journal of Consumer Research, 26* (3), 278–292.

23. Dana R. Carney (2021), "Ten Things Every Manager Should Know About Nonverbal Behavior", *California Management Review, 63* (2), 5–22; citação na p. 13.

24. Rob Goffee e Gareth Jones, *Quem disse que você pode liderar pessoas?* São Paulo: Elsevier, 2006.

25. Larissa Z. Tiedens (2001), "Anger and Advancement Versus Sadness and Subjugation: The Effect of Negative Emotion Expressions on Social Status Conferral", *Journal of Personality and Social Psychology, 80* (1), 86–94; citação na p. 87.

26. Marwan Sinaceur e Larissa Z. Tidens (2006), "Get Mad and Get More Than Even: When and Why Anger Expression Is Effective in Negotiations", *Journal of Experimental Social Psychology, 42* (3), 314–322.

27. Karina Schumann (2018), "The Psychology of Offering an Apology: Understanding the Barriers to Apologizing and How to Overcome Them", *Current Directions in Psychological Science, 27* (2), 7–78; citação na p. 76.

28. Tyler G. Okimoto, Michael Wenzel e Kyli Hedrick (2013), "Refusing to Apologize Can Have Psychological Benefits (and We Issue No Mea Culpa for This Research Finding)", *European Journal of Social Psychology, 43*, 22–31, p. 29.

29. Shereen J. Cahudry e George Loewenstein (2019), "Thanking, Apologizing, Bragging, and Blaming: Responsibility Exchange Theory and the Currency of Communication", *Psychological Review, 126* (3), 313–344; citação na p. 316.

30. Jennifer Latson, "How Poisoned Tylenol Became a Crisis-Management Teaching Model", *Time*, 29 set. 2014. Disponível em: https://time.com/3423136/tylenol-deaths-1982/.

31. Elaine Hatfield, John T. Cacioppo e Richard L. Rapson, *Emotional Contagion*, Reino Unido: Cambridge University Press, 1994.

32. Timothy F. Jones, Allen S. Craig, Debbie Hoy, Elaine W. Gunter, David L. Ashley, Dana B. Barr, John W. Brock e William Schaffner (2000), "Mass Psychogenic Illness Attributed to Toxic Exposure at a High School", *New England Journal of Medicine, 342* (2), 96–100.

33. Shirley Wang, "Contagious Behavior", *Observer*, 1 fev. 2006. Disponível em: https://www.psychologicalscience.org/observer/contagious-behavior/comment-page-1.

34. Sigal G. Barsade, Constantinos G. V. Coutifaris e Julianna Pillemer (2018), "Emotional Contagion in Organizational Life", *Research in Organizational Behavior, 18*, 137–151; citação na p. 137.

35. Cameron Anderson, Sebastien Brion, Don A. Moore e Jessica A. Kennedy (2012), "A Status-Enhancement Account of Overconfidence", *Journal of Personality and Social Psychology, 103* (4), 718–735.

36. Amy J. C. Cuddy, Caroline A. Wilmuth, Andy J. Yap e Dana R. Carney (2015), "Preparatory Power Posing Affects Nonverbal Presence and Job Interview Performance", *Journal of Applied Psychology, 100* (4), 1286–1295.

37. Kerry Roberts Gibson, Dana Harari e Jennifer Carson Marr (2018), "When Sharing Hurts: How and Why Self-Disclosing Weakness Undermines the Task-Oriented Relationships of Higher Status Disclosers", *Organizational Behavior and Human Decision Processes, 144*, 25–43; citação na p. 25.

38. Ibid., p. 38.

39. Dana R. Carney (2020), "The Nonverbal Expression of Power, Status, and Dominance", *Current Opinion in Psychology, 33*, 256–264.

40. Judith Donath (2021), "Commentary: The Ethical Use of Powerful Words and Persuasive Machines", *Journal of Marketing, 85* (1), 160–162.

41. Wikipedia, "Legibilidade de Flesch", versão de 20 mar. 2023. Disponível em: https://pt.wikipedia.org/wiki/Legibilidade_de_Flesch.

42. Lawrence A. Hosman (1989), "The Evaluative Consequences of Hedges, Hesitations, and Intensifiers: Powerful and Powerless Speech Styles", *Human Communication Research, 15 (3)*, 383–406.

43. Christian Unkelbach e Sarah C. Rom (2017), "A Referential Theory of the Repetition-Induced Truth Effect", *Cognition, 160*, 110–126; citação na p. 110.

44. Jeffrey L. Foster, Thomas Huthwaite, Julia A. Yesberg, Maryanne Garry e Elizabeth F. Loftus (2012), "Repetition, Not Number of Sources, Increases Both Susceptibility to Misinformation and Confidence in the Accuracy of Eyewitnesses", *Acta Psychologica, 139* (2), 320–326; citação na p. 320.

45. "Donald Trump Says Muslims Support His Plan", *Jimmy Kimmel Live*, 17 dez. 2015. Disponível em: https://www.youtube.com/watch?v=Sqhg2FNzKHM.

46. Lindsey M. Grob, Renee A. Meyers e Renee Schuh (1997), "Powerful/Powerless Language Use in Group Interactions: Sex Differences or Similarities?", *Communication Quarterly, 45* (3), 282–303; citação na p. 294.

47. Wikipedia, "Frank Abagnale, Jr.", versão de 20 out. 2020. Disponível em: https://pt.wikipedia.org/wiki/Frank_Abagnale,_Jr.

48. Wikipedia, "Christian Gerhartsreiter", versão de 15 jul. 2021. Disponível em: https://en.wikipedia.org/wiki/Christian_Gerhartsreiter.

REGRA N.º 4

1. Martin Kilduff e David Krackhardt (1994), "Bringing the Individual Back In: A Structural Analysis of the Internal Market for Reputation in Organizations", *Academy of Management Journal, 37* (1), 87–108.

2. Robert B. Cialdini, *Influence*; citação na p. 45.

3. Robert B. Cialdini, Richard J. Borden, Avril Thorne, Marcus Randall Walker, Stephen Freeman e Lloyd Reynolds Sloan (1976), "Basking in Reflected Glory: Three (Football) Field Studies", *Journal of Personality and Social Psychology, 34* (3), 366–375.

4. Jeffrey Pfeffer, "Tristan Walker: The Extroverted Introvert", Caso #OB93, Stanford, CA: Graduate School of Business, Stanford University, 26 out. 2016; citação nas pp. 1–2.

5. Victoria Chang, Kimberly Elsbach e Jeffrey Pfeffer, "Jeffrey Sonnenfeld: The Fall from Grace", Caso #OB34A, Stanford: Graduate School of Business, Stanford University, 21 ago. 2006.

6. Josh Barro, "Black Mark for Fiorina Campaign in Criticizing Yale Dean", *New York Times*, 23 set. 2015.

7. Philip Weiss, "Is Emory Prof Jeffrey Sonnenfeld Caught in a New Dreyfus Affair?", *New York Observer*, 17 maio 1999.

8. Michael Mattis, "Style Counsel: Willie Brown on Dressing the Man". Disponível em: https://www.cbsnews.com/news/style-counsel-willie-brown-on-dressing-the-man/.

9. Jason Calacanis, *Angel: How to Invest in Technology Startups*, Nova York: Harper Business, 2017.

10. Lee A. Iacocca e William Novak, *Iacocca: An Autobiography*, Nova York: Bantam Dell, 1984.

11. Jack Welch com John A. Byrne, *Jack definitivo*, São Paulo: Elsevier, 2001.

12. Pfeffer *et al.*, "Overcoming the Self-Promotion Dilemma".

13. Pfeffer, "Tristan Walker", p. 11.

14. Megan Elisabeth Anderson e Jeffrey Pfeffer, "Nuria Chinchilla: The Power to Change Workplaces", Caso #OB67, Stanford: Graduate School of Business, Stanford University, 14 fev. 2011; citação na p. 13.

15. Ibid.

16. Pfeffer, "Jason Calacanis"; citação nas pp. 4–5.

17. Ibid., pp. 12–13.

18. Jeffrey Pfeffer, "Sadiq Gillani's Airline Career Takes Off: Strategy in Action", Caso #OB95, Stanford: Graduate School of Business, Stanford University, 30 nov. 2018.

19. Ibid., citação na p. 13.

20. Richard W. Halstead (2000), "From Tragedy to Triumph: Counselor as Companion on the Hero's Journey", *Counseling and Values*, 44 (2), 100–106; citação na p. 100.

21. Jim Collins, *Empresas feitas para vencer: por que algumas empresas alcançam a excelência... e outras não*, Rio de Janeiro: Alta Books, 2018.

22. Annabelle R. Roberts, Emma E. Levine e Ovul Sezer (2020), "Hiding Success", *Journal of Personality and Social Psychology*, *120* (5), 1261–1286.

REGRA N.º 5

1. Wikipedia, "Omid Kordestani", versão de 7 set. 2021. Disponível em: https://en.wikipedia.org/wiki/Omid_Kordestani.

2. Alistair Barr, "Google Pays Returning Chief Business Officer $130 Million", *Wall Street Journal*, 23 abr. 2015. Disponível em: https://www.wsj.com/articles/google-pays-returning-chief-business-officer-130-million-1429828322?mod=ST1.

3. Jeffrey Pfeffer e Ross Walker, *People Are the Name of the Game: How to Be More Successful in Your Career — and Life*, Pennsauken Township: BookBaby, 2013.

4. Keith Ferrazzi e Tahl Raz, *Never Eat Alone: And Other Secrets to Success, One Relationship at a Time* (2. ed. estendida), Nova York: Currency, 2014.

5. Jiuen Pai, Sanford E. DeVoe e Jeffrey Pfeffer (2020), "How Income and the Economic Evaluation of Time Affect Who We Socialize with Outside of Work", *Organizational Behavior and Human Decision Processes, 161*, 158–175.

6. Ivan Misner, "How Much Time Should You Spend Networking?", 9 ago. 2018. Disponível em: https://ivanmisner.com/time-spend-networking.

7. Daniel Kahneman, Alan B. Krueger, David A. Schkade, Norbert Schwarz e Arthur A. Stone (2004), "A Survey Method for Characterizing Daily Life Experience: The Day Reconstruction Method", *Science, 5702*, 1776–1780.

8. Tiziana Casciaro, Francesca Gino e Maryam Kouchaki (2014), "The Contaminating Effects of Building Instrumental Ties: How Networking Can Make Us Feel Dirty", *Administrative Science Quarterly, 59* (4), 705–735.

9. Pai *et al.*, "How Income and the Economic Evaluation", p. 158. O estudo referido é C. R. Wanberg, R. Kanfer e J. T. Banas (2000), "Predictors and Outcomes of Networking Intensity Among Unemployed Job Seekers", *Journal of Applied Psycholoy, 85*, 491–503.

10. Jeffrey Pfeffer, "Ross Walker's Path to Power", Caso #OB79, Stanford, CA: Stanford Graduate School of Business, 7 fev. 2011; citação na p. 14.

11. Hans-Georg Wolff e Klaus Moser (2009), "Effects of Networking on Career Success: A Longitudinal Study", *Journal of Applied Psychology, 94* (1), 196–206.

12. Torstein Nesheim, Karen Modesta Olsen e Alexander Modsen Sandvik (2017), "Never Walk Alone: Achieving Working Performance Through Networking Ability and Autonomy", *Employee Relations, 39* (2), 240–253.

13. Samuel Y. Todd, Kenneth J. Harris, Ranida B. Harris e Anthony R. Wheeler (2010), "Career Success Implications of Political Skill", *Journal of Social Psychology, 149* (3), 279–304.

14. Munyon et al., "Political Skill and Work Outcomes".

15. Carter Gibson, Jay H. Hardy III e M. Ronald Buckley (2014), "Understanding the Role of Networking in Organizations", *Career Development International 19* (2), 146–161.

16. Jennifer Miller, "Want to Meet Influential New Yorkers? Invite Them to Dinner", *New York Times*, 9 out. 2013. Disponível em: https://www.nytimes.com/2013/10/10/fashion/want-to-meet-influential-new-yorkers-invite-them-to-dinner.html.

17. Michael I. Norton, Daniel Mochon e Dan Ariely (2012), "The IKEA Effect: When Labor Leads to Love", *Journal of Consumer Psychology*, 22 (3), 453–460.

18. Mark S. Granovetter, *Getting a Job: A Study of Contacts and Careers*, Chicago: University of Chicago Press, 1974.

19. Mark S. Granovetter (1973), "The Strength of Weak Ties", *American Journal of Sociology, 78*, 1360–1380.

20. J. E. Perry-Smith (2006), "Social Yet Creative: The Role of Social Relationships in Facilitating Individual Creativity", *Academy of Management Journal, 49*, 85–101.

21. Gillian M. Sandstrom e Elizabeth W. Dunn (2014), "Social Interactions and Well-Being: The Surprising Power of Weak Ties", *Personality and Social Psychology Bulletin, 40* (7), 910–922; citação na p. 918.

22. Ronald S. Burt (2004), "Structural Holes and Good Ideas", *American Journal of Sociology, 110* (2), 349–399; citação na p. 349.

23. Ibid.

24. Ronald S. Burt (2000), "The Network Structure of Social Capital", *Research in Organizational Behavior, 22*, 345–423.

25. Ronald S. Burt (2007), "Secondhand Brokerage: Evidence on the Importance of Local Structure for Managers, Bankers, and Analysts", *Academy of Management Journal, 50* (1), 119–148; citação na p. 119.

26. Jeffrey Pfeffer, "Zia Yusuf at SAP: Having Impact", Caso #OB73, 3 fev. 2009, Stanford: Graduate School of Business, Stanford University.

27. Herminia Ibarra (1993), "Network Centrality, Power, and Innovation Involvement: Determinants of Technical and Administrative Roles", *Academy of Management Journal, 36* (3), 471–501.

28. Myung-Ho Chung, Jeehye Park, Hyoung Koo Moon e Hongseok Oh (2011), "The Multilevel Effects of Network Embeddedness on Interpersonal Citizenship Behavior", *Small Group Research, 42* (6), 730–760.

29. Brian Mullen, Craig Johnson e Eduardo Salas (1991), "Effects of Communication Network Structure: Components of Positional Centrality", *Social Networks, 13* (2), 169–185.

30. Alvin W. Gouldner (1960), "The Norm of Reciprocity: A Preliminary Statement", *American Sociological Review, 25*, 161–178.

31. Ronald S. Burt e Don Ronchi (2007), "Teaching Executives to See Social Capital: Results from a Field Experiment", *Social Science Research, 36* (3), 1156–1183; citação na p. 1156.

REGRA N.º 6

1. The National Security Archive, "Episode 13: Make Love, Not War (The Sixties)", George Washington University, 10 jan. 1999. Disponível em: https://nsarchive2.gwu.edu/coldwar/interviews/episode-13/valenti1.html.

2. Per-Ola Karlsson, Martha Turner e Peter Gassmann (2019), "Succeeding the Long-Serving Legend in the Corner Office, *Strategy + Business*", verão de 2019, número 95. Disponível em: https://www.strategy-business.com/article/Succeeding-the-long-serving-legend-in-the-corner-office.

3. Matt Barnum, "How Long Does a Big-City Superintendent Last? Longer Than You Might Think", *Chalkbeat*, 8 maio 2018. Disponível em: https://www.chalkbeat.org/2018/5/8/21105877/how-long-does-a-big-city-superintendent-last-longer-than-you-might-think.

4. Hackett Mallory, "Hospital CEO Turnover Rate Dipped in 2019 for the First Time in Five Years", *Healthcare Finance News*, 16 set. 2020. Disponível em: https://www.healthcarefinancenews.com/news/hospital-ceo-turnover-rate-dipped-2019-first-tiime-five-years.

5. O material desta seção foi retirado principalmente de Jeffrey Pfeffer, "Amir Rubin: Success from the Beginning", Caso #OB90, 6 jan. 2015, Stanford: Graduate School of Business, Stanford University.

6. Stanford Health Care, "Stanford Health Care-Stanford Hospital Named to U.S. News & World Report's 2015-16 Best Hospitals Honor Roll", 21 jul. 2015. Disponível em: https://stanfordhealthcare.org/newsroom/news/press-releases/2015/us-news-2015-16.html.

7. Sara Mosie, "The Stealth Chancellor", *New York Times*, 31 ago. 1997. Disponível em: https://www.nytimes.com/1997/08/31/magazine/the-stealth-chancellor.html.

8. Jeffrey Pfeffer, "Kent Thiry and DaVita: Leadership Challenges in Building and Growing a Great Company", Caso #OB54, 22 maio 2006, Stanford: Graduate School of Business, Stanford University; citação na p. 5.

9. C. Edward Fee e Charles J. Hadlock (2004), "Management Turnover Across the Corporate Hierarchy", *Journal of Accounting and Economics, 37* (1), 3–38.

10. Idalene F. Kesner e Dan R. Dalton (1994), "Top Management Turnover and CEO Succession: An Investigation of the Effects of Turnover on Performance", *Journal of Management Studies, 31* (5), 701–713.

11. James Richardson, *Willie Brown: A Biography*, Berkeley: University of California Press, 1996; citação na p. 278.

12. Ibid., pp. 278–279.

13. Wikipedia, "Frances K. Conley", versão de 21 jul. 2021. Disponível em: https://en.wikipedia.org/wiki/Frances_K._Conley.

14. "Citing Sexism, Stanford Doctor Quits", *New York Times*, 4 jun. 1991, p. A22.

15. Goodreads, "Niccolò Machiavelli". Disponível em: https://www.goodreads.com/quotes/22338-it-is-much-safer-to-be-feared-than-loved-because.

16. Paul Goldberer, "Robert Moses, Master Builder, Is Dead at 92", *New York Times*, 30 jul. 1981, p. A1. Disponível em: https://www.nytimes.com/1981/07/30/obituaries/robert-moses-master-builder-is-dead-at-92.html.

17. Caro, *The Power Broker*, p. 449.

18. Ibid., p. 986.

19. Sydney Sarachan, "The Legacy of Robert Moses", 17 jan. 2013. Disponível em: https://web.archive.org/web/20180617043637/http://www.pbs.org/wnet/need-to-know/environment/the-legacy-of-robert-moses/.

20. Sydney Sarachan, "The Legacy of Robert Moses", 17 jan. 2013. *Need to Know on PBS*.

21. Emily Stewart, "Mark Zuckerberg Is Essentially Untouchable at Facebook", Vox, 29 dez. 2018. Disponível em: https://www.vox.com/technology/2018/11/19/18099011/mark-zuckerberg-facebook-stock-nyt-wsj.

22. Mengqi Sun, "More U.S. Companies Separating Chief Executive and Chairman Roles", *Wall Street Journal*, 23 jan. 2019.

23. Connie Bruck, "The Personal Touch", *New Yorker*, 6 ago. 2001.

24. Paul Goldberger, "Robert Moses, Master Builder, Is Dead at 92", *New York Times*, 30 jul. 1981, p. A1.

REGRA N.º 7

1. Bahcall, *Lunáticos - Loonshots*.
2. Glenn Thrush, Jo Becker e Danny Hakim, "Tap Dancing with Trump: Lindsey Graham's Quest for Relevance", *New York Times*, 14 ago. 2021. Disponível em: https://www.nytimes.com/2021/08/14/us/politics/lindsey-graham-donald-trump.html.
3. Mark Leibovich, "How Lindsey Graham Went from Trump Skeptic to Trump Sidekick", *New York Times*, 25 fev. 2019. Disponível em: https://www.nytimes.com/2019/02/25/magazine/lindsey-graham-what-happened-trump.html.
4. Ibid.
5. Thrush *et al.*, "Tap Dancing with Trump".
6. David G. Winter (1988), "The Power Motive in Women — and Men", *Journal of Personality and Social Psychology, 54* (3), 510–519.
7. Wiktionary, "The nail that sticks out gets hammered down", versão de 6 ago. 2020. Disponível em: https://en.wiktionary.org/wiki/the_nail_that_sticks_out_gets_hammered_down.
8. Wikipedia, "Síndrome da papoula alta", versão de 27 jul. 2022. Disponível em: https://pt.wikipedia.org/wiki/S%C3%ADndrome_da_papoula_alta.
9. Bíblia Sagrada, Nova Versão Internacional. Mateus 25:29. Disponível em: https://www.bible.com/bible/129/MAT.25.NVI.
10. Robert K. Merton (1988), "The Matthew Effect in Science, II: Cumulative Advantage and the Symbolism of Intellectual Property", *Isis, 79*, 606–623; citação na p. 606.
11. Michelle L. Dion, Jane Lawrence Sumner e Sara McLaughlin Mitchell (2018), "Gendered Citation Patterns Across Political Science and Social Science Methodology Fields", *Political Analysis, 26*, 312–327.
12. Matjaz Perc (2014), "The Matthew Effect in Empirical Data", *Journal of the Royal Society Interface, 11*, Disponível em: http://dx.doi.org/10.1098/rsif.2014.0378.
13. Consultar, por exemplo, Niklas Karlsson, George Loewenstein e Duane Seppi (2009), "The Ostrich Effect: Selective Attention to Information", *Journal of Risk and Uncertainty, 38*, 95–115; Jack Fyock e Charles Stangor (1994), "The Role of Memory Biases in Stereotype Maintenance", *British Journal of Social Psychology, 33* (3), 331–343.
14. Alison R. Fragale, Benson Rosen, Carol Xu e Iryna Merideth (2009), "The Higher They Are, the Harder They Fall: The Effects of Wrongdoer Status on Observer Punishment Recommendations and Intentionality Attributions", *Organizational Behavior and Human Decision Processes, 108* (1), 53–65.

15. Scott D. Griffin, Jonathan Bundy, Joseph F. Porac, James B. Wade e Dennis P. Quinn (2013), "Falls from Grace and the Hazards of High Status: The 2009 British MP Expense Scandal and Its Impact on Parliamentary Elites", *Administrative Science Quarterly, 58* (3), 313–345.

16. Hannah Riley Bowles e Michele Gelfand (2010), "Status and the Evaluation of Workplace Deviance", *Psychological Science, 21* (1), 49–54.

17. Evan Polman, Nathan C. Pettit e Batia M. Wiesenfeld (2013), "Effects of Wrongdoer Status on Moral Licensing", *Journal of Experimental Social Psychology, 49* (4), 614–623.

18. Jesse Eisinger, *The Chickenshit Club: Why the Justice Department Fails to Prosecute Executives*, Nova York: Simon & Schuster, 2017.

19. James Kwak, "America's Top Prosecutors Used to Go After Top Executives. What Changed?", *New York Times*, 5 jul. 2017.

20. Julie Creswell com Naomi Prins, "The Emperor of Greed: With the Help of His Bankers, Gary Winnick Treated Global Crossing as His Personal Cash Cow — Until the Company Went Bankrupt", CNN Money, 24 jun. 2002. Disponível em: https://money.cnn.com/magazines/fortune/fortune_archive/2002/06/24/325183/.

21. Chris Gaither, Jonathan Peterson e David Colker, "Founder Escapes Charges in Global Crossing Failure", *Los Angeles Times*, 14 dez. 2004.

22. William D. Cohan, "Michael Milken Invented the Modern Junk Bond, Went to Prison, and Then Became One of the Most Respected People on Wall Street", *Insider*, 2 maio 2017. Disponível em: https://www.businessinsider.com/michael-milken-life-story-2017-5.

23. Ibid.

24. Ann Friedman, "Martha Stewart's Best Lesson: Don't Give a Damn", *New York Magazine*, 14 mar. 2013.

25. Jodi Kantor, Mike McIntire e Vanessa Friedman, "Jeffrey Epstein Was a Sex Offender. The Powerful Welcomed Him Anyway", *New York Times*, 13 jul. 2019.

26. David Enrich, "How Jeffrey Epstein Got Away with It", *New York Times*, 13 jul. 2021. Disponível em: https://www.nytimes.com/2021/07/13/books/review/perversion-of-justice-julie-k-brown.html.

27. Duncan Riley, "Employee Management Software Startup Rippling Raises $145M on Unicorn Valuation", SiliconAngle, 4 ago. 2020. Disponível em: https://siliconangle.com/2020/08/04/employee-management-software-startup-rippling-raises-145m-unicorn-valuation/.

28. Nathaniel Popper, "Sex Scandal Toppled a Silicon Valley Chief. Investors Say, So What?", *New York Times*, 27 jul. 2018.

29. Leslie Berlin, "Mike Isaac's Uber Book Has Arrived", *New York Times*, 6 set. 2019.

30. Dacher Keltner, Deborah H. Gruenfeld e Cameron Anderson (2003), "Power, Approach, and Inhibition", *Psychological Review, 110* (2), 265–284.

31. Cameron Anderson e Adam D. Galinsky (2006), "Power, Optimism, and Risk Taking", *European Journal of Social Psychology, 36* (4), 511–536.

32. Brent L. Hughes e Jamil Zaki (2015), "The Neuroscience of Motivated Cognition", *Trends in Cognitive Sciences, 19* (2), 62–64; citação na p. 62.

33. Ibid.

34. Arie W. Kruganski, Katarzyna Jasko, Maxim Milyavsky, Marina Chernikova, David Webber, Antonio Pierro e Daniela di Santo (2018), "Cognitive Consistency Theory in Social Psychology: A Paradigm Reconsidered", *Psychological Inquiry, 29* (2), 45–59.

35. Barry M. Staw, "Attribution of the 'Causes' of Performance: A General Alternative Interpretation of Cross-Sectional Research on Organizations", *Organizational Behavior and Human Performance, 13* (3), 414–432; citação na p. 414.

36. Amit Bhattacharjee, Jonathan Z. Berman e Americus Reed II (2013), "Tip of the Hat, Wag of the Finger: How Moral Decoupling Enables Consumers to Admire and Admonish", *Journal of Consumer Research, 39*, 1167–1184.

37. Ibid., p. 1168; o artigo sobre Bandura a que esta citação se refere inclui Albert Bandura, Claudio Barbaranelli, Gian V. Caprara e Concetta Pastorelli (1996), "Mechanisms of Moral Disengagement in the Exercise of Moral Agency", *Journal of Personality and Social Psychology, 71* (2), 364–374.

38. Ibid.

39. Ibid.

40. Victoria Chang e Jeffrey Pfeffer, "Dr. Laura Esserman (A)", Caso #OB42A, Stanford: Graduate School of Business, Stanford University, 30 set. 2003; citação na p 4.

41. Jeffrey Sonnenfeld, *The Hero's Farewell: What Happens When CEOs Retire*, Nova York: Oxford University Press, 1988.

42. Nick Bilton, "All Is Fair in Love and Twitter", *New York Times*, 9 out. 2013. O material sobre Dorsey e o Twitter está nesta fonte.

43. Ibid.

44. Jelani Cobb, "Harvey Weinstein, Bill Cosby and the Cloak of Charity", *New Yorker*, 14 out. 2017.

45. Renae Merle, "In Decades Before Pardon, Michael Milken Launched 'Davos' Competitor and Showered Millions on Charities", *Washington Post*, 21 fev. 2020.

46. WebMD, "2014 People's Choice: Martha Stewart". Disponível em: https://www.webmd.com/healthheroes/2014-peoples-choice-martha-stewart. Acesso em: 16 set. 2021.

47. Winnick Family Foundation, "About". Disponível em: http://www.winnickfamilyfoundation.com/about.html. Acesso em: 16 set. 2021.

48. Quote Investigator, "Winning Isn't Everything; It's the Only Thing", 13 mar. 2017. Disponível em: https://quoteinvestigator.com/2017/03/13/winning/.

CONCLUSÕES

1. Pfeffer e Sutton, *The Knowing-Doing Gap*.

2. Jeffrey Pfeffer, *Poder*.

3. *Encyclopedia Britannica*, "Marcus Brutus". Disponível em: https://www.britannica.com/topic/Marcus-Brutus.

4. Consultar, por exemplo, Robert I. Sutton e Andrew Hargadon (1996), "Brainstorming Groups in Context: Effectiveness in a Product Design Firm", *Administrative Science Quarterly, 41* (4), 685–718.

5. Robert B. Zajonc (1965), "Social Facilitation", *Science, 149* (3681), 269–274.

6. Anthony J. Mento, Robert P. Steel e Ronald J. Karren (1987), "A Meta-Analytic Study of the Effects of Goal Setting on Task Performance: 1966–1984", *Organizational Behavior and Human Decision Processes, 39* (1), 52–83.

SOBRE O AUTOR

Jeffrey Pfeffer (www.jeffreypfeffer.com) ocupa o cargo de professor Thomas D. Dee II em Comportamento Organizacional na escola de negócios de Stanford. Pfeffer é autor e coautor de dezesseis livros sobre assuntos que incluem poder nas empresas, gerenciamento de pessoas, gerenciamento baseado em evidências, diferenças entre teoria e prática, e o conceito *The Knowing-Doing Gap*.

Pfeffer recebeu seu doutorado por Stanford e lecionou na Universidade de Illinois em Urbana–Champaign e na Universidade da Califórnia, em Berkeley, antes de retornar a Stanford em 1979, como professor titular.

Autor de mais de 150 artigos e capítulos de livros, Pfeffer ganhou inúmeros prêmios por sua pesquisa acadêmica, incluindo um doutorado honorário da Tilburg University, nos Países Baixos.

Pfeffer ministrou seminários em quarenta países e foi professor visitante nas escolas de negócios de Harvard e de Londres, na Universidade de Administração de Singapura e, por muitos anos, no IESE em Barcelona. Atuou no conselho de administração de várias empresas de software para gestão de capital humano, bem como em outros conselhos de empresas públicas, privadas e sem fins lucrativos. Ele mora em Hillsborough, Califórnia.

ÍNDICE

A

Abagnale, Frank, 86
Acton, Lord, 54
Adams, Rukaiyah, 11–13, 49
afabilidade e inafabilidade, 49
agente, atuar como, 120
Airbnb, 114
Alibaba, 139
Allen, Woody, 155
Amabile, Teresa, 47
Amazon, 7, 32
Ambady, Nalini, 70, 73
análise conversacional, 31
Ancestry, 104, 143
Anderson, Cameron, 19, 49, 81
Andreessen Horowitz, 92
Andreessen, Marc, 110
aparência, 70–86
Apple, 138
Arreguín-Toft, Ivan, 59
Atlanta Journal-Constitution, 93
audiência, relacionamento com a, 71
autoconfiança, 80–82
autoconsciência, 33
autopromoção, dilema da, 98
autorrevelação, 82

B

Bahcall, Safi, 35
Bandura, Albert, 158
Belmi, Peter, 37
Benioff, Marc, 100
Bezos, Jeff, 4–5, 142, 152, 156
Bilton, Nick, 164
Blank, Arthur, 35
Blankfein, Lloyd, 69, 80
Boden, Deidre, 32
Boss, Sandra, 86
BP, petrolífera multinacional, 69
Browne, John (da BP), 142
Brown, Julie K., 152
Brown, Tina, 62
Brown, Willie, 35, 46, 95, 134
Burt, Ronald, 120–121, 126
Bush, George H. W., 76
BusinessWeek, 101
Byrne, John, 97, 101

C

Cagney, Mike, 153
Calacanis, Jason, 56, 96, 98, 100
Canaan Partners, 89
Capital, revista, 103
capital social, 121

Carney, Dana, 24, 76, 83
Caro, Robert, 46, 137
Casciaro, Tiziana, 114
Chace, William, 93
Chau, Laura, 89, 94
Chinchilla, Nuria, 99
Cialdini, Robert, 30, 47, 71, 90
ciências sociais, 3, 4–10, 14–16
   evidência das, 19
   fatos consolidados das, 9
classe social, 37–43
Cleaver, Harlan, 133
Clinton, Bill, 80, 159
coach pessoal, 171–173
Cohan, William, 151
Collins, Jim, 106
comportamento, 70
   não autêntico, 42–45
   não verbal, 73
   organizacional, 21, 38, 146
   pró-social, 37
Condé Nast Publications, 170
confiança, 38, 81–82
   excesso de, 137
   quebra de, 69
Conley, Chip, 111
Conley, Dra. Frances, 135
Conrad, Parker, 153
Constantinople, Alex, 100
Cosby, Bill, 166
Covid-19, pandemia de, 52, 98, 118
Creative Artists Agency, 101
Crew, Rudy, 131
Cuddy, Amy, 47
   TED de, 72

D

Dalai Lama, 22–26
Daves, Jonathan, 116
Davis-Blake, Alison, 25
Demarest, David, 76
Demri, Inbal, 25
Disney, 101
Dorsey, Jack, 95, 164
Dudley, Bob, 69
duplo vínculo, 67
Dyson, Esther, 101

E

Ebony, 92
Edelman, Murray, 10
efeito IKEA, 118
"efeito Mateus", 146. Consulte Merton, Robert
Eisinger, Jesse, 149
empoderamento e merecimento, 28
Epstein, Jeffrey, 152
Essence, 92
Esserman, Laura, 41, 160–162
ética corporativa, 15

F

Facebook, 6, 95, 104, 124, 139
Fast Company, 92, 99
Ferrazzi Greenlight, 112
Ferrazzi, Keith, 64, 111–124, 175–176
Ferris, Gerald, 17, 115
Financial Times, 103
Fiorina, Carly, 4
Fiske, Susan, 47
Flesch-Kincaid, índice de legibilidade de, 84
Flynn, Frank, 63
Folkman, Judah, 36
Forbes, 56, 89
Fortune 500, 73
Fórum Econômico Mundial, 102
Fragale, Alison, 148
Franz, Christoph, 102
Fundação Ascend, 40

G

Gates, Bill, 4, 62, 101, 142
Gee, Buck, 39
gênero, questões de, 17, 23–26, 40–42, 83–86, 144
Gerhartsreiter, Christian, 86
Ghosn, Carlos, 142

Gillani, Sadiq, 102
Gino, Francesca, 114
Gladwell, Malcolm, 60
Glass, Noah, 165
Goffee, Rob, 76
Goldman Sachs, 69, 85
Goodwin, Doris Kearns, 46
Google, 7, 109, 139, 171, 176
Graham, Lindsey, 141
Granovetter, Mark, 119
Grant, Adam, 42, 43
Groupon, 139
Gruenfeld, Deborah, 33
Guardian, 39

H

habilidade política, 17–19, 34
  importância da, 115
Halstead, Richard, 105
Handy Dan, 35
Harvard Business Review, 43
Hastings, Reed, 35
Hawkins Way Capital, 111
Hayward, Tony, 69–72
Heimans, Jeremy, 7
Hewlett, Sylvia Ann, 40
Holmes, Elizabeth, 94, 152, 166
Home Depot, 35
homeostática, visão, 146
Hom, Wes, 39
Huffington, Arianna, 169

I

Iacocca, Lee, 97
Ibarra, Herminia, 43
influência, 9–10, 28, 46
  da aparência física e a linguagem corporal, 75
  ferramentas de, 18–19
Instagram, 7, 53
Intuit, 104

J

Jacobs, A. J., 42
Jacobs, John, 13
James, Tadia, 24
Jinping, Xi, 8
Jobs, Steve, 4–5, 62, 95, 138, 142
jogo
  criar o próprio, 12
  reconhecendo as regras do, 41
Johnson & Johnson, 79
Johnson, Lyndon, 46, 127
Jones, Gareth, 76
Jones, Jim, 13–14, 151
jornada do herói, 105
julgamento(s), 21–23, 70–72, 84

K

Kahneman, Daniel, 113
Kalanick, Travis, 101, 139, 153
Kanter, Rosabeth Moss, 33
Kantor, Jodi, 155
Kimmel, Jimmy, 85
King, Martin Luther Jr., 66
Kipnis, David, 54
Kochhar, Xavier, 125
Kordestani, Omid, 109
Korn, David, 135
Kouchaki, Maryam, 114
Kuper, Simon, 34

L

laços fracos, 119–120, 124
Lake, Vanessa, 63
Laurin, Kristin, 37–50
Leibovich, Mark, 142
Lerner, Melvin, 157
Levy, Jon, 116, 119
Lewinsky, Monica, 80, 159
Lewis, John, 66
Lewis, Reginald, 64
liderança
  autêntica, 42
  contemporânea, 4
  estilos de, 10
  inspiradora, 11
  táticas de, 14–16
linguagem corporal, 30, 72, 85

LinkedIn, 124, 125
Liu, Deborah, 104, 143
Loconto, Pat, 64
Lombardi, Vince, 167
Los Angeles Times, 92
Loveman, Gary, 48, 132
Lufthansa, 102
Luna, Tania, 57

M

Madonna, 165
Mandela, Nelson, 66
marca, 91
   ampliar sua, 102
   duradoura, 106
   pessoal, 29–37, 89, 103
   trabalho de construção de, 103
Marcus, Bernard, 35
Mateus 7:1, 22
McCorvey, J. J., 99
Mello, Joe, 133
Merton, Robert, 146
Miami Herald, 155
mídia(s)
   cultivar a, 98–100
   perfis em, 92
   sociais, 6–8
Milken, Michael, 150, 166
Milkowska, Marta, 174–176
Miller, George, 3
Miranda, Marcelo, 97
moral
   dissociação, 158–159
   racionalização, 157–159
Moscone, George, 14
Moses, Robert, 59, 99, 136, 140
Murdoch, Rupert, 139
Musk, Elon, 4, 60, 142, 152

N

Naim, Moses, 6
narrativa, 6, 31–32, 105
   criar uma, 20, 91–97, 164
Nelson, Ricky, 50

Netflix, 35
Netscape, 110
networking, 34, 110–126
   e satisfação profissional, 115
   princípios essenciais do, 119
News Corporation, 139
New Yorker, 166
New York Times, 7–8, 34, 92, 93, 142, 155, 160, 169
Nisbett, Tamar, 174–176

O

Okwonga, Musa, 39
O Príncipe, de Maquiavel, 136
Ovitz, Michael, 101

P

Pant, Rajiv, 169
paradigma da consistência cognitiva, 156
paradoxo da autenticidade, 43. Consulte Ibarra, Herminia
Parks, Rosa, 66
PayPal, 104
People, 92
persistência e resiliência, 35–36
Plattner, Hasso, 122
poder
   acarreta em bem-estar, 17
   aceitação do, 21–26
   aumento de, 124
   consolidar o, 139
   é uma ferramenta, 13–15
   exercício do, 58
   força motivacional do, 144
   medo para projetar, 136
   na esfera política, 8
   negação, 19–20
   organizacional, 3
   perpetuação do, 167
   realidades comportamentais do, 4
   regras do, 24
   uso de modo eficaz, 129
Procter & Gamble, 92

Pure Software, 35
Putin, Vladimir, 8

R

raiva, 66, 77–82
reciprocidade, norma da, 123
recolocação estratégica, 135
rede(s)
  de contatos, 2, 18, 25
  profissional, 114
  sociais, 20, 90
regras
  consequências de seguir as, 143-146
  do poder, 3
  quebrar as, 51, 145
relações
  interpessoais, 45, 114
  públicas, 100
  sociais, 110-124
ressignificação, 25. Consulte Demri, Inbal
Rhode, Deborah, 9
Robert Moses, 15
Rockefeller, James Frederick Mills Clark (pseudônimo), 86
Rothschild, Barão de, 90
Rubin, Amir Dan, 129

S

Salancik, Jerry, 61
Salesforce, 100
Sanders, Henry "Red", 167
Shaw Communications, 139
Sheinberg, Sidney, 139
Sheth, Jagdish, 35
Shiv, Baba, 75
Silicon Alley Reporter, 101. Consulte Calacanis, Jason
simpatia e competência, 47. Consulte Fiske, Susan
síndrome do impostor, 29–31
Snap, 139
Social Psychological and Personality Science, 54

Sonnenfeld, Jeffrey, 93, 161
Square, 95
Stanford, Sistema Operacional de, 129. Consulte Rubin, Amir Dan
status, 90, 103
  e prestígio, 79
Staw, Barry, 156
Stern, Howard, 101
Steve Jobs, 165
Stewart, Martha, 52, 152, 166
sucesso profissional, 18, 34. Consulte habilidade política
Suster, Mark, 100
Sutton, Bob, 5

T

teoria
  da autopercepção, 31
  da dependência de recursos, 35
Teresa, Madre, 22
Thatcher, Margaret, 47
The Economist, 8
The New Yorker, 60
Theranos, 95
Thiry, Kent, 133
Tiedens, Larissa, 78, 80
Time, 41
Timms, Henry, 7
Troitino, Christina, 32, 34, 51, 56, 58
Trump, Donald, 4–10, 8, 56, 78, 141, 156
Twain, Mark (axioma de), 94
Twitter, 7, 95, 109, 164
Twohey, Megan, 155
Tylenol, 79

U

Uber, 96, 101, 139, 153
Universidade da Califórnia em Berkeley, 19
Universidade de Amsterdã, 54
Universidade de Bentley, 26
Universidade de Illinois em Urbana–Champaign, 35
Universidade de Michigan, 25

Universidade de Minnesota, 25
Universidade de Stanford, 9, 27
Universidade Emory, 93

V

Valenti, Jack, 71, 127, 139
van Kleef, Gerben, 54
Vlechk, Doug, 133

W

Walker and Company Brands, 92
Walker, Ross, 111–125
Walker, Tristan, 92, 99, 100
Wall Street Journal, 60, 92, 93, 169
Walters, Barbara, 165
Washington, George, 61
Washington Post, 8
Waters, Alice, 52
Weinstein, Harvey, 154, 166
Welch, Jack, 97
Whitman, Meg, 4
Whitman, Walt, 22
Williams, Evan, 164
Winnick, Gary, 150, 166
Wolff, Lew, 111
Woods, Tiger, 159
WoVen (podcast), 89. **Consulte** Chau, Laura

Y

YouTube, 51, 85
Yusuf, Zia, 122

Z

zona de conforto, sair da, 12, 31, 50, 143, 175–176
Zuckerberg, Mark, 6, 95, 139
Zynga, 139

Projetos corporativos e edições personalizadas
dentro da sua estratégia de negócio.
Já pensou nisso?

Coordenação de Eventos
Viviane Paiva
viviane@altabooks.com.br

Contato Comercial
vendas.corporativas@altabooks.com.br

A Alta Books tem criado experiências incríveis no meio corporativo. Com a crescente implementação da educação corporativa nas empresas, o livro entra como uma importante fonte de conhecimento. Com atendimento personalizado, conseguimos identificar as principais necessidades, e criar uma seleção de livros que podem ser utilizados de diversas maneiras, como por exemplo, para fortalecer relacionamento com suas equipes/ seus clientes. Você já utilizou o livro para alguma ação estratégica na sua empresa?

Entre em contato com nosso time para entender melhor as possibilidades de personalização e incentivo ao desenvolvimento pessoal e profissional.

PUBLIQUE
SEU LIVRO

Publique seu livro com a Alta Books.
Para mais informações envie um e-mail para: autoria@altabooks.com.br

 /altabooks   /alta-books   /altabooks   /altabooks

CONHEÇA OUTROS LIVROS DA **ALTA BOOKS**

Todas as imagens são meramente ilustrativas.

Este livro foi impresso nas oficinas gráficas da Editora Vozes Ltda.,
Rua Frei Luís, 100 – Petrópolis, RJ.